Die betriebliche Wertschöpfung

unter besonderer Berücksichtigung der Wertschöpfung des Handels

Von

Dipl.-Kfm. Dr. Werner Kroeber Riel

DUNCKER & HUMBLOT / BERLIN

Gedruckt 1963 bei Berliner Buchdruckerei Union GmbH., Berlin 61
Printed in Germany

Meiner geliebten Mutter

Frau Aenne Kroeber

in Dankbarkeit gewidmet

Vorwort

Die Wertschöpfung ist ein Thema, das in der volkswirtschaftlichen und in der betriebswirtschaftlichen Literatur von den Autoren bisher so behandelt wurde, daß immer nur Teilaspekte und Teilergebnisse erarbeitet wurden; eine Ausnahme machen einige Arbeiten in der neueren volkswirtschaftlichen Literatur. In Anbetracht der unleugbaren Tatsache, daß die Wertschöpfung eine komplexe Größe ist, und schon wegen der schwierigen Definition des Begriffes „Wert" immer wieder zu neuer systematischer Durchdringung anreizt, hielt sich der Verfasser für verpflichtet, über 300 Beiträge genauestens zu studieren und in einfachster Form sehr instruktiv zunächst die Analyse des Begriffsinhaltes, dann die rechnerische Erfassung und zum Schluß das Wertschöpfungsdenken in der Wirtschaftspraxis darzustellen.

Bei komplexen Themen umfassend in die Tiefe zu gehen, ist nicht jedermanns Sache. Kroeber Riel schien es aber notwendig, einmal an dem Beispiel des Handels das Wertschöpfungsdenken zu demonstrieren, da gerade in bezug auf die Umsatzsteuerreform das ganze Problem der Wertschöpfung auch ein praktisches Gewicht bekommen hat. Erst durch die Erkenntnisse und die Anwendung richtigen betriebswirtschaftlichen Denkens sind die Voraussetzungen geschaffen zu möglichst exakter Anwendung in der Volkswirtschaftspolitik. Die präzise Entwicklung der Gedanken und der Stil des Verfassers tun das Ihrige, um den Leser davor zu schützen, sich bei dem Studium dieses Problems zu langweilen. Besonders hinzuweisen wäre darauf, daß sich Kroeber Riel auch mit der Gedankenwelt bekannter amerikanischer Professoren auf dem Handelssektor und dem Gebiet des „added value", wie z. B. Professor Theodore N. *Beckman,* Professor of Business Organisation, Ohio State University, Ohio/USA, befaßt, und durch Tabellen und Schaubilder, z. B. bei der Anwendung im Rahmen der volkswirtschaftlichen Gesamtrechnung, wertvolle Ergänzungen gibt.

An dieser wissenschaftlichen Leistung, die auch für die betriebswirtschaftliche und volkswirtschaftliche Praxis von Bedeutung ist, dürfte für lange Zeit niemand vorbeigehen, den es dazu treibt, sich mit diesem Fragenkomplex auseinanderzusetzen.

Berlin, im November 1963.

Otto R. Schnutenhaus

Vorbemerkung

Hiermit möchte der Verfasser Herrn Professor Dr. O. R. Schnutenhaus, Ordinarius für Allgemeine Betriebswirtschaftslehre und Betriebswirtschaftslehre des Handels an der Technischen Universität Berlin für die großzügige Unterstützung bei der Anfertigung der vorliegenden Arbeit danken. Sein Dank gilt auch Herrn Professor Dr. Th. N. Beckman, Ohio State University (College of Commerce and Administration), der dem Verfasser anregende Hinweise und Publikationen vermittelte.

Werner Kroeber Riel

Inhaltsverzeichnis

A. Einleitung und methodische Hinweise

Die ganzheitliche Betrachtung ist in vielen Wissenschaftszweigen zu einer bedeutungsvollen Untersuchungsmethode geworden, etwa in der Psychologie (Gestaltpsychologie) oder in der Biologie („organismische Auffassung“). Unter ihrem Aspekt wird ein Objekt als unzerlegbare Einheit begriffen, und alle objektbezogenen Einzelerscheinungen werden jeweils aus ihren Beziehungen zur Ganzheit gedeutet.

Ein solches Vorgehen erschließt auch das Verständnis für den Begriff Wertschöpfung und für die an ihn geknüpften Folgerungen. Für die Interpretation der Wertschöpfung wird der Betrieb als eine Ganzheit aufgefaßt.

Das wirtschaftliche Ergebnis des ganzheitlichen, betrieblichen Leistens ist die Wertschöpfung. Sie ist eine einheitliche Größe, die einerseits den Beitrag der Betriebe zum gesamtwirtschaftlichen Gütervolumen mißt und andererseits das dem Betrieb zufließende Gesamteinkommen angibt. Jeder Versuch, diese Ergebnisgröße zu zergliedern, führt zu einer ziemlich willkürlichen Zerstückelung: Die Wertschöpfung läßt sich beispielsweise nicht in Werte aufteilen, die vom Betrieb „erzeugt“ werden, und in solche, die im Markt „zugewachsen“ sind; sie läßt auch nicht zu, daß aus ihrer jeweiligen Verteilung an die Leistensbeteiligten genauere Aufschlüsse über die Leistungsverursachung gewonnen werden.

Die Schwerpunkte der vorliegenden Arbeit beziehen sich im ersten Hauptteil (B) auf die Explikation des Begriffes Wertschöpfung und auf die Prüfung seiner Aussagefähigkeit. Besondere Aufmerksamkeit wird der Wertschöpfung des Handels gewidmet. In der Literatur wurde bisher lediglich die Wertschöpfung der Industriebetriebe eingehender behandelt, dabei wurde die Wertschöpfung des Handels — die sich vor allem aus dem Ausgleich von Marktpreisdifferenzen herleitet — einer ziemlich ablehnenden Kritik unterworfen.

Der zweite Hauptteil (C) setzt sich mit den Schwierigkeiten der rechnerischen Erfassung der Wertschöpfung auseinander. Im Mittelpunkt stehen die Fragen der Umgruppierung und Umbewertung der Posten, die in der handelsbetrieblichen Erfolgsrechnung ausgewiesen werden und die nun zu den Postengruppen der Wertschöpfungsrechnung (Bruttoerträge, Vorleistungen, Wertschöpfung) zusammenzustellen sind. Die anschließend dargestellte Verwendung von betrieblichen

Wertschöpfungszahlen soll im Rechnungswesen eine Lücke schließen, wenn andere betriebliche Ergebnisgrößen (der Umsatz oder der Gewinn) nicht oder kaum einsatzfähig sind.

Der letzte Hauptteil (D) über das Wertschöpfungsdenken untersucht ergänzend, inwieweit die Vorstellung eines ganzheitlichen Betriebsertrages im Sinne der Wertschöpfung in das Denken der Wirtschaftssubjekte eingedrungen ist und ob die Wertschöpfung auch in der Wirtschaftspraxis als eine sinnvolle Größe für die Messung und Verteilung des Betriebserfolges angesehen wird.

Schließlich ist noch auf zwei verfahrenstechnische Einzelheiten hinzuweisen:

Die synonyme Verwendung der Begriffe Betrieb und Unternehmung ist aus der im Kapitel C 1 vorgetragenen Annahme zu erklären, daß die Wertschöpfung nur ermittelt werden kann als Ergebnis eines Betriebes, der als selbständige Ganzheit zugleich auch die jeweilige „Unternehmungsform" einbezieht.

Das Literaturstudium sollte dem Anliegen gerecht werden, einen in der vorliegenden Arbeit zum ersten Mal gegebenen Überblick über die von der betriebswirtschaftlichen Literatur zu diesem Thema beigesteuerten Anregungen zu bieten. Eingeführte und inzwischen verbreitete Benennungen wurden, um die Vergleichbarkeit von Gegenüberstellungen zu erleichtern, auch dann übernommen, wenn sie im Einzelfalle Anlaß zur Kritik geben könnten (z. B. „Gemeinerträge" oder „indirekte Steuern").

B. Die Wertschöpfung

1. Die Wertschöpfung als betriebliche Leistungsgröße

Das Wort Wertschöpfung ist Träger eines Begriffes, der in der Betriebswirtschaftslehre zunehmende Beachtung findet. Der Begriff Wertschöpfung wird heute in der Literatur seiner grundsätzlichen Bedeutung nach (Wertschöpfung = Bruttoerträge ./. Vorleistungen) gleichartig interpretiert, die genaue Fassung des Inhaltes durch die einzelnen Autoren ist jedoch sehr unterschiedlich. Das erste Kapitel dieser Arbeit wird in erster Linie auf die Existenz dieses Begriffes im betriebswirtschaftlichen und volkswirtschaftlichen Schrifttum und auf seine dort vorgetragenen Deutungen eingehen, erst die späteren Kapitel setzen sich mit der Explikation des hier verwendeten Begriffes im einzelnen und mit den Prämissen seiner Verwendbarkeit auseinander.

Die Wertschöpfung ist eine *quantitative* Größe. Die Quantifizierung des „Wertes" wird möglich durch eine in der Theorie der Marktwirtschaft wurzelnde Prämisse: „Wert" und „Preis" (wirtschaftlicher Güter) werden gleichgesetzt[1]. (Die Begründung dieser Prämisse und die daraus zu ziehenden Folgerungen werden auf S. 25 ff. dargestellt.)

Zur Erklärung der Wertschöpfung diene folgende Ableitung:

Das Leisten der wirtschaftlichen Betriebe ist direkt oder indirekt auf die Versorgung der Verbrauchenden mit konsumreifen Gütern ausgerichtet. Die Konsumreife der Güter wird allmählich durch das Zusammenwirken vieler Betriebe in einer Leistenskette erreicht[2]. Als wirtschaftliche Leistung kann das Ergebnis eines betrieblichen Wirkens dann gelten, wenn durch das Wirken eine vom Markt anerkannte „Konsumnäherung"[3] der Leistensobjekte erreicht wurde.

Der Markt teilt seine Anerkennung im allgemeinen durch seine Preise mit. Die Preise von konsumreifen Gütern lassen sich zerlegen in einzelne Preisteile, die den verschiedenen Betrieben zufließen, die am Hervorbringen der Güter beteiligt waren. Nach der Unmittelbarkeit, mit der die Betriebe in eine solche Leistenskette eingereiht

---

[1] Vgl. Th. N. *Beckman*, Measurement of Output, 193, S. 8 „it is in this... sense (in the form of prices) that the term value is used". Vgl. dazu auch M. R. *Lehmann*, Betriebswirtschaftslehre, 85, S. 90.

[2] Vgl. E. *Schäfer*, Vom Mehrwert, 300, S. 449 (Herstellung konsumreifer Güter in „Leistungsetappen").

[3] W. *Bouffier*, Betriebswirtschaftslehre, 197, S. 23.

sind, kann die Aufteilung eines Preises in zweifacher Unterteilung gesehen werden:

1. Die *Preisaufteilung* auf die unmittelbar in die Leistenskette eingeschalteten Betriebe, das bedeutet, funktionell vereinfachend: Der Gesamtpreis (P) zerfällt in

   a) den Preisanteil für die Erzeugungsbetriebe (P_e),

   b) den Preisanteil für die Handelsbetriebe (P_h).

2. Die Preisanteile P_e und P_h werden wiederum aufgeteilt in die Preisanteile, die den Betrieben von a und b für ihre Eigenleistung verbleiben und in die Preisanteile, die an die nur mittelbar in die Leistenskette eingeschalteten Betriebe für die Inanspruchnahme von deren Leistungen[4] weitergeleitet werden müssen.

   Der Preisanteil für die Erzeugungsbetriebe (P_e) zerfällt also weiter in

   aa) den Preisanteil für die Eigenleistung (P_{ee}),

   bb) den Preisanteil für in Anspruch genommene Fremdleistungen (P_{ef})[5].

   Eine analoge Aufteilung gilt für die Preisanteile der Handelsbetriebe (P_{he} und P_{hf}).

Die preislich honorierte Eigenleistung der Betriebe (das sind im Beispiel die Preisanteile P_{ee} und P_{he} für die Erzeugungs- und Handelsbetriebe) soll durch die Wertschöpfung erfaßt werden. Wenn wir ganz allgemein statt des Ausdruckes „Preis" den Ausdruck „Wert" einsetzen, so können wir nunmehr die Wertschöpfung wie folgt definieren:

Die Wertschöpfung mißt die *Eigenleistung* der Betriebe, sie ist eine in Währungseinheiten gemessene Leistungs- (Betriebsergebnis-)größe, berechnet als Differenz zwischen den Bruttoerträgen (Wert der verkauften Leistensobjekte[6]) und den Vorleistungen (Wert der von Dritten bezogenen Güter und Dienste). Zur Abkürzung dieser Definition wird in dieser Arbeit jeweils die Berechnungsformel „Wertschöpfung = Bruttoerträge ./. Vorleistungen" oder „W = B ./. V" angegeben.

Die Wertschöpfung mißt auf diese Weise den Anteil eines Betriebes am Wertgesamt der in der Volkswirtschaft erzeugten Güter (güterseitiger Aspekt der Wertschöpfung) und zugleich die Vergütungen, die ein Betrieb für seine marktwirtschaftliche Leistung erhält und die an

[4] Das sind z. B. Aufwendungen für fremdbezogene Anlagegüter, für Provisionen, Energie, Transport, Porto usw.

[5] Vgl. dazu die Beispiele von Samuelson und von Schmedtje (Aufteilung des „Gesamtwertes" von Brot) in: P. A. *Samuelson*, Volkswirtschaftslehre, 136, S. 201; J. *Schmedtje*, Sozialprodukt, 303, S. 480—481.

[6] Zur Frage, ob auch der Wert erzeugter, aber noch nicht verkaufter Güter einbezogen werden soll, vgl. Kapitel C 2 a.

die am betrieblichen Leisten mitwirkenden „Faktoren“ (Arbeit, Kapital und Staat) verteilt werden (einkommensseitiger Aspekt der Wertschöpfung)[7]; eine eingehende Darstellung dazu ist in den Kapiteln B 2 und B 3 zu finden.

Zu Beginn unserer Hinweise auf die Ausführungen zur Wertschöpfung in der Literatur wollen wir auf eine psychologische *Schwierigkeit* für das Verständnis der Wertschöpfung hinweisen. Der Leser wird von dem Wort „Wert“[8] zu Assoziationen angeregt, die den Gedanken an den im allgemeinen Denken vorherrschenden philosophischen Wertbegriff in ihren Mittelpunkt stellen. Die metaphysische Wertschau ist jedoch kein „eigentlicher Erkenntnisakt, sondern ein emotionaler, ein Akt der Stellungnahme, ein Gefühlsakt, *Wertgefühl*“ (Nikolai Hartmann)[9]. Selbst wenn hier darauf aufmerksam gemacht wird, daß die Wertschöpfungsrechnung „Wert“ mit „Preis“ gleichsetzt, und daß damit der „Wert“ in den Bereich des quantitativ Meßbaren, des Isterfassens hineingezogen wird, besteht die Gefahr, daß insbesondere der in der philosophischen Kategorie „Wert“ Denkende immer wieder aus einem „Akt der Stellungnahme“ heraus die „Wert“-schöpfung zu deuten versucht[10].

Der Begriff Wertschöpfung möchte so aufgefaßt werden, wie es seine Definition erfordert. Wertschöpfung ist ein Terminus technicus, ein Kunstausdruck geworden und die Ansprüche, die man an die Aussagefähigkeit der Wertschöpfung und der Wertschöpfungszahlen stellt, dürfen sich demzufolge nur herleiten aus der spezifischen und beschränkten Aussage der oben abgesteckten Begriffsbestimmung[11].

Zu welchen fragwürdigen Aussagen die gedankliche Auflösung des *Wortes* Wertschöpfung in die als eigenständige Begriffe aufgefaßten Bestandteile „Wert“ und „schöpfen“ zu führen vermag, können wir an einigen Beispielen demonstrieren:

Kink richtet sich zwar in seinen Kapiteln über die Wertschöpfungsrechnung nach der üblichen Berechnungsformel (W = B ./. V)[12], er versucht aber, bei der Erörterung des „wirtschaftlichen Problems der Wertschöpfung“ den „Wert nicht nur rein wirtschaftlich“ zu interpretieren. Kink unterscheidet „Werk-, Wert- und Preisschöpfung“. Diese Differenzierung soll wesentliche Merkmale der Wirtschafts-

---

[7] Vgl. M. R. *Lehmann*, Wertschöpfungsrechnung, 84, S. 11 (Wertschöpfung = erzeugtes Gütereinkommen = erzeugtes Geldeinkommen).

[8] Zum Begriff Wert vgl. Kapitel B 2.

[9] N. *Hartmann*, Grundzüge Metaphysik, 52, S. 554.

[10] Zu den psychologischen Problemen, die durch die Beziehung zwischen Wort und Begriff und durch die „Einstellung“ entstehen vgl. H. *Rohracher*, Psychologie, 129, S. 310 ff., S. 323 ff.

[11] Vgl. M. R. *Lehmann*, Wertschöpfungsrechnung, 84, S. 89.

[12] Vgl. K. *Kink*, Wertschöpfungsprozeß, 68, S. 152 ff.

epochen kennzeichnen[13]; der Hochkapitalismus wird durch die Preisschöpfung charakterisiert:

„Der Begriff der Preisschöpfung will... ausdrücklicher auf die Zielstrebigkeit des Kapitalisten hinweisen, dem gar nicht an einer ‚wertvollen' Produktion liegt..., sondern nur an der Preiserzielung, am möglichst großen Gewinn...[14]."

Mit der Unterscheidung von Wert- und Preisschöpfung verliert die Wertschöpfung ihre quantitative Faßbarkeit, und wir müßten unsere Arbeit hier abbrechen, denn eine vom Preis gelöste Wertung der Güter (was ist eine „wertvolle" Produktion[15]?) wird zum subjektiven und wissenschaftlich nicht durchleuchtbaren Gefühlsakt[16], sie wird bestenfalls begründbar durch eine Ableitung der Wertnormen von den „herrschenden" Wertvorstellungen der gesellschaftlichen Gruppen. Eine solche Wertung wäre allerdings ungeeignet für eine zahlenmäßige Wertschöpfungsrechnung der vorliegenden Form.

Fettel und Mellerowicz lehnen den Begriff und die „betriebswirtschaftliche Theorie der Wertschöpfung"[17] ab und schieben dem Begriff — trotz seiner anderen Definition in der gesamten neueren Literatur[18] — ohne Quellenangabe eine von ihnen abgelehnte Begriffserklärung unter. Mellerowicz schreibt, die „Wertschöpfung" werde als ein selbständiger Prozeß der Betriebe aufgefaßt, durch den „die aufgewandten Kosten in einen Wert eingehen und diesen Wert erhöhen"[19]. Gegen diese aus der objektivistischen Werttheorie stammende und mit der Vorstellung einer sich isoliert vom Markt im Betrieb vollziehenden Wertbildung verbundene Ansicht wenden sich dann Mellerowicz und Fettel mit dem berechtigten Einwand, daß der Markt die betrieblichen Leistungen bewerte[20]. Es ist aber ein eigenartiges Verfahren, einen Begriff nur deswegen abzulehnen, weil man vorher seinen Inhalt in einem der eigenen Ansicht und zugleich in einem seiner Verwendung in der Literatur widersprechenden Sinne dargestellt hat.

Leistungsgrößen, die ungefähr mit der von uns skizzierten Wertschöpfung übereinstimmen, wurden in Deutschland zuerst in der volkswirtschaftlichen *Statistik* vor allem von Nerschmann (1916) und

---

13 Vgl. ebenda, S. 42.

14 Vgl. K. *Kink*, Wertschöpfungsprozeß, 68, S. 45.

15 Vgl. Kap. B 2.

16 Vgl. dazu die Stellungnahme Max Webers zur Frage der Werturteile; Max *Weber*, Produktivität, 325, S. 419 ff.

17 K. *Mellerowicz*, Wert und Wertung, 98, S. 25.

18 Die Grundformel „W = B ./. V" wird von allen Autoren unseres Wirtschaftssystems, auf die der Verfasser beim Literaturstudium gestoßen ist, benutzt und anerkannt, vgl. dazu insbesondere die in Fußnote 46 angegebenen Literaturquellen.

19 K. *Mellerowicz*, Wert und Wertung, 98, S. 29.

20 Vgl. J. *Fettel*, Der Faktor Arbeit, 210, S. 616. Vgl. K. *Mellerowicz*, Wert und Wertung, 98, S. 29.

Colm (1924) berechnet und verwertet und „Mehrwert" genannt[21]. Die Bezeichnung Mehrwert hat sich bis heute erhalten, z. B. wird die vorgeschlagene Nettoumsatzsteuer, die auf der Wertschöpfung als Besteuerungsgrundlage basiert, als Mehrwertsteuer bezeichnet[22]. Von vielen Autoren wird die Benennung Mehrwert vermieden, wahrscheinlich um dieses Wort dem im wissenschaftlichen Sprachgebrauch verbreiteten Mehrwertbegriff von Karl Marx vorzubehalten[23].

In einzelwirtschaftlicher Sicht findet eine wertschöpfungs-ähnliche Größe bei *Nicklisch* besondere Beachtung: Der Gegenwert für die „Betriebsleistung" ist der „Gesamtertrag". Die Betriebsleistung „... sagt über die Erzeugung von Werten für die ... gesamte Wirtschaft den Anteil des Betriebes an der Volksleistung aus"[24]. Sie wird, gleichzeitig als „Ertrag", berechnet als „Summe der Erlöse plus Wert der in Arbeit befindlichen und aus anderen Gründen noch nicht verkauften Fabrikate vermindert um die Anfangswerte und die fremden Leistungswerte"[25].

Die „Betriebsleistung" entspricht der güterseitigen Bedeutung der Wertschöpfung und der „*Ertrag*" dem „erzeugten Geldeinkommen" (Lehmann). Der Ertrag ist das von allen Angehörigen des Betriebes gemeinschaftlich verdiente Einkommen[26]. Nicklisch zählt jedoch die in der Wertschöpfung — wie sie oben bestimmt wurde — enthaltenen Fremdkapitalzinsen und Steuern nicht zum „Ertrag"[27].

Auler[28] nennt diese Art der Ertragsberechnung durch Nicklisch bereits eine „Wertschöpfungsrechnung", das ist aber mißverständlich, denn der von Nicklisch bewußt nicht verwendete Begriff „Wertschöpfung" weicht inhaltlich von dem des „Ertrages" stark ab[29].

Ein häufigerer Gebrauch des Wortes Wertschöpfung und die Koppelung dieses Wortes an den in der hier dargestellten Fassung zu verstehenden Begriff Wertschöpfung scheint sich in den 1920er Jahren im wirtschaftspolitischen Bereich durch Rathenau und in den statistischen Erhebungen des Reichsverbandes der Deutschen Industrie durchgesetzt zu haben[30]. In die betriebswirtschaftliche Literatur fand der Begriff Wertschöpfung Eingang durch M. R. Lehmann.

---

[21] Vgl. E. *Schäfer*, Vom Mehrwert, 300, S. 450, 454.
[22] Vgl. EWG — Aktionsprogramm, 32, S. 29.
[23] Vgl. auch Hanya *Jto*, Nettoumsatzsteuer, 250, S. 447, Fußnote 1.
[24] H. *Nicklisch*, Betriebswirtschaft (HdB), 278, Spalte 928.
[25] H. *Nicklisch*, Grundfragen, 109, S. 27.
[26] Vgl. H. *Nicklisch*, Betriebswirtschaft (HdB), 278, Spalte 928.
[27] Vgl. H. *Nicklisch*, Die Betriebswirtschaft, 110, S. 560.
[28] Vgl. W. *Auler*, Wertschöpfungsrechnung, 187, Spalte 2792 ff.
[29] Nicklisch stellt den „Ertrag" den Wertschöpfungsgrößen einer Statistik des Jahres 1927 gegenüber, diese Wertschöpfungsgrößen haben im Gegensatz zum „Ertrag" ungefähr den gleichen Inhalt wie in der vorliegenden Arbeit; vgl. H. *Nicklisch*, Die Betriebswirtschaft, 110, S. 560—561 und S. 525—526.
[30] Vgl. M. R. *Lehmann*, Wertschöpfungsrechnung, 84, S. 102 ff.

Lehmann hat in einer besonderen Publikation 1937[31] die Wertschöpfung als Beurteilungsmaßstab für die betriebliche Eigenleistung dargestellt und die Bedeutung von Wertschöpfungskennzahlen für betriebliche Leistungsvergleiche hervorgehoben; er hat dann eine Vielzahl von Aufsätzen[32] über das Berechnen und Verwenden von Wertschöpfungszahlen verfaßt. Wesentliche Ergebnisse seiner Auseinandersetzung mit dem Thema Wertschöpfung — insbesondere hinsichtlich des Einsatzes von Wertschöpfungszahlen für die Produktivitätsmessung — sind in seinem Werk „Leistungsmessung durch Wertschöpfungsrechnung“[33] enthalten.

Eine auffallende Eigenart der Lehmannschen Wertschöpfungsrechnung ist ihre Beschränkung auf den industriellen Sektor und auf den „Betrieb im engeren Sinne“. Lehmann läßt als Erzeugungsort der Wertschöpfung nur den produktionstechnischen Wirkungskreis eines Betriebes (Herstellungs- oder Veredelungsbereich) gelten, er hält eine betriebliche Wertschöpfungsrechnung nur als spezifisch produktionswirtschaftliche Rechnung für sinnvoll[34]. Dieser Auffassung, die auch einige Schüler Lehmanns vertreten[35], wird in der vorliegenden Arbeit nicht gefolgt[36]. Die Interpretation und Berechnung der Wertschöpfung des Handels wird sich in wesentlichen Punkten von dem Vorgehen Lehmanns unterscheiden.

Bei einer Gegenüberstellung unterschiedlich determinierter Wertschöpfungs*begriffe* aus der gegenwärtigen Literatur lassen sich *drei Gruppen* von Begriffen unterscheiden. Bei grundsätzlich gleicher Bestimmung der Wertschöpfung als Differenz zwischen den von allen Autoren ungefähr übereinstimmend aufgefaßten Bruttoerträgen und den Fremdleistungen erhält die Wertschöpfung jeweils dadurch einen unterschiedlichen Inhalt, daß der Umfang der Fremdleistungen geändert wird.

1. Die fremdbezogenen Anlagegüter werden nicht zu den Vorleistungen gezählt. Auf Grund dieser Einengung der Vorleistungsposten sind in den periodisch berechneten Wertschöpfungsgrößen

---

[31] Vgl. M. R. *Lehmann*, Planvolles Rechnen in Betrieb und Gruppe, 83.

[32] Vgl. Literaturverzeichnis Nr. 259 ff. Vgl. weiterhin M. R. *Lehmann*, Betriebswirtschaftslehre, 85, S. 38, Fußnote 2 (bibliographische Hinweise zu seinen Veröffentlichungen über die Wertschöpfung).

[33] Vgl. M. R. *Lehmann*, Leistungsmessung durch Wertschöpfungsrechnung, 84.

[34] Vgl. M. R. *Lehmann*, Wertschöpfungsrechnung, 84, S. 21.

[35] Vgl. G. A. *Georgieff*, Ergiebigkeitsrechnung, 39, S. 19. Vgl. H. *Rentsch*, Betriebliche Wertschöpfung, 124, S. 1, 12, 41. Eine nicht abgelehnte, aber nicht ganz so scharfe Einengung auf den „produktionswirtschaftlichen Bereich“ finden wir bei: F. *Stöbe*, Ergebnisbeteiligung, 168, S. 85 ff. und R. O. *Gockel*, Wertschöpfungsrechnung, 41, vgl. vor allem S. 17 ff.

[36] Vgl. dazu Kap. C 1.

noch Abschreibungen enthalten[37]. Die Wertschöpfung nimmt demgemäß noch fremde Leistungswerte in sich auf und kann noch nicht als betriebliche „Eigenleistung“ angesprochen werden.

Die Wertschöpfung würde in diesem Falle im Rahmen der volkswirtschaftlichen Gesamtrechnung den Beitrag der Betriebe zum Bruttoinlandsprodukt wiedergeben[38]. Diese Fassung der Wertschöpfung wird von Paulsen[39] und durch die — nicht ganz korrekte[40] — Übersetzung von „value added“ mit Wertschöpfung in die deutschsprachige Literatur eingeführt[41].

Diese Wertschöpfung könnte man in Anlehnung an die volkswirtschaftliche Terminologie (Bruttosozialprodukt) und an die manchmal anzutreffende Bezeichnung „gross value added“[42] *Bruttowertschöpfung* nennen, um sie damit gegenüber den unter 2. und 3. genannten Wertschöpfungen abzuheben.

2. Werden die Abschreibungen in die Vorleistungen eingeschlossen, so erhält man als nächste Größe die zu Beginn dieses Kapitels vorgeführte Wertschöpfungsgröße. Aus den so bestimmten Wertschöpfungen aller Betriebe ließe sich gesamtwirtschaftlich das mit Endpreisen bewertete Gesamtgütervolumen zusammenrechnen. Die Wertschöpfung gibt deswegen — von verschiedenen Modifikationen durch die auf einzelbetriebliche Zwecksetzungen ausgerichtete Wertschöpfungsrechnung abgesehen — den Beitrag der Betriebe zum Nettoinlandsprodukt zu Marktpreisen an, sie wird demzufolge als „Wertschöpfung zu *Marktpreisen*“[43] bezeichnet. Eine Untergliederung dieser Wertschöpfung als Gesamtsumme der im Betrieb entstandenen Einkommen zeigt die Einkommensteile, die auf die sog. betrieblichen Wirkungskräfte — Arbeit, Kapital und Staat — entfallen, und zwar in einer Dreiteilung von „Arbeitserträgen, Kapitalerträgen und Gemeinerträgen“[44]. Die Gemeinerträge bestehen dabei aus den Steuern („di-

---

[37] Zu den Abschreibungen als Vorleistungsaufwand vgl. S. 76 ff.

[38] Zu den Begriffen der volkswirtschaftlichen Gesamtrechnung vgl. W. *Kraus*, Volkswirtschaftliche Gesamtrechnung, 72, S. 38.

[39] Vgl. A. *Paulsen*, Wirtschaftslehre, 116, S. 59.

[40] Vgl. Standard-System der OEEC, 114, S. 43, Fußnote a) und S. 86. Value added ist danach mit „Beitrag zum Bruttoinlandsprodukt“ zu übersetzen, keinesfalls mit Wertschöpfung. Die Bezeichnung „net value added“ entspricht der Wertschöpfung im Sinne der deutschen volkswirtschaftlichen Gesamtrechnung (hier unter 3. angegeben). Vgl. ebenda S. 86.

[41] Vgl. P. A. *Samuelson*, Volkswirtschaftslehre, 136, S. 201, 215 (übersetzt von W. Hanckel), vgl. R. *Ruggles*, Volkseinkommen, 134, S. 56 ff. (übersetzt von R. Mortenthaler, — hier: „Wertzuwachs“).

[42] Vgl. *Sloan-Zurcher*, Value Added, 317, S. 347.

[43] H. W. *Köhler*, Einkommensverteilung, 70, S. 12.

[44] Terminologie nach M. R. *Lehmann*, Wertschöpfungsrechnung, 84, S. 13.

rekte und indirekte Steuern"[45]) und aus allen anderen Abgaben an den Staat im weitesten Sinne (vgl. Kapitel B 3).

Die meisten Autoren der betriebswirtschaftlichen Literatur verwenden den Begriff Wertschöpfung im Sinne der Wertschöpfung zu Marktpreisen (außer Lehmann vor allem noch Pohmer, Lohmann, Illetschko, Oberparleiter, Kunze und Köhler[46]); sie ist auch gemeint, wenn im folgenden von Wertschöpfung gesprochen wird.

3. In der volkswirtschaftlichen Gesamtrechnung[47] werden die vom Bruttoertrag abzusetzenden Posten noch um die indirekten Steuern[48], also um einen Teil der wertschöpfungszugehörigen Gemeinerträge erweitert. Führt die Erklärung der Bruttowertschöpfung und der unserer Arbeit zugrunde gelegten Wertschöpfung (Wertschöpfung zu Marktpreisen) dazu, den „Staat" als Beteiligten an der betrieblichen Wertentstehung und demgemäß als Beteiligten am Ertrag der betrieblichen Eigenleistung anzusehen, so geht die volkswirtschaftliche Gesamtrechnung von einer anderen Leitvorstellung aus; sie sondert den Staat als selbständigen Wirkungsbereich aus und scheidet dann aber nicht alle dem Staat zukommenden Steuern, sondern nur die indirekten Steuern aus der betrieblichen Wertschöpfung aus. Die restlichen — direkten — Steuern bleiben in der Wertschöpfung enthalten, sie werden jedoch hier nicht mehr als Gemeinerträge, d. h. als ein dem Staat zuzurechnender Anteil der Wertschöpfung aufgefaßt, sondern als Bestandteile der unversteuerten Erträge für die nach Herausnahme des Staates verbliebenen „betrieblichen Faktoren" Arbeit und Kapital; das bedeutet: als Bestandteile der Bruttoarbeits- und Bruttokapitalerträge.

Die Wertschöpfung mißt nach dieser Methode den Beitrag der Betriebe zum Nettoinlandsprodukt zu Faktorkosten; sie wird deshalb „Wertschöpfung zu *Faktorkosten*" genannt. Die Schwäche einer solchen Wertschöpfungsberechnung „zu Faktorkosten", die später eingehender untersucht wird, liegt in der willkürlichen Abspaltung eines Teiles der Wertschöpfung. Die dem Staat zufließenden Steuern sollten

---

[45] Zur besseren Vergleichbarkeit der Begriffe werden hier die Ausdrücke der volkswirtschaftlichen Gesamtrechnung beibehalten. „Indirekte Steuern" sind „alle Kostensteuern" — vgl. W. *Krelle*, Volkswirtschaftliche Gesamtrechnung, 73, S. 81. Eine ausführliche Definition der direkten und indirekten Steuern ist enthalten in: Standard System der OEEC, 114, S. 66.

[46] Vgl. D. *Pohmer*, Betriebliche Wertschöpfung, 289, S. 155 ff. Vgl. M. *Lohmann*, Betriebswirtschaftslehre, 91, S. 196. Vgl. L. L. *Illetschko*, Grundfragen, 62, S. 9 ff. Vgl. K. *Oberparleiter*, Der Leistungsgedanke, 284, S. 145 ff. Vgl. H. H. *Kunze*, Betriebsleistungen, 79, S. 39. Vgl. H. W. *Köhler*, Einkommensverteilung, 70, S. 12—13.

[47] Vgl. W. *Krelle*, Volkswirtschaftliche Gesamtrechnung, 73, S. 77. Vgl. E. *Schneider*, Wirtschaftstheorie I, 146, S. 85. Vgl. W. *Kraus*, Volkswirtschaftliche Gesamtrechnung, 72, S. 34.

[48] Indirekte Steuern abzüglich Subventionen.

in der volkswirtschaftlichen Gesamtrechnung entweder ganz oder gar nicht aus der Wertschöpfung ausgeklammert werden. Hofmann widersetzt sich denn auch einer solchen Auslegung der Wertschöpfung in der volkswirtschaftlichen Gesamtrechnung, er tritt dafür ein, die Wertschöpfung zu Marktpreisen als „volkswirtschaftliche Neuwertschöpfung" und als Beitrag der Betriebe zum Volkseinkommen anzuerkennen[49]; damit würde eine Gleichheit des volkswirtschaftlichen Wertschöpfungsbegriffes mit dem betriebswirtschaftlichen hergestellt, eine Auffassung, die auch noch von anderen Autoren[50], insbesondere von Sagoroff, unterstützt wird. Sagoroff berechnet das mit der Wertschöpfung gleichzusetzende „Reinprodukt" genauso, wie es in dieser Arbeit später geschildert wird, als ganzheitliche Restgröße durch das Abziehen der mit Marktpreisen bewerteten Vorleistungen von den mit Marktpreisen bewerteten Bruttoerträgen[51] (Wertschöpfung zu Marktpreisen).

In Anbetracht der oft gedankenlosen Verwendung von Wertschöpfungsbegriffen und Wertschöpfungszahlen ist es besonders wichtig, die Aufmerksamkeit auf diese für die Größenberechnungen gewichtigen Unterschiede der Wertschöpfung zu lenken.

Die ausländische Literatur kennt ähnliche und ebenfalls inhaltlich abgestufte Nettoleistungsgrößen, am bekanntesten sind der „Valeur ajoutée"[52] und der „Value added".

Wie bereits angegeben wurde, wird im allgemeinen *„value added"* im Sinne der Bruttowertschöpfung verstanden. Samuelson[53] und Ruggles[54] ziehen von den Bruttoerträgen Vorleistungen ab, die weder Abschreibungen noch Steuern umfassen. Auch nach Benham ist der „value added" eines Betriebes bei ausdrücklich gleicher Abgrenzung der Vorleistungen wie bei Ruggles „the total value of ... output" abzüglich „the cost of all items such as materials, fuel, containers and services that is bought from other business ... The value added ... is the net contribution made by the business to the national output („Gross National Product at market prices")[55]! Eine inhaltsgleiche Deutung des „value added" bietet auch Th. N. Beckman[56], der sich auf die Definitionen der amerikanischen Produktionsstatistik[57] bezieht.

---

[49] Vgl. W. *Hofmann*, Volkswirtschaftliche Gesamtrechnung, 59, S. 10, 113 ff.

[50] Vgl. die Angaben in: G. *Bombach*, Staatshaushalt, 196, S. 365 ff. Vgl. dazu auch S. 35 und 38.

[51] Vgl. S. *Sagoroff*, Volkseinkommen, 135, S. 11 ff., 20, 99.

[52] Valeur ajoutée ist zu unterscheiden von „plus-valeur" (Mehrwert).

[53] Vgl. P. A. *Samuelson*, Volkswirtschaftslehre, 136, S. 202, 215.

[54] Vgl. R. *Ruggles*, Volkseinkommen, 134, S. 56, 64.

[55] F. *Benham*, Economics, 12, S. 60.

[56] Vgl. Th. N. *Beckman*, Measurement of Output, 193, S. 7, derselbe, Value Added Concept, 191, S. 83.

[57] Vgl. Census of Manufactures 1947, Volume II. Statistics by Industry,

Der „value added" wird manchmal gespalten in einen „gross value added" und in einen „net value added", ersteres dürfte dann mit Bruttowertschöpfung und letzteres mit Wertschöpfung im Sinne der deutschen volkswirtschaftlichen Gesamtrechnung („Wertschöpfung zu Faktorkosten") übersetzt werden.

Auch in den USA hat der „value added" Beachtung im unternehmerischen Denken und im betrieblichen Rechnungswesen gefunden. Beckman hat ein „Value Added Concept" für den Bereich des Handels entworfen („value added by distribution") und die Grundlinien dieses Gedankenbildes in einem Vortrag vor der „Boston Conference on Distribution 1956" (mit Hinweisen auf die historische Entwicklung des „value added concept")[58] vorgetragen[59].

In der französischen Literatur wird *„valeur ajoutée"* in ähnlicher Weise als die — in erster Linie nach der Differenzmethode ermittelte — Eigenleistung (produit propre) der Betriebe dargestellt, sie leitet sich her aus dem „valeur acquise par l'objet aux differents stades de la production aux sens large"[60]. Bei den statistischen Berechnungen des Volkseinkommens wird der „valeur ajoutée" übereinstimmend mit der deutschen volkswirtschaftlichen Gesamtrechnung fixiert[61]. Durch die in Frankreich als Nettoumsatzsteuer ausgebildete Umsatzbesteuerung („Taxe sur la valeur ajoutée") ist der Begriff „valeur ajoutée" bekannter und verbreiteter als in Deutschland — Überlegungen, die sich im betrieblichen Bereich auf ihn beziehen, werden deswegen weitgehend von den steuerrechtlichen Gesichtspunkten mit ihren entsprechenden Besonderheiten geformt[62].

2. Die Aussagefähigkeit der Wertschöpfung

Die Aussage der Wertschöpfung (W = B ./. V) als Leistungsgröße von Betrieben wird im wesentlichen bestimmt durch das Gleichsetzen von Wert und Preis, sie wird deswegen erst verständlich, wenn die Folgerungen aus diesem Gleichsetzen gezogen werden.

Der *Wertbegriff* ist „zunächst ein Beziehungsbegriff, indem er die Beziehung der Dinge zu den menschlichen Zwecksetzungen darstellt"[1].

Washington 1949, S. 18, zitiert in: Th. N. *Beckman*, Value Added Concept, 191, S. 83.

[58] Vgl. Th. N. *Beckman*, Value Added by Distribution, 192, S. 43 ff. (siehe S. 44, Fußnote: „Historical Note").

[59] Einzelheiten dazu werden in späteren Kapiteln vorgetragen.

[60] J. P. *Guinot*, Valeur Ajoutée, 223, S. 1141.

[61] Vgl. F. *Perroux*, Revenu Social, 119, S. 40. Vgl. auch C. *Vimont*, Revenu National, 324, S. 985 ff.

[62] Vgl. dazu: E. *Aufermann*, Die Nettoumsatzsteuer, 186, S. 639 ff., 648; J. P. *Guinot*, Valeur Ajoutée, 223, S. 1141 ff; siehe weiterhin Kap. C 4 a.

[1] M. *Apel*, Philosophisches Wörterbuch, 5, S. 253.

Die Sicht dieser Beziehungen geht von dem einzelnen Menschen aus, sie ist in dem Sinne subjektiv, daß die Zwecksetzung und die Einschätzung der Beziehung jeweils aus einem einzelpersonalen „Werterleben" (vgl. dazu Nicolai Hartmann: „Wertgefühl"[2]) resultiert. Ein solches Werterleben aber „ist keine letzte, nicht weiter ableitbare Tatsache, sondern eine Wirkung anderer Erlebnisse... Als Wert erscheint für einen Menschen alles, was seinen Trieben und Interessen entspricht"[3].

Ein so erklärter Wert ist demnach nicht absolut und quantitativ feststellbar. Man könnte im subjektiven Erleben noch zweierlei Werte unterscheiden: Werte, die als subjektiv, und Werte, die als objektiv erlebt werden. Der Wert wirtschaftlicher Güter gehört in den Bereich der als subjektiv erlebten Werte, so daß die Frage nach dem Wesen der als objektiv erlebten Werte („Sinnwerte oder Normwerte"[4]) hier nicht gestellt werden muß: nämlich ob solche Werte objektiv oder „absolut"[5] sein können[6].

Wittmann[7] verneint wegen der Unmöglichkeit, den Wert zu quantifizieren, die „Anwendungsfähigkeit des allgemeinen Wertbegriffes in der Betriebswirtschaftslehre — jedenfalls für das untersuchte Gebiet der betrieblichen Rechnungsarten"[8]. Diese strenge Einschränkung der Verwendung des Begriffes und auch des Wortes „Wert" auf den philosophisch aufgefaßten, allgemeinen „Wert" scheint jedoch wenig zweckmäßig zu sein, da gerade im Bereich der Betriebswirtschaften Werte bzw. Wertvorstellungen, die sich auf die wirtschaftenden Menschen, auf die sachlichen Mittel des Wirtschaftens sowie auf Handlungen und Zustände beziehen, *intersubjektiv* mitteilbar sein müssen. Der Inhalt solcher Wertschätzungen ist hilfsweise in quantitative Größen zu transponieren, die dann gewissermaßen als „Wert-Kennzahlen" der Verständigung der beteiligten Subjekte über ihre Wertvorstellungen dienen, sie machen zugleich „heterogene Güter und wirtschaftliche Vorgänge . . . rechenbar und vergleichbar"[9] („*instrumentaler* Wertbegriff"[10]). Dementsprechend faßt auch Ruf den Wert als zweckorientierten Begriff auf und den „betriebswirtschaftlichen Wert" als wirtschaftliche „Maßzahl" oder „Vergleichsgröße"[11].

---

2 Vgl. S. 17 dieser Arbeit.

3 H. *Rohracher*, Psychologie, 129, S. 459.

4 B. *Holzner*, Einleitung zu: Howard Becker, Soziologie, 243, S. 35.

5 Vgl. A. *Marx*, Der Wert, 272, S. 65 („in der wirtschaftswissenschaftlichen Forschung [wird] die Frage nach dem absoluten Wert nicht erhoben").

6 Vgl. dazu den Abschnitt „Zweierlei Werte" von B. Holzner in der Einleitung zu H. *Becker*, Soziologie, 243, S. 34 ff., mit Hinweisen auf P. Lersch und W. L. Kolb; vgl. weiterhin: H. *Becker*, Soziologie, 9, S. 347 ff.

7 W. *Wittmann*, Der Wertbegriff, 181, S. 62 ff., 80 ff., 103 ff.

8 W. *Wittmann*, Der Wertbegriff, 181, S. 103.

9 E. *Pausenberger*, Wert und Bewertung, 118, S. 25.

10 Vgl. ebenda, S. 26.

11 Vgl. W. *Ruf*, Wertbegriff, 133, S. 91, 92.

Eine in diesem Sinne zu deutende „Wertkennzahl" für wirtschaftliche Güter ist der Preis. In marktwirtschaftlichen Systemen entsteht der Preis letztlich aus dem Zusammentreffen und aus der gegenseitigen Abstimmung von subjektiven Wertvorstellungen der Güter anbietenden und nachfragenden Wirtschaftssubjekte. Als — gewissermaßen statistischer, gewogener — Durchschnitt der Wertvorstellungen soll der Preis eine „Objektivierung des Wertes"[12] repräsentieren, auch wenn die Wirtschaftssubjekte im einzelnen ihre Wertvorstellungen mit unterschiedlicher Macht durchzusetzen vermögen[13].

Der *Preis* ist im allgemeinen der unmittelbaren, einzelpersonalen oder einzelbetrieblichen Beeinflussung entzogen; das Urteil des „Marktes" setzt den „Wert" fest. Es ist demgemäß nicht zu fragen, welchen allgemeinen — etwa im Sinne von objektiven — „Wert" ein Gut hat (wie sollte das schon entschieden werden?[14]), sondern welcher Preis diesem Gut vom Markt zugemessen wird: „nicht das Gedankenbild des Wertes, sondern die Realität des Preises"[15] steht im Mittelpunkt unseres Abschätzens wirtschaftlicher Daten.

Unser Wirtschaftssystem bietet den Preis als meßbare und sozial anerkannte „Wertkennzahl" an[16]. Erst diese Konkretisierung des Wertes ermöglicht die Auslegung und Auswertung der betrieblichen Wertschöpfung. Die Bestimmung des „Wertes" durch den Preis in der Wertschöpfungsrechnung wird von Beckman wie folgt begründet: „Certain business activity can be wasteful or distructive when evaluated subjectively, but there is no way of measuring such subjective satisfactions or dissatisfactions and their intensities, except through expressions in the market place in the form of prices[17]."

Eine Darstellung der Wertschöpfung, die ungeachtet dieser Voraussetzungen versucht, Wertungen des wirtschaftlichen Prozesses vorzunehmen mit subjektiv-qualitativen Urteilen und mit irgendwelchen „absoluten" Werten statt mit Preisgrößen oder Preisersatzgrößen (marktabhängigen quantitativen Daten), läßt keine allgemein verifizierbaren Aussagen zu[18].

---

[12] Vgl. E. *Pausenberger*, Wert und Bewertung, 118, S. 14; vgl. auch A. *Weber*, Volkswirtschaftslehre, 178, S. 105 ff.

[13] Vgl. dazu auch A. *Hesse*, Volkswirtschaftslehre, 54, S. 118.

[14] Die Versuche der volkswirtschaftlichen Wertlehren zeigen die Schwierigkeiten, einen „Wert" als solchen — unabhängig von Marktpreisen — zu bestimmen.

[15] A. *Weber*, Volkswirtschaftslehre, 178, S. 104.

[16] Vgl. R. *Stolzmann*, Wirtschaftsphilosophie, 169, S. 48 („sozialer Charakter der Preise"). Diese spezielle Deutung des Wertes wird auch aus dem etymologischen Ursprung des Wortes „Wert" erkennbar: Im Althochdeutschen und Altsächsischen wird „werd" im Sinne von „einen gewissen Preis kostend" angewendet. Vgl. F. *Kluge*, Etymologisches Wörterbuch, 69, S. 856.

[17] Th. N. *Beckman*, Marketing, 10, S. 712.

[18] Vgl. unsere Kritik zu den Begriffen Werk-, Wert- und Preisschöpfung von K. Kink, S. 17.

Das heißt gleichzeitig, daß man von der hier entwickelten Wertschöpfungsrechnung keine Aussagen verlangen soll, die sie nach dieser Konzeption nicht zu geben vermag.

Die Verwertung von Wertschöpfungszahlen verlangt immer eine Prüfung, ob die Aussagefähigkeit der Wertschöpfungszahlen für den einzelnen Verwendungszweck geeignet ist. Bei dieser Prüfung sind vor allem die Störungsfaktoren der Aussagefähigkeit zu berücksichtigen, die sich aus der Bedeutung der Preise als „Wertkennzahlen" ergeben[19].

Zunächst soll an dieser Stelle ein *Beispiel* von E. Schäfer übernommen werden, das dann in einer von den Erklärungen von Schäfer abweichenden Weise für unsere Wertschöpfungsrechnung ausgewertet werden kann:

„Es ist z. B. denkbar, daß ein Millionär — sei es aus Langeweile oder aus einem Spleen heraus — einen Betrieb errichtet, um darin Erzeugnisse mit ganz bestimmten Eigenschaften herstellen zu lassen, auf die er sich kapriziert, die aber niemand verlangt. Als reicher Mann kann er es sich leisten, den Betrieb trotzdem weiterlaufen zu lassen und ihn technisch sogar auf „vorbildlicher" Höhe zu halten. Aber eine wirtschaftliche Leistung liegt nicht vor, die Einrichtung steht nicht in Mittel-Zweck-Zusammenhang der Wirtschaft. Sie ist Selbstzweck, Spielzeug eines reichen Mannes, aber kein wirtschaftliches Unternehmen. Die eingesetzten Mittel werden ohne wirtschaftlichen Nutzeffekt verbraucht. Der einzige Nutzen besteht allenfalls in dem Vergnügen, das unser Millionär an der Sache hat, also insoweit ein konsumtiver Nutzen. Für die Gesamtwirtschaft erwächst dagegen keinerlei Nutzen, sondern ein Verlust an ‚Mitteln', die an anderer Stelle nutzbringend hätten verwendet werden können[20]."

Als erstes fällt auf, daß Schäfer den Ausstoß des Betriebes, seine Leistensobjekte, für nutzlos hält und sie nicht als „wirtschaftliche Leistung" gelten läßt. Die Erzeugnisse werden von „niemand verlangt".

Aus dem Beispiel ist jedoch eindeutig ableitbar, daß der Millionär selbst als langfristiger Abnehmer der Leistensobjekte anzusehen ist[21], er bezahlt die Leistensobjekte durch die Übernahme aller Aufwendungen, die durch den Leistensprozeß entstehen. Insofern besteht kein Unterschied zu dem denkbaren Vergleichsfall, daß der Millionär an einen anderen Betrieb den Auftrag gibt — z. B. an einen Schiffbaubetrieb — ihm von Zeit zu Zeit eine neue Luxusjacht oder irgendwelche andere ihm Vergnügen bereitende Erzeugnisse zu liefern. In konsequenter Auslegung des Gedankenganges von Schäfer müßte man auch diesem Betrieb, der sein Wirken auf die „nutzlose" Nachfrage dieses Millionärs oder auch noch anderer „kapriziöser" Millionäre ausrichtet, die Teilnahme an der gesamtwirtschaftlichen Leistung absprechen.

[19] Einzelheiten dazu siehe weiter unten.

[20] E. *Schäfer*, Die Unternehmung, Bd. I, 138, S. 9.

[21] Oder allgemeiner: daß der Millionär als „Kunde" für den Effekt des betrieblichen Wirkens gelten kann.

Der *Nutzen* der Leistensobjekte (Erzeugnisse) des Millionärsbetriebes ist nach Schäfer „allenfalls“ durch einen „konsumtiven Nutzen“ gegeben. Weswegen soll aber der konsumtive Nutzen von Gütern für einen exzentrischen Millionär geringer oder anders einzuschätzen sein als der Nutzen von Gütern für andere nachfragende und kaufende Personen (etwa von Gütern wie die von Vielen gekauften Feuerwerkskörper, modischen Haarperücken oder Sportautos)?

Abgesehen von der Frage, ob der wissenschaftlichen Erkenntnis eine „wertende“ oder sog. „objektive“ Entscheidung über die Rangfolge subjektiver Wertvorstellungen und über den Nutzen einer daraus resultierenden Nachfrage zusteht[22], läßt unser auf dem Marktmechanismus aufbauendes Wirtschaftssystem keine „wertenden“ Aussagen darüber zu, ob mit Preisen bewertete wirtschaftliche Mittel, die zur Befriedigung irgendeiner bestimmten Nachfrage eingesetzt werden, besser „an anderer Stelle nutzbringend hätten verwendet werden können.“

Der Nutzen des Millionärsbetriebes für die Gesamtwirtschaft sollte im Vergleich mit dem Nutzen anderer Betriebe in qualitativer Hinsicht neutral und in *quantitativer* Hinsicht entsprechend seiner Wertschöpfung beurteilt werden. Der Betrieb des Millionärs muß Arbeiter entlohnen, gegebenenfalls Kapital verzinsen, Steuern bezahlen und Fremdleistungen in Anspruch nehmen. Die Ausgaben für Fremdleistungen werden in anderen Betrieben zu Einkommen. Die Wertschöpfung oder wirtschaftliche Eigenleistung des Millionärsbetriebes kann als Differenz der Bruttoerträge (Erträge aus den geldlichen und evtl. sachlichen Mittelzuwendungen des Millionärs) und der Vorleistungen bestimmt werden[23]. Die Wertschöpfung wird güterseitig durch den Beitrag des Betriebes zur Erzeugung wirtschaftlicher Güter[24] und einkommensseitig durch die Summe der in dem Betrieb entstandenen Arbeitserträge, Kapitalerträge und Gemeinerträge[25] ausgewiesen.

Die Aussagefähigkeit der Wertschöpfung erstreckt sich also nicht auf die kaum normierbare soziale Qualität einer Leistung. Die Preise sagen nichts „über den Wert der Güter im Wohlfahrtssinne“[26]. Wenn die volkswirtschaftliche Wertschöpfung („Wertschöpfung zu Faktorkosten“) in der wirtschaftspolitischen Praxis „als Ersatz für eine soziale Wohlfahrtsfunktion“ verwendet wird, so ist die Aussage der Wertschöpfung in dieser Beziehung sehr unvollkommen: sie erfaßt

---

[22] Vgl. dazu M. *Weber*, Die „Objektivität“, 326, S. 148 ff.

[23] Dabei wird volkswirtschaftlich noch interessant sein, ob die Zahlungen des Millionärs aus seinem Vermögen oder aus laufendem Einkommen geleistet werden.

[24] Zum Begriff des wirtschaftlichen Gutes (wesentliche Merkmale: Nützlichkeit, Knappheit) vgl. A. *Ammon*, Nationalökonomie, 4, S. 175 ff.

[25] Zu den Ertragsarten vgl. Kap. C 2 c dieser Arbeit.

[26] A. *Paulsen*, Volkswirtschaftslehre, Bd. 1, 117, S. 45.

„bestenfalls die Werte ..., die gegen Entgelt geschaffen worden sind" und „braucht auch in der Verteilung der Gewichte weder mit der Bewertungsskala der Regierung noch mit der irgendeines Bürgers übereinzustimmen"[27].

(Giersch weist erläuternd auf das Einkommen eines Reklamespezialisten — der Schlemmkreide als Zahnpasta propagiert — hin, das doppelt so hoch ist wie das Einkommen einer Volksschullehrerin[28].)

In der Marktwirtschaft ist der *Preis* der sanktionierte Maßstab für die Leistungen der Wirtschaftsbetriebe[29]. Die Leistungsbewertung wird dementsprechend durch den Preis „rein *kausal* bestimmt"[30]. Wenn A. Marx die ökonomische Funktion von Betrieben in dem Gelingen sieht, „sich in den wertschöpfenden Prozeß befruchtend einzugliedern"[31], so kann das nur dahingehend ausgelegt werden, daß es den Betrieben gelingt, Leistensergebnisse hervorzubringen, die der Markt durch Preise anerkennt, d. h. preislich honoriert. Die wirtschaftsgesellschaftliche Qualität einer Leistung und ihr Preis werden so sinngleich gekoppelt.

Es ist nicht zu übersehen, daß der Preis durch mangelnde Transparenz der Marktgegebenheiten oder vor allem durch Wettbewerbsbeschränkungen seine Funktion als Wertmaß in einem gewissen Grade einbüßen kann. Die auf dem Einfluß vielzähliger Wertvorstellungen basierende „Objektivierung der Wertschätzungen" ist dann nicht mehr voll wirksam[32]. Die Wert-Preis-Gleichung der Wertschöpfungsrechnung gibt dann nur noch eine mehr oder weniger *formale* Erklärung für die Wertschöpfung. „This assumption (Wert gleich Preis) is realistic for purposes of measuring value added under conditions of workable competition[33]."

Die Wertschöpfungsgrößen sagen deswegen so viel über den gesamtwirtschaftlichen (marktwirtschaftlichen) Aspekt einer betrieblichen Leistung wie die in den Wertschöpfungsgrößen verrechneten Preise über den gesamtwirtschaftlichen „Wert" der Güter.

Die unter den Bedingungen des Wettbewerbs entstandenen Preise lassen zwar ein dem marktwirtschaftlichen System entsprechendes

---

[27] H. *Giersch*, Wirtschaftspolitik, 40, S. 104.

[28] Vgl. zu diesem Absatz auch: E. E. *Nawroth*, Wirtschaftsphilosophie, 108, S. 346. — F. A. *Hayek*, Weg in die Knechtschaft, 53, S. 83 ff.

[29] Vgl. H. *Nicklisch*, Leistung (HdB), 281, Sp. 872.

[30] E. E. *Nawroth*, Wirtschaftsphilosophie, 108, S. 350, siehe auch ebenda: „Die für Leistung und Entgelt gesuchten Maßstäbe ... resultieren aus den tatsächlichen Schätzungen des Marktes. Die Frage nach einem objektiven Wertmaßstab ... gilt als überflüssig."

[31] A. *Marx*, Der Wert, 272, S. 66.

[32] Vgl. dazu H. *Nicklisch*, Die Betriebswirtschaft, 110, S. 81.

[33] Th. N. *Beckman*, Marketing, 10, S. 712. Competition wird hier dadurch gekennzeichnet, daß den Konsumenten eine breite Auswahl von Mitteln zur Befriedigung ihres meisten Bedarfs zur Verfügung steht und daß die Lieferanten sich nicht zusammenschließen, „but actually compete" (ebenda).

Gleichsetzen von „Wert" und „Preis" zu, aber auch sie leiden noch an einer gewissen Undeterminiertheit als „Wert-Kennzahl": Auf dem psychologischen Untergrund der Preisbildung sind oft Motivationen der Marktpartner erkennbar, bei denen die Wertvorstellungen in dem hier vorgetragenen, güterbezogenen Sinne hinsichtlich der angebotenen oder nachgefragten Güter nur eine für die Preisbildung untergeordnete Rolle neben anderen Vorstellungen spielen[34]; weiterhin werden die Wertvorstellungen der Konsumenten durch die Werbung und durch die Modeströmungen oft stark gelenkt und nach den Zwecken der Verkaufenden geprägt.

Eine weitere Barrikade für den Rückschluß von der einzelbetrieblichen Wertschöpfung auf die „gemeinwirtschaftliche Leistung der Betriebe" soll die fehlende „vertikale Preisgerechtigkeit" sein[35]: „Unangemessen" hohe oder niedrige Preise im Beschaffungs- oder Absatzbereich eines Betriebes verändern die betriebliche Wertschöpfung zugunsten oder zulasten der Wertschöpfung der vor- und nachgeschalteten Betriebe[36] (mit diesem Argument setzen wir uns auf Seite 52 ff. auseinander).

Wir sehen — zusammenfassend —, daß betriebliche Wertschöpfungszahlen weitgehend *ungeeignet* sind, um den volkswirtschaftlichen und *sozialen* Nutzeffekt einzelner betrieblicher Leistungen normativ beurteilen und vergleichen zu können[37]. Die Bedeutung und Eignung dieser Größen liegt, wie die späteren Kapitel zeigen werden, in einer Ergänzung der betrieblichen Erfolgsgrößen Umsatz und Gewinn für die Analyse des betrieblichen Leistensprozesses.

Schließlich ist noch auf die Schwierigkeiten hinzuweisen, die der Wertschöpfungsrechnung aus den Geldwertschwankungen erwachsen. Wird man diese *Geldwertveränderungen* kurzfristig (für die periodische Berechnung der Wertschöpfung) im allgemeinen vernachlässigen können, so verlangt der zeitliche Vergleich von Wertschöpfungszahlen eine Ausschaltung dieser Störung. Je nach dem Zweck der Rechnung kann das durch eine Bewertung mit Festpreisen erfolgen[38] — in diesem Fall werden aber nicht nur die generellen Geldwertänderungen, sondern auch Marktpreisschwankungen eliminiert! — oder durch eine Geldwertberichtigung mit besonderen Preisindices.

Der Geldwert oder „die Kaufkraft" des Geldes wird durch den reziproken Wert des Preisniveaus widergespiegelt. Da sich das Preisniveau

---

[34] Vgl. A. *Lauterbach*, Mensch, Motive, Geld, 81, S. 69 ff.

[35] Vgl. K. *Kink*, Wertschöpfungsprozeß, 68, S. 193 und 194.

[36] Vgl. zu diesem Absatz auch M. *Lohmann*, Betriebswirtschaftslehre, 91, S. 196.

[37] Vgl. dazu auch E. *Schäfer*, Vom Mehrwert, 300, S. 459.

[38] Das wird manchmal bei der Produktivitätsrechnung zur Bestimmung der „technischen Produktivität" versucht.

nicht einheitlich, sondern in den verschiedenen Kreislaufstadien und Bereichen der Wirtschaft unterschiedlich verändert, muß die Wahl der zur Messung des Preisniveaus erforderlichen Preisindices in der Wertschöpfungsrechnung der unterschiedlichen gütermäßigen Zusammensetzung der Vorleistungen und Bruttoerträge Rechnung tragen[39]. Die amtliche Statistik wird diesem Tatbestand gerecht; „seit einigen Jahren ... erfolgt die Preisbeobachtung ... unter dem Blickwinkel des volkswirtschaftlichen Güterkreislaufes: die Preise werden jeweils vom Standpunkt des einkaufenden oder des verkaufenden Betriebes erfaßt"[40]. Bei der Anwendung der von den Statistischen Ämtern berechneten einzelnen Indices (z. B. Index der Erzeugerpreise oder Index der Großhandelspreise) ist die dort erfolgte besondere Gewichtung der Preise zu untersuchen und zu berücksichtigen[41].

Die Behandlung von Geldwertänderungen in der Wertschöpfungsrechnung wird im einzelnen von mehreren Autoren dargestellt[42].

3. Die Beiträge von Arbeit, Kapital und „Staat" zur Wertschöpfung

Im betrieblichen Wertschöpfungsprozeß wirken — wie das folgende Kapitel im einzelnen zeigen wird — die funktionellen Wirkungskräfte Arbeit, Kapital und „Staat" zusammen (letzterer wird hier im weitesten Sinne als Vertreter der Öffentlichkeit aufgefaßt). Die betriebswirtschaftliche Literatur bezeichnet diese elementaren betrieblichen Wirkungskräfte meist als „Produktionsfaktoren" oder „Betriebselemente". Die Vielzahl der unterschiedlichen Meinungen über Anzahl und Art der Faktoren erhält eine einheitliche Ausrichtung, wenn die Bedeutung dieser Faktoren für die Wertschöpfung untersucht wird:

Wenden wir uns als erstes der *Arbeit* zu: Arbeit im wirtschaftlichen Sinne ist jede „auf Erzielung von Ertrag ... gerichtete körperliche und geistige Tätigkeit des Menschen"[1]. Einer Trennung der Arbeit in eine dispositive und ausführende und der Ausgliederung der dispositiven „Geschäfts- und Betriebsleitung"[2] als selbständiger Betriebsfaktor kann unter dem Aspekt der Wertschöpfungsrechnung nicht zugestimmt werden, vor allem nicht, wenn die „Geschäftsleitung" die unternehmerische Tätigkeit als species sui generis repräsentieren soll und wenn damit ein Anspruch auf den, über eine Arbeitsvergütung hinausgehen-

[39] Vgl. A. *Graeve*, Wertschöpfungsrechnung, 43, S. 80.
[40] I. *Esenwein-Rothe*, Wirtschaftsstatistik, 30, S. 263.
[41] Vgl. dazu: K. H. *Flecken*, Indexgewichtung, 211, S. 78 ff.
[42] Vgl. D. *Leitner*, Zur Problematik konjunktureller Schwankungen, 87, S. 144, 196 ff; vgl. H. *Bartels*, Sozialproduktberechnung, 190, S. 143; vgl. M. R. *Lehmann*, Wertschöpfungsrechnung, 84, S. 83 ff.
[1] E. *Carell*, Arbeit (HdSW), 202, S. 229.
[2] E. *Gutenberg*, Grundlagen, I, 45, S. 3, 5.

den „Unternehmergewinn" konstatiert wird[3]. Cairncross lehnt eine so geartete Sonderstellung der Geschäftsleitung ab, sie wird seines Erachtens nur propagiert, um die gesonderte und übliche Zurechnung aller Gewinne (profit) auf diesen „Faktor"[4] begründen zu können.

Die „Geschäftsleitung", die wir bezüglich ihrer auch für Gutenberg in diesem Zusammenhang relevanten obersten Spitze mit Schnutenhaus als Betriebs- oder Unternehmungsführung bezeichnen wollen[5], übernimmt zwar besonders qualifizierte Aufgaben, sie kann jedoch wie jede andere Arbeit auch entsprechend ihrer Qualifikation und ihres evtl. möglichen Marktpreises entlohnt werden. Für die der Konzeption der Wertschöpfung zugrunde liegende Vorstellung eines ganzheitlichen Betriebseinkommens und seiner Verteilung ist es bedeutsam, daß der „dispositive Faktor" nicht, wie bei Gutenberg, „oberhalb" der Arbeit mit dem Hinweis auf das Besondere dieses „dispositiven Faktors" und seiner Verwurzelung „im Irrationalen" installiert wird[6], sondern, daß die schöpferische, die gestaltende und organisierende Arbeit der Betriebsführung als Teil der komplexen, aber einheitlichen Wirkungskraft Arbeit gesehen wird. Diese Einheitlichkeit der betrieblichen Arbeit wird selbst von Schnutenhaus vertreten trotz der gerade von ihm besonders prononcierten Trennung der führenden und leitenden Arbeit (die auch hier einen schöpferischen, „irrationalen" Kern enthält) von der ausführenden Arbeit[7]. Die Entlohnung der sog. Manager (des „top-management") bietet ein Beispiel für die Einbeziehung der Vergütungen für die Tätigkeit der Betriebsführung in die Normen allgemeiner Arbeitsvergütungen.

Von der gesamten, dem Betrieb als Einkommen für seine Leistung vom Markt zugebilligten Wertschöpfung wird ein Teil an alle Arbeitenden (in diesem weiten Sinne) für ihre Beteiligung am betrieblichen Leisten verteilt. Diese in der Wertschöpfung enthaltenen *Arbeitserträge* bestehen hauptsächlich aus den Löhnen und Gehältern und aus den Ergebnisbeteiligungen der Arbeitnehmer, aus dem Entgelt für mithelfende Familienangehörige (in kleinen Einzelhandelsbetrieben beachtenswert — vgl. Seite 83) und aus dem „Unternehmerlohn"[8]. Aus

---

[3] Vgl. ebenda, S. 5—6.

[4] Vgl. H. *Cairncross*, Economics, 20, S. 25. Vgl. dazu auch B. *Moll*, Gerechtigkeit, 105, S. 71: den Anspruch auf „Unternehmergewinn" *und* auf „Unternehmerlohn" für die Unternehmungsführung mit der Arbeit des Unternehmers zu begründen, wäre ein doppelter Anspruch des Faktors Unternehmer*arbeit*.

[5] Vgl. O. R. *Schnutenhaus*, Absatzpolitik, 150, S. 30 ff.

[6] Vgl. E. *Gutenberg*, Grundlagen, 45, S. 7.

[7] Nach O. R. *Schnutenhaus*. Seine Stellungnahme ist auch ableitbar aus: O. R. *Schnutenhaus*, „Feste"-Kostenrechnung, 149, S. 78 ff.; vgl. weiterhin zum „Schöpferischen" der Unternehmungsführung: O. R. *Schnutenhaus*, Trennung des rein Schöpferischen, 310, S. 82—84.

[8] Das oft notwendige Herauslösen des Unternehmerlohnes aus dem Ge-

rechentechnischen Gründen werden die Arbeitserträge in der Wertschöpfungsrechnung als Bruttoarbeitserträge ausgewiesen, sie enthalten noch die direkten Steuern und soziale Abgaben[9].

Der Anteil der Arbeitserträge an der Wertschöpfung ermöglicht einen groben Rückschluß auf die Beteiligung des Faktors Arbeit an der Wertschöpfung und ist *nur* unter dieser Zielsetzung in dieser Weise — einschließlich Unternehmerlohn — abgetrennt worden.

Der nunmehr zu behandelnde sog. Wirkungsfaktor für das betriebliche Leisten ist das *Kapital*. Wir zählen zu ihm alle vorrätigen wirtschaftlichen Güter wie Anlagen, Waren, Forderungen, Geld[10], also auch den Boden, der oft als gesonderter Produktionsfaktor aufgeführt wird[11].

Das betriebliche Kapital umfaßt alle Güter, die im Betrieb[12] eingesetzt sind, unabhängig davon, wer Eigentümer dieser Güter ist, entscheidend ist die Nutzung des Kapitals für den Leistensprozeß[13]; diese Kapitalgröße wird auch Vermögen (Bruttovermögen) oder Aktivkapital genannt.

Hier wurde der Kapitalbegriff von *Schmalenbach* gewählt, weil er geeignet ist, das zur Wertschöpfung aufgewandte Kapital durch das Merkmal „Vorrätigkeit"[14] treffend zu kennzeichnen:

Der größte Teil des betrieblichen Sachkapitals setzt sich aus Gütern zusammen, die von fremden Betrieben bezogen wurden, im Handelsbetrieb sind es vor allem Handelswaren, Material und Anlagegüter. Diese Güter gehen im allgemeinen ganz (Waren) oder anteilmäßig mit ihren Abschreibungen (Anlagegüter) in die vom Betriebe verkauften Güter ein. Der eigenbetriebliche Leistungsbeitrag zum gesamtwirtschaftlichen Gütervolumen vollzieht sich nicht dadurch, daß diese Güter ganz oder anteilweise verbraucht werden („Tilgung des Gutsvorrates"[15]), sondern dadurch, daß das betriebliche Leisten durch die Vorrätigkeit dieser Güter ermöglicht wird[16]. Wir könnten auch sagen, der Leistensbeitrag vollzieht sich nicht durch den „Verbrauch" der

---

winn läßt bei Betriebsvergleichen die Struktur der Wertschöpfung (Anteil der Faktorerträge) eindeutiger erkennen und macht sie vergleichbar; aus analogen Gründen wird in Handelsbetriebsvergleichen der Unternehmerlohn ebenfalls gesondert ausgewiesen. Vgl. dazu: R. *Seyffert*, Wirtschaftslehre, 160, S. 565. — H. *Buddeberg*, Über die Vergleichbarkeit, 15, S. 75.

9 Steuern und soziale Abgaben sind „Gemeinerträge".

10 Nach E. *Schmalenbach*, Kapital, 143, S. 1 ff. (2, 5, 15).

11 Vgl. B. *Hartmann*, Kapitalbegriff, 227, S. 134, Fußnote 7. Vgl. H. *v. Stackelberg*, Volkswirtschaftslehre, 165, S. 321.

12 Zur Abgrenzung des „Betriebes" vgl. Kap. C. 1.

13 Vgl. dazu B. *Hartmann*, Das Kapital, 50, S. 15.

14 E. *Schmalenbach*, Kapital, 143, S. 1, 5 ff.

15 E. *Schmalenbach*, Kapital, 143, S. 7.

16 Vgl. dazu K. *Oberparleiter*, Der Leistungsgedanke, 284, S. 148 („Finanzierung der Vorleistungen").

zum Kapital gehörenden Fremdleistungen, sondern *anläßlich* ihres „Verbrauchs“[17]. Als betrieblicher Leistensfaktor kann also nur die Vorrätigkeit als solche gelten, sie wird auch von Schmalenbach unmittelbar als Kapital bezeichnet[18]; sie ist nicht identisch mit den Gütern, sondern sie ist an diese gebunden. Werden selbsterzeugte Anlagen oder Güter im betrieblichen Leistensprozeß eingesetzt, so wird man ihre Erzeugung als Ausbringung (Bruttoertrag) verbuchen und ihre Weiterverwendung wie die von fremdbezogenen Gütern, da sonst eine Doppelzählung erfolgen würde.

Der Wert des betrieblichen Kapitals umfaßt den Vorrätigkeitswert aller im Betrieb eingesetzten Güter; wenn im folgenden sprachlich vereinfachend als Kapital jeweils Güter genannt werden — z. B. „Waren und Forderungen gehören zum Kapital“ — so ist der Vorrätigkeitswert gemeint, der an diese Güter gekoppelt ist. Wegen der Gleichheit von Gutswert und Vorrätigkeitswert desselben sachlichen Wertträgers[19] ist diese Sprachregelung vertretbar und üblich.

Die Preise der Vorleistungsgüter gehen in das Endprodukt als Wertschöpfungspreise von fremden Betrieben ein. Der Preis dagegen, der dem Betriebe vom Markt für die Nutzung der Vorrätigkeit dieser Vorleistungsgüter und der nicht fremdbezogenen Güter wie des Bodens zugestanden wird, ist Teil der betriebseigenen Wertschöpfung. Von ihm, also von dem erzielten Preis für die Bereitstellung des betrieblichen Kapitals zweigen sich die Eigenkapitalerträge und die Fremdkapitalzinsen ab[20], beide zusammen werden als *Kapitalerträge* in der Wertschöpfungsrechnung ausgewiesen.

Die Kapitalerträge sind eine Größe, die nach dem Abzug der Arbeitserträge und der Gemeinerträge von der Wertschöpfung übrigbleibt: eine isolierte Feststellung des Kapitalnutzungspreises ist nicht möglich. Lediglich die Fremdkapitalzinsen sind größenmäßig abzugrenzen als vereinbarte Nutzungsentgelte, die der Betrieb für eine ihm von Dritten überlassene Kapitalnutzung zahlen muß. Das Abziehen der Fremdkapitalzinsen von den gesamten Kapitalerträgen führt zu einem von Lehmann als „Ertrag des Eigenkapitals“[21] bezeichneten Wertschöpfungsrest, der gedanklich — nicht im kalkulatorischen Sinne — zerlegbar ist in den Ertrag für die Nutzung des Eigenkapitals und in einen vieldeutigen „Gewinnrest“. Die Aufführung dieses Gewinnrestes als

[17] Verbrauch im weitesten Sinne einschließlich des (periodisierten) von Anlagegütern.

[18] Vgl. E. *Schmalenbach*, Kapital, 143, S. 1, siehe auch S. 7.

[19] Vgl. E. *Schmalenbach*, Kapital, 143, S. 2—3, 6 ff.

[20] Zur Unterscheidung von Eigenkapitalertrag und Fremdkapitalzinsen und zur Bedeutung des Eigenkapitalertrages als betrieblicher Ertragsbestandteil; vgl. O. R. *Schnutenhaus*, Kapitalzinsen, 305, S. 159—160.

[21] M. R. *Lehmann*, Wertschöpfungsrechnung, 84, S. 17.

Kapitalertrag ist besonders problematisch, sie wird an anderer Stelle eingehender kommentiert (vgl. S. 87 ff.).

Nicht ohne weiteres offensichtlich ist die Einbeziehung des *Staates* als einer am betrieblichen Wertschöpfungsprozeß direkt beteiligten Wirkungskraft und das Ausweisen sämtlicher Steuern und Abgaben als Bestandteile der Wertschöpfung („Gemeinerträge“[22]). Der Staat wird in diesem Zusammenhang als Inbegriff der (wirtschafts-) gesellschaftlichen Umwelt, in die der Betrieb eingefügt ist, verstanden, sie wird durch öffentliche Institutionen wie Verwaltungen, Gerichte, Kirchen, auch durch Industrie- und Handelskammern und Verbände vertreten.

In der volkswirtschaftlichen Gesamtrechnung wird der Staat im Sinne einer selbständigen Institution neben der gewerblichen Wirtschaft als selbständiger Leistungsbereich mit eigenem Produktionskonto geführt. Die dem Staat als Einnahmen zufließenden Steuern werden aber bei den gewerblichen Betrieben nur teilweise rechnerisch quasi als Vorleistungen von der Wertschöpfung abgezogen — es sind die „indirekten“ Steuern[23] —, ein Rest in Höhe der „direkten“ Steuern wird noch als Bestandteil in der Wertschöpfung belassen. Diese unterschiedliche Verbuchung von direkten und indirekten Steuern ist ziemlich umstritten und letztlich „nichts anderes als ein Festlegen auf gewisse Konventionen. Die Frage der Zweckmäßigkeit... bestimmter Konventionen aber läßt sich niemals generell, sondern nur im Hinblick auf die spezifischen Fragestellungen diskutieren“[24]. Für volkswirtschaftliche „intertemporale und interregionale Niveauvergleiche“ ist es auch verhältnismäßig gleichgültig, ob für die Wertschöpfung als Bewertungsmaßstab die Faktorkosten (nach Abzug der indirekten Steuern) oder die Marktpreise gewählt werden[25].

Für die betriebswirtschaftliche Wertschöpfungsrechnung kommt dagegen der Frage nach der Behandlung der *Steuern* entscheidende Bedeutung zu. Die meisten betriebswirtschaftlichen Autoren rechnen alle Steuern, einschließlich der „indirekten“, zur Wertschöpfung[26] („Wertschöpfung zu Marktpreisen“). Wenn in der Literatur für dieses Vorgehen neben dem allgemeinen und kurzen Hinweis, der Staat partizi-

---

[22] Terminus nach M. R. *Lehmann*, Wertschöpfungsrechnung, 84, S. 13.

[23] Zur Definition der in der volkswirtschaftlichen Gesamtrechnung verwendeten Begriffe „direkte“ und „indirekte“ Steuern vgl. S. 22. Abgaben und Gebühren werden in der volkswirtschaftlichen Gesamtrechnung wie indirekte Steuern verrechnet, vgl. dazu: J. *Schmedtje*, Sozialprodukt, 303, S. 479.

[24] G. *Bombach*, Staatshaushalt, 196, S. 345.

[25] Vgl. ebenda, S. 377.

[26] Vgl. S. 22. Vgl. weiterhin J. *Burri*, Die Unternehmung, 19, S. 46. Dort werden die Arbeiter und Angestellten, die Kapitalgläubiger, die Unternehmer und der *Staat* — auch mit den indirekten Steuern — an der Wertschöpfung (am „volkswirtschaftlichen Reinertrag“) beteiligt.

piere als Mitwirkender am betrieblichen Leistensprozeß auch am betrieblichen Ertrag, überhaupt Gründe angegeben werden, so sind sie formaler Natur: Die Steuern müßten unabhängig von den grundsätzlich unentgeltlichen Leistungen des Staates bezahlt werden und seien deswegen (!) der Wertschöpfung zuzurechnen (Pohmer)[27] oder die Leistungen des Staates seien nicht konkret als Vorleistungen zu erfassen und wohl oder übel der Wertschöpfung zuzuordnen[28]; Abgaben und Gebühren seien dagegen wertschöpfungsmindernde Vorleistungen des Staates, da ihnen unmittelbare Gegenleistungen des Staates gegenüberstehen[29].

Diese Argumentation ist zu formal und auch nicht ganz konsequent, denn wenn man schon grundsätzlich die Einkommen des Staates in die Wertschöpfung der Betriebe einschließt, so ist ihre Zweiteilung nicht einzusehen. Die Behandlung der an den Staat zu zahlenden Abgaben und Gebühren dürfte nicht anders sein als die der Steuern, auch wenn der Zusammenhang zwischen dem staatlichen Leisten und der Inanspruchnahme dieses Leistens durch die Betriebe enger ist und — oft nur scheinbar[30] — in dem Verhältnis einer äquivalenten Zurechenbarkeit stehen soll[31].

Um die Eingliederung aller Steuern, Abgaben und Gebühren in die Wertschöpfung zu erklären, hat man in materieller Hinsicht die Funktion des Staates (des Staates im oben angegebenen Sinne) als Beteiligten am Wertschöpfungsprozeß darzustellen und man hat in formeller Hinsicht die rechenmäßig-statistischen Auswirkungen der alternativen Verbuchungen der direkten und indirekten Steuern als Vorleistungen oder als Wertschöpfungsbestandteile zu verfolgen.

Das staatliche *Mitleisten* besteht für die Betriebe hauptsächlich aus einem mittelbar oder unmittelbar zur betrieblichen Leistensdurchführung verfügbaren und in unterschiedlicher Weise von den Betrieben in Anspruch genommenen Bündel von staatlichen „Ordnungsfunktionen" und in zunehmendem Maße auch von staatlichen „Gestaltungsfunktionen"[32]; es ist Voraussetzung und Quelle für den Erfolg jedes Betriebes und deswegen für jeden Betrieb „die allgemeine Tragfläche seiner Existenz"[33]. Besonders anschaulich wird das staatliche Wirken,

---

[27] Vgl. D. *Pohmer*, Betriebliche Wertschöpfung, 289, S. 156.
[28] Vgl. R. O. *Gockel*, Wertschöpfungsrechnung, 41, S. 15.
[29] Vgl. K. *Kink*, Wertschöpfungsprozeß, 68, S. 174; vgl. F. *Stöbe*, Ergebnisbeteiligung, 168, S. 119.
[30] Vgl. D. *Pohmer*, Steuerlehre, 120, S. 88 ff. (Abgaben oder Beiträge sind manchmal „ihrem Wesen nach echte Steuern" — S. 89).
[31] Kink behandelt Gebühren und Abgaben grundsätzlich als „Äquivalenzabgaben" und deswegen (!) wie Vorleistungen; vgl. K. *Kink*, Wertschöpfungsprozeß, 68, S. 174.
[32] Vgl. dazu S. 40.
[33] O. R. *Schnutenhaus*, Sind Steuern Kosten?, 307, S. 90.

wenn ein Betrieb beispielsweise direkt staatliche Einrichtungen wie Forschungseinrichtungen, Wasserstraßen oder staatliche Schlichtungsstellen benutzt oder wenn er etwa seine Leistung dadurch schneller erstellen und an den Markt mit günstigeren Preisen weiterleiten kann, weil er manche für die Öffentlichkeit nachteilige Folgen seines Wirkens nicht beseitigt (z. B. die Verunreinigung von Luft, Gewässern oder Straßen[34]).

Das staatliche Tätigwerden gründet sich auf den Einsatz von Arbeit im weitesten Sinne — z. B. auf die Arbeit der Verwaltungsangestellten oder des Militärs — und auf den Einsatz von Kapital materieller Art und immaterieller Art (als letzteres könnte man die Gesetze auffassen). Die laufenden Ausgaben für dieses Wirken werden auf der Verwendungsseite des Staatskontos ausgewiesen, sie werden zum größten Teil finanziert durch Steuern, die von den wirtschaftlichen Betrieben aufgebracht werden. Der gedanklichen Möglichkeit, die Steuern als Vorleistungen des staatlichen Sektors für die Betriebe zu buchen, stehen nicht nur verfahrenstechnische Schwierigkeiten — das Herausrechnen aller Steuern aus den betrieblichen Erträgen — entgegen, sondern der Gedanke, daß jeder Preis ein vom Betrieb auf dem Markt erzieltes *einheitliches* Leistungsentgelt ist. Demzufolge ist auch die Wertschöpfung eine von den Marktpreisen der Beschaffungs- und Absatzmärkte abgeleitete, einheitliche Ertragsgröße (Einkommensgröße), die die Ertragsanteile für die an ihrer Entstehung mitwirkenden Faktoren in keiner Weise erkennen läßt. Verändern sich Steuerzahlungen auf Grund einer Änderung der Besteuerungsgrundlagen oder der betrieblichen Steuerberechnungen, so kann bei gleichgebliebener Wertschöpfung nicht ohne weiteres auf Veränderungen der betrieblichen Gesamtleistung geschlossen werden (wie es geschehen würde, wenn man die Steuern als Vorleistungen von der Wertschöpfung abziehen würde), oder gar ein Schluß auf eine Erweiterung oder Verminderung von staatlichen „Vorleistungen" gezogen werden: Es findet vielmehr eine den Gewinn als Residualgröße beeinflussende Umverteilung des betrieblichen Ertrages statt.

Dic Vorstellung einer einheitlich vom Markt bestimmten Wertschöpfung bzw. Einkommenserzielung für alle Leistensbeteiligten einschließlich des Staates — sie wird von Sagoroff besonders herausgestrichen[35] —

[34] Ein interessantes, wenn auch nicht so gewichtiges Beispiel ist das dauernde Lagern von Verpackungsmaterial und von ankommenden Gütern sowie das dadurch verursachte Blockieren und Verschmutzen der Straße durch ein Berliner Discounthaus; diese Firma benutzt die öffentliche Straße seit Monaten wie einen Teil ihres Ladens.

[35] Vgl. S. *Sagoroff*, Volkseinkommen, 135, S. 20 ff., 99 (S. 99: Auch die indirekten Steuern sind „Reinproduktübertragungen" und als solche in die Wertschöpfung und in ihre Verteilung einzubeziehen, „weil der Tauschwert, der die Grundlage der Reinproduktbildung ist, die Produktsteuern enthält".)

ist auch bedeutsam, wenn man die Verteilung der Wertschöpfung in Verbindung mit solchen betrieblichen Ertragsschwankungen sieht, die nicht auf Grund von innerbetrieblichen Leistensveränderungen auftreten, sondern auf Grund von veränderten und keineswegs vom Betrieb zu vertretenden oder vorauszusehenden Umweltbedingungen. Im Falle negativer Auswirkungen dieser Umweltbedingungen auf die Wertschöpfung der Betriebe greift der Staat häufig mit Maßnahmen in Form von Subventionen („Steuern negativen Charakters"[36]) oder in Form von Steuererleichterungen und sonstigen Eingriffen unterstützend oder ertragsfördernd ein und bestätigt so seine Mitverantwortlichkeit[37], im Falle positiver Ertragsveränderungen erhebt er folgerichtig Ansprüche auf eine — in Steuern gekleidete — Beteiligung an solchen Mehrerträgen[38]. Man denke etwa an gewisse Konjunkturgewinne oder an Mehrerträge, die auf einen produktionstechnischen, von staatlichen Institutionen entwickelten Fortschritt oder auch auf eine Standortvergünstigung durch Hafenbauten des Landes zurückgehen, also auf eine Mitwirkung der „Öffentlichkeit", die man im Rahmen der betrieblichen Wertschöpfung nicht als Vorleistungen, sondern nur als ein direkt erfolgsbeeinflussendes Mitwirken auslegen kann[39].

Im Zusammenhang mit einem so begründeten Aufnehmen aller Steuern in die Wertschöpfung ist nun noch dem Einwand zu begegnen, die *indirekten* Steuern seien als — verdeckt — abwälzbare Steuern nur „durchlaufende Posten"[40] für die betriebliche Rechnung. Dieser Einwand übergeht die von Bombach als inzwischen vorherrschend bezeichnete Meinung, „daß die Aufteilung in direkte und indirekte Steuern nicht deshalb ratsam ist, weil angeblich erstere nicht und letztere voll auf den Preis abwälzbar sind"[41]. Diese Hypothese „impliziert Annahmen über die Größe der Elastizität von Angebot und Nachfrage, die einander vollkommen widersprechen"[42]. Das Überwälzen von Steuern ist den Betrieben immer nur in Abhängigkeit von der Marktkonstellation möglich, es kann genausogut bei direkten Steuern durchführbar sein, wie es bei indirekten Steuern verhindert oder gestört werden kann[43].

---

[36] M. R. *Lehmann*, Wertschöpfungsrechnung, 84, S. 32.

[37] Vgl. dazu D. E. *Lilienthal*, Big Business, 89, S. 25 ff.; vgl. auch S. 244 („Sozialisierung der Verluste").

[38] Besonders ausgeprägt ist dieser Anspruch bei der Besteuerung von sog. Spekulationsgewinnen.

[39] Vgl. dazu die Beispiele von W. *Herrmann*, Gerechtigkeitsromantik, 241, S. 31.

[40] M. *Kühnau*, Der Formalaufbau, 78, S. 121.

[41] G. *Bombach*, Staatshaushalt, 196, S. 465.

[42] Ebenda, S. 366 — Bombach nimmt hierzu Bezug auf: A. R. *Prest*, Statistical Calculations of Tax Burdens, Economica, Bd. 22 (1955), S. 234—245 (insbes. S. 242).

[43] Vgl. dazu W. *Hofmann*, Volkswirtschaftliche Gesamtrechnung, 59, S. 116,

Das Abziehen nur der indirekten Steuern führt folglich zu einer ziemlich *willkürlichen Zerstückelung* der Wertschöpfung. Diese Willkürlichkeit wird vor allem auch dann zutage treten, wenn das betriebliche Steueraufkommen gleichbleibt und sich nur das Verhältnis zwischen dem Aufkommen aus direkten Steuern und dem aus indirekten Steuern ändert. Die gesamtwirtschaftlichen Steueraufkommen können ja aus finanzpolitischen Gründen aus den unterschiedlichst proportionierten Anteilen von direkten Steuern und von indirekten Steuern zusammengesetzt werden (Schwerpunktverteilung auf bestimmte Steuerarten)[44].

In der Wertschöpfungsrechnung werden aus praktisch-rechnerischen Gründen nicht alle Steuern in einem gemeinsamen Posten ausgewiesen; die *direkten* Steuern sind nämlich teilweise in den Kapitalerträgen (unversteuerter Gewinn) und in den Arbeitserträgen (unversteuerte Bruttoentgelte für Arbeitsleistungen der Inhaber) enthalten[45]. Der stärker hervortretende redistributive Charakter dieser Steuern wird durch die personellen Verhältnisse der Arbeitenden und Kapitaleigner bestimmt, er ändert nichts an der Zugehörigkeit dieser Steuern zu den Gemeinerträgen und damit zur Wertschöpfung. In manchen Berechnungen wird demgemäß versucht, die direkten Steuern wenigstens ungefähr zu ermitteln, um sie in den Posten Gemeinerträge einordnen zu können, z. B. indem „die hilfsweise berechneten Steueranteile der Belegschaft und der Aktionäre vom Belegschafts- und Aktionäranteil abgezogen und dem Staat zugerechnet" werden[46].

Zusammenfassend läßt sich nunmehr ein wichtiges Merkmal des „Wertschöpfungsdenkens"[47] damit kennzeichnen, daß sich der Inhalt des betrieblichen Leistens erweitert: Neben die unmittelbaren und primären Wirkungskräfte Kapital und Arbeit tritt noch der *Staat* als ebenfalls *ertragsbeteiligte* und mittelbare „betriebliche" Wirkungskraft (Hofmann unterscheidet diesbezüglich zwischen „originären Produktions-

---

und die Beispiele von S. *Sagoroff*, Volkseinkommen, 135, S. 97 ff.; vgl. auch die Diskussionsbeiträge zur Großen Steuerreform, 175, S. 99 (indirekte und direkte Steuern beeinflussen den Preis). Zur betriebswirtschaftlichen Sicht des Überwälzens und der damit verbundenen kalkulatorischen Verrechnung der „Gewinnsteuern" vgl: O. R. *Schnutenhaus*, Sind Steuern Kosten?, 307, S. 93 ff.; vgl. auch T. P. *Freckner*, Einkommensteuer als kalkulatorische Kosten, 214, S. 87 ff., 165 ff.

[44] Dabei ist nicht zu übersehen, daß sich die Wertschöpfung dann erhöhen kann, wenn sich indirekte Steuern erhöhen und — bei sonst gleicher Betriebsleistung — überwälzt werden. (Meist ist dieser Zusammenhang nicht so klar ersichtlich.) Eine solche Aufblähung der Wertschöpfung kann jedoch bei der Berechnung nicht eliminiert werden, sie wird normalerweise die Aussagefähigkeit wenig behindern, wenn man die Zusammensetzung der Wertschöpfung aus den einzelnen Ertragsarten im Auge behält. Vgl. hierzu: S. *Sagoroff*, Volkseinkommen, 135, S. 98—99.

[45] Vgl. dazu S. 126.

[46] H. W. *Köhler*, Einkommensverteilung, 70, S. 117.

[47] Zu diesem Ausdruck vgl. Kapitel D 1.

faktoren“ und „Wirtschaftsfaktoren“[48], — letztere werden hier in dem Begriff des Staates zusammengefaßt). Aus dieser Anschauung ist aber nicht zu folgern, daß sich manche mit Hilfe der Wertschöpfungsrechnung durchzuführende, betriebliche Analysen (z. B. für die Produktivitätsmessung) nicht mit einem auf Kapital und Arbeit als Wirkungsfaktoren beschränkten Teilaspekt begnügen könnten und sollten. Es wird auch nicht der selbstverständliche Interessenpluralismus außer acht gelassen, der in vielfältiger Weise zwischen den Leistensbeteiligten wirksam wird, zwischen den Kapitaleignern, den Arbeitenden und dem Staat oder sogar zwischen den Interessen des Betriebes als einer Ganzheit einerseits und den Interessen der anderen genannten Parteien andererseits.

Das Wertschöpfungsdenken verdeutlicht mithin die heutigen Funktionen des Staates und seine nun einmal vorhandene Beteiligung an der Wertschöpfung, zugleich wird die Aufmerksamkeit auf eine Wandlung der Einstellung der steuerzahlenden Betriebe zum Staat gelenkt (vgl. dazu Teil C dieser Arbeit, der sich mit diesem Einstellungswandel auseinandersetzt). Die Veranschaulichung dieses Sachverhaltes ist so wichtig, daß Beckman die im betriebswirtschaftlichen Denken übliche Vernachlässigung des Staates als „factor of production“ als wirklichkeitsfremd bezeichnet[49], er ordnet den Staat mit einem Hinweis auf Studenski in die Reihe der anderen betrieblichen Wirkungsfaktoren „land, labour, capital, entreprise“[50] ein.

Wie weitgehend die staatliche Mitwirkung auch unmittelbar in das betriebliche Leisten eingreift, wird aus den „Gestaltungsfunktionen“[51] des Staates ersichtlich, sie sind vorzugsweise ausgeprägt in staatlichen Planungsmethoden, wie wir sie auch in marktwirtschaftlich ausgerichteten Ländern wie in Frankreich („économie concertée“), Belgien („programmation“) und in anderen europäischen Ländern finden; sie sollen den Wirtschaftsablauf regeln und sich vor allem auf die Lenkung der Investitionstätigkeit erstrecken[52]. Solche Planungen bilden dann eine wesentliche Grundlage der betrieblichen Dispositionen oder sie werden sogar zu einem Teil dieser Dispositionen. Die mögliche Ausdehnung dieser Planungen auf den ganzen EWG-Markt[53], die wir bereits in den

---

[48] Vgl. W. *Hofmann*, Volkswirtschaftliche Gesamtrechnung, 59, S. 116.

[49] Vgl. Th. N. *Beckman*, Value Added Concept, 191, S. 97 ff.

[50] Statt „entreprise“ wird auch „(entrepreneural) management“ angegeben, oder bei Studenski, der ebenfalls den Staat als „agent of production“ auffaßt, ein aufgespaltener Faktor: „management“ und „entrepreneur“. Vgl. dazu: P. *Studenski*, Toward a Theory of Business Taxation, Journal of Political Economy, Chicago, Oktober 1940, Band 48, Nr. 5, S. 624 ff., zitiert in: Th. N. *Beckman*, Value Added Concept, 191, S. 99.

[51] Vgl. J. *Habermas*, Strukturwandel, 48, S. 163 ff.

[52] Vgl. E. *Hirsch*, Die französischen Planungsmethoden und ihre Ausdehnung auf den gemeinsamen Markt, 56, S. 6 ff., 18.

[53] Vgl. ebenda, S. 17 ff.

Bemerkungen über die „Programmierung“ im „Aktionsprogramm der Gemeinschaft für die zweite Stufe“ angedeutet finden[54], rückt diese betriebsbezogenen Gestaltungsfunktionen des Staates noch mehr als bisher in das einzelbetriebliche Blickfeld.

Das *Bewußtsein* der betrieblichen Leistensbeteiligten, daß der Staat ein solch unmittelbarer *Partner* der betrieblichen Kooperation ist, wird von Achinger an einem Beispiel demonstriert[55]. Eine kleine bäuerliche Gruppe früherer Zeit war überzeugt, daß der Arbeitserfolg allein ihr zusteht und daß „die Steuern eine Art von Plünderung sind“. Der zeitgenössische Arbeiter hat dagegen das Gefühl, daß jeder Erfolgsanteil „das Produkt einer fast unübersehbaren Kooperation sei“, er steht seinen Lohnabzügen deswegen ohne Gegenwehr gegenüber.

Bei dieser Auffassung des Staates erhalten die Wissenschaft als Produktionsfaktor (Rössle)[56] oder „das Kapital höherer Ordnung“ von Spann und Spanns Deutung der Steuern als Entgelt für die Nutzung dieses Kapitals[57] eine unmittelbare Beziehung zum betrieblichen Wertschöpfungsdenken. Nach Spann ist der Staat ein „System von Mitteln“, das den Betrieben zur Verfügung steht und das als „Kapital höherer Ordnung“ bezeichnet wird[58]. Sämtliche Leistungen des Staates im weitesten Sinne — also auch der Gemeinden und anderer öffentlicher Verbände — „gehen als unmittelbare oder mittelbare Hilfsmittel in die wirtschaftliche Tätigkeit auf jeder ihrer Stufen ein ...“[59].

Zum Schluß ist noch die Frage der *Zurechnung* der betrieblichen Wertschöpfung auf die drei, erst einmal funktionell zu sehenden, leistensbeteiligten Faktoren zu beleuchten (die funktionelle Verteilung). „Entsprechend der Vielheit des Leistungsbegriffes gibt es auch eine Vielheit von Zurechnungsproblemen. Mindestens kann man drei unterscheiden, ein physikalisches (auch kausales, physisches oder technisches genannt), ein ökonomisches und ein moralisches[60].“

Da eine technische oder kausale Zurechnung zweifellos nicht möglich ist[61], richtet sich die Aufmerksamkeit in erster Linie auf die ökonomischen Zurechnungstheorien.

Die in der „sozialen Marktwirtschaft“ herrschende Ansicht über die Verteilung baut man auf der mechanistisch gearteten Theorie des Neoliberalismus — in der Form des Ordoliberalismus — auf: „Oberstes

---

[54] EWG-Aktionsprogramm, 32, S. 57 ff. (vgl. dort auch die Maßnahmen zur Preispolitik, S. 36, 44).

[55] Vgl. H. *Achinger*, Sozialpolitik, 1, S. 36.

[56] Vgl. K. *Rössle*, Betriebswirtschaftslehre, 130, S. 131, 134.

[57] Diese Deutung wird von Weinberger als „wissenschaftlich unfruchtbar“ kritisiert — vgl. O. *Weinberger*, Kapital (HdSW), 328, S. 486.

[58] Vgl. O. *Spann*, Volkswirtschaftslehre, 164, S. 104.

[59] Ebenda, S. 180.

[60] B. *Moll*, Gerechtigkeit, 105, S. 28.

[61] Ebenda, S. 26, 29, 32.

Ziel des *Ordoliberalismus* ist die individuelle Freiheit in einer Marktwirtschaft mit „vollständiger Konkurrenz" auf allen Märkten. Von dieser Ordnung wird angenommen, daß sie auch eine leistensgerechte Verteilung ermöglicht[62]."

Die von vielen Wirtschaftspolitikern vertretene These, der Marktmechanismus induziere eine einigermaßen gerechte Verteilung, wird mit dem Hinweis auf den utopischen Charakter des zur Norm erhobenen Grenzfalles der vollständigen Konkurrenz angegriffen[63]. Auch werden dabei die zwangsläufige Bindung der funktionellen Verteilung an die personelle Verteilung[64] und die Auswirkungen der vielseitigen Eingriffe des Staates in die Wirtschaft vernachlässigt. Die Eigentums-[65] und Machtverteilung[66] an die „personalen Träger" der Wirkungsfaktoren und deren davon bestimmtes Verhalten beeinflussen die Verteilung in einem so starken Maße, daß die Annahme einer sich von selbst einstellenden „leistungsgerechten" Verteilung zu einer erklärungsbedürftigen Vorstellung wird[67]. Eine neuzeitliche soziologische Theorie der Verteilung (Marchal und Lecaillon, 1958) stellt deswegen das Verhalten der Wirtschaftssubjekte in den Mittelpunkt ihrer Erklärungsversuche; zu ihren Ergebnissen stellt Preiser fest: „Was sich bisher abzeichnet, ist die Auffassung von der Einkommensverteilung als einem allgemeinen Kampf homogener Gruppen um den Anteil am Sozialprodukt"[68].

Das „moralische" Zurechnungsproblem (Moll) setzt schließlich — wenn man es wissenschaftlich abhandeln wollte — als Grundlage eine „Moral" und damit eine glaubensmäßige — also subjektive und im Sinne einer autonomen Gewissensmoral kaum intersubjektiv festsetzbare — Prämisse voraus. Das besagt nicht, daß die staatliche Sozialpolitik nicht eine Verantwortung für die Verteilung übernehmen könnte und sollte, die gewissen, politisch wirksam werdenden, Wertvorstellungen der sozialen Gruppen entspricht.

Ohne auf die Problematik der Verteilung im einzelnen einzugehen, wollen wir feststellen, daß die jeweilige Gliederung einer Wertschöpfung in die drei Ertragsarten Arbeitserträge, Kapitalerträge und Gemeinerträge von vielfältigen Einflüssen abhängig ist und das sie nur in sehr *fragwürdiger* Weise den „wirklichen" Leistensbeiträgen der drei Wirkungsfaktoren an der Wertschöpfung gerecht wird.

---

[62] H. *Giersch*, Wirtschaftspolitik, 40, S. 182; vgl. auch W. *Eucken*, Wirtschaftspolitik, 31, S. 154 ff., 180 ff.

[63] Vgl. H. *Giersch*, Wirtschaftspolitik, 40, S. 184.

[64] Vgl. B. *Moll*, Gerechtigkeit, 105, S. 49.

[65] Vgl. E. *Preiser*, Verteilung des Volkseinkommens, 122, S. 173 ff. (Einfluß der „Besitzverteilung" auf die Elastizität des Faktorangebotes).

[66] Vgl. dazu W. *Krelle*, Verteilungstheorie, 74, S. 73 ff. und H. *Giersch*, Wirtschaftspolitik, 40, S. 195 ff.

[67] Vgl. E. E. *Nawroth*, Wirtschaftsphilosophie, 108, S. 348 ff., 365 ff.

[68] E. *Preiser*, Distribution (HdSW), 291, S. 633.

4. Die Wertschöpfung des Handels

Die Darstellungen des Handels heben im allgemeinen die Besonderheiten der (typischen) „Aufgabe" des Handels hervor[1] und analysieren die von dieser Aufgabe abgeleiteten „Einzelfunktionen"[2]. Die Wertschöpfung als betriebliche Leistungsgröße unterstreicht demgegenüber, daß der Betriebsprozeß des Handels genauso wie der Betriebsprozeß aller anderen wirtschaftlichen Betriebe ein Leistensprozeß ist, zu dem sich die Wirkungskräfte Arbeit, Kapital und Staat vereinen.

Die *güterseitige* Wirkung des handelsbetrieblichen Leistens „beruht auf der Erhöhung der Verwendungs- oder Konsumreife der Waren, die der einzelne (Binnen-) Handelsbetrieb durch die Übernahme distributionswirtschaftlicher Aufgaben vollbringt"[3]. In der Literatur finden wir diese Wirkung als „wertschöpfenden Charakter"[4] der Handelstätigkeit, als „Werterzeugung"[5] oder „Wertbildung"[6] bezeichnet.

Eine größenmäßige Messung dieser güterwerterhöhenden Eigenleistung des Handels — „Handel" wird hier institutionell verstanden[7] — ist nur mit Wertschöpfungsgrößen (W = B ./. V) möglich und mit der Einschränkung, die sich bei der Auslegung der Wert-Preis-Gleichung für die Wertschöpfungsrechnung ergeben haben.

Der Fortfall der Wert-Preis-Gleichung in nicht marktwirtschaftlichen Wirtschaftssystemen führt denn auch zu einer gänzlich anderen Auslegung der Wertschöpfung durch den Handel. In den sog. kommunistischen oder sozialistischen Ländern wird noch heute versucht, den Wert der Güter nach der objektivistischen Wertlehre von Karl Marx zu bestimmen. Der Warenwert wird danach bestimmt „durch die in den Waren verkörperte, gesellschaftlich notwendige, allgemein menschliche Arbeit[8]."

---

[1] Vgl. dazu u. a. A. *Lampe*, Theorie des Handels, 80, S. 16 und E. *Schäfer*, Absatzwirtschaft, 137, S. 12.

[2] Vgl. dazu u. a. A. *Lisowski*, Zur Theorie, 70, S. 9. — K. *Oberparleiter*, Funktionen und Risiken, 113, S. 1 ff. und R. *Seyffert, Wirtschaftslehre, 160,* S. 8 ff.

[3] H. *Buddeberg*, Betriebslehre, 17, S. 16.

[4] Vgl. ebenda.

[5] Vgl. A. *Lisowski*, Zur Theorie, 90, S. 22.

[6] Vgl. J. *Tiburtius*, Lage und Leistungen des deutschen Handels, 172, S. 234. („Die zusätzliche Wertbildung — added value").

[7] Zur Unterscheidung von institutionellem Handel (das sind die Handelsbetriebe oder „Handlungen") und funktionellem Handel (das ist jede Handelstätigkeit, also auch die distributionswirtschaftliche Tätigkeit von Erzeugungsbetrieben) vgl. R. *Seyffert*, Wirtschaftslehre, 160, S. 7. — R. *Nieschlag*, Binnenhandel, 112, S. 1, 51 ff.

[8] Vgl. F. *Engels*, Anti-Dühring, 29, S. 235; vgl. dazu auch K. *Marx*, Lohn, Preis und Profit, 273, S. 392 und die Beiträge zur Meßbarkeit des Arbeitswertes von H. *Schilar*, 302, S. 1517 ff.; O. *Lendle*, 267, S. 1528 ff. und S. *Zurawicki*, 331, S. 1545 ff.

Nach *Marx* setzen die „reinen Zirkulationskosten“ im Handelsbereich der Ware *keinen Wert* zu: Das führende sowjetische Lehrbuch der politischen Ökonomie[9] teilt die „Kosten“ des Handels (Zirkulationskosten) in solche ein, die „sich ihrem Wesen nach nicht von den Produktionskosten“ unterscheiden — das sind „die Kosten für Aufbewahrung, Endbearbeitung, Transport und Verpackung“ — und in „reine Zirkulationskosten“. Die reinen Zirkulationskosten sind Kosten, „die unmittelbar mit dem Kauf und Verkauf der Waren zusammenhängen... Reklamekosten, der größte Teil der Ausgaben für die Bezahlung der kommerziellen Lohnarbeiter, die Kosten für Buchführung, Korrespondenz, Unterhalt von Handelskontoren usw.“[10]. Nur *die* Arbeit überträgt auf die Ware einen Neuwert, die in den „durch die Fortsetzung des Produktionsprozesses in der Zirkulationssphäre“ verursachten Kosten enthalten ist[10]. Die reinen Zirkulationskosten des Handels („in den kapitalistischen Ländern machen sie etwa ein Drittel des Einzelhandelsumsatzes aus“[11]) sind nicht wertbildend und „ein Zeichen der wachsenden Verschwendung im Kapitalismus“[12]; diese Zirkulationskosten vermindern sogar das gesamtwirtschaftlich erzeugte Wertvolumen.

Aus der hier vorgetragenen Theorie wird ersichtlich, wie andersartig die Bedeutung des Handels für die Volkswirtschaft in der UdSSR und in anderen sog. sozialistischen Ländern eingestuft wird: „In den nichtproduzierenden Zweigen, zu denen der Staatsapparat ... (und) der Handel (mit Ausnahme der Operationen, die eine Fortsetzung des Produktionsprozesses in der Zirkulationssphäre darstellen) ... gehören, wird *kein* Nationaleinkommen erzeugt“[13].

In marktwirtschaftlichen Wirtschaftssystemen werden demgegenüber grundsätzlich alle vom Endpreis eines Gutes dem Handel zugeflossenen Preisteile als volkswirtschaftliche Wertschöpfung des Handels anerkannt. Wegen seines Beitrages zur volkswirtschaftlichen Werterzeugung wird der gesamte Handel in den Kreis der „produzierenden Wirtschaftsbetriebe“[14] eingereiht.

Die marktwirtschaftlich interpretierte Wertschöpfung von Handelsbetrieben weist einige Besonderheiten auf, die nunmehr dargestellt werden sollen:

Rechnerisch wird die Wertschöpfung als Globalgröße nach der Formel W = B ./. V ermittelt. Man kann sich die handelsbetriebliche Wert-

---

[9] Politische Ökonomie, hrsg. v. d. Akademie der Wissenschaften der UdSSR, Moskau 1959, deutsche Ausgabe 1961, 3.

[10] Politische Ökonomie, 3, S. 173—174.

[11] Ebenda, S. 175.

[12] Ebenda, S. 174.

[13] Ebenda, S. 210.

[14] Vgl. dazu R. *Ruggles*, Volkseinkommen, 134, S. 13 („Was ist Produktion?“).

schöpfung güterseitig zusammengesetzt denken aus der Summe der „Wertmeßzahlen“ (Preiseinheiten), die der Handelsbetrieb durch seine Eigenleistung den Güterwerten (Preisen) hinzufügen konnte.

Die Wertschöpfung ist nur als *Wertgröße* vorstellbar und berechenbar. Die Auffassung von Lehmann, daß sich die Wertschöpfung güterseitig „auch als Mengengröße oder Komplex von Mengen (Inbegriff der erzeugten Güter als solcher)“[15] vorstellen lasse, ist nicht verständlich. Diese Ausführung Lehmanns scheint in seiner produktionswirtschaftlichen Vorstellungswelt zu wurzeln. Zwar lassen die von Produktionsbetrieben erzeugten Güter auch in physischer Hinsicht ihre meist werterhöhende Veränderung durch den technischen Erzeugungsprozeß erkennen, die Leistensergebnisse des Handels sind dagegen durch eine Messung physischer Mengen oder Veränderungen der Leistensobjekte nicht erkennbar; stoffliche Qualität und Quantität der im Handel umgesetzten Güter bleiben weitgehend unverändert. Da auch die Wertschöpfung der Erzeugerbetriebe das Ergebnis funktioneller Handelsleistungen einschließt, ist selbst die produktionswirtschaftliche Wertschöpfung nicht als Mengengröße begreifbar[16].

Eine Aufteilung der betrieblichen Wertschöpfung auf die einzelnen Leistensobjekte ist im Handel sehr schwierig. Für ein einzelnes Gut kann zwar im allgemeinen die Differenz zwischen Einkaufspreis und Verkaufspreis festgestellt werden, — die Handelsspanne als Stückspanne — aber kaum, welcher Anteil dieser Spanne auf die Vergütungen für Fremdleistungen und welcher auf die betriebliche Wertschöpfung entfällt.

Eine solche Aufteilung würde sich nur annähernd mit einer Kostenstellen- und Kostenträgerrechnung durchführen lassen[17]. Die Kostenarten müßten nach ihrer Zugehörigkeit zur Wertschöpfung und zu den Vorleistungen getrennt werden und über die Kostenstellen den Kostenträgern zugerechnet werden. Eine auf die Berechnung der handelsbetrieblichen Eigenleistungen in Kostenstellen ausgerichtete Kostenverrechnungstabelle hat Oberparleiter[18] für die „Messung der funktionalen Wirtschaftlichkeit“ entworfen. In dieser Tabelle werden die Kostenarten in Fremdleistungskosten und in Kosten für die „eigene Betriebsleistung“[19] aufgespalten und jeweils den nach Funktionen

---

15 M. R. *Lehmann*, Wertschöpfungsrechnung, 84, S. 11.

16 Vgl. dazu G. *Fürst*, Produktivitätsmessung, 218, S. 22.

17 Zu einer als Kostenstellenrechnung ausgebildeten Wertschöpfungsrechnung vgl. R. O. *Gockel*, Wertschöpfungsrechnung, 41, S. 82 ff., weiterhin: A. *Graeve*, Wertschöpfungsrechnung, 43, S. 84 ff. und M. R. *Lehmann*, Wertschöpfungsrechnung, 84, S. 101 ff.

18 Vgl. K. *Oberparleiter*, Funktionen und Risiken, 113, S. 96—97.

19 Diese „eigene Betriebsleistung“ entspricht ungefähr der Bruttowertschöpfung.

geordneten Kostenstellen zugewiesen. Ist schon dieses Vorgehen mit wesentlichen Schwierigkeiten verbunden und hinsichtlich seiner Zweckmäßigkeit nicht ganz unbestritten[20], so wird eine weitere Verrechnung der Kosten auf die Kostenträger nur hinsichtlich der Warengruppen praktizierbar sein, denn es ist im Handel „kaum möglich, der einzelnen Leistungseinheit (Ware) die Bereichskosten zuzumessen“[21]. Die eingehende Untersuchung einer stückbezogenen Wertschöpfungsrechnung ist zudem im Handel gar nicht sinnvoll, denn selbst nach ihrer rechnerischen Bestimmung blieben die auf eine Wareneinheit bezogenen Wertschöpfungsgrößen ohne wesentliche Bedeutung:

Die Handelsleistung ist eine *ganzheitliche* Betriebsleistung, die aus einem interdependenten Geflecht bereichs- oder funktionenbezogener sowie stückbezogener Teilleistungen entsteht. Das wird verdeutlicht durch die zentrale Bedeutung der Kompensationskalkulation im Handel. Durch die Kompensationskalkulation werden die einzelnen Warenpreise je nach den örtlichen Konkurrenzgegebenheiten und je nach der betriebsindividuellen Vertriebspolitik nicht selbständig, sondern grundsätzlich nur in Abhängigkeit von anderen Preisen so kalkuliert, daß das Sortiment als ganzes eine hinreichende Ertragserzielung ermöglicht[22]. Die betriebliche Wertschöpfung wird sich infolgedessen „als ein Saldo von wahrscheinlich teils positiven, teils negativen Teilwertschöpfungen“ darstellen[23].

Die von dem Preis eines einzelnen Gutes abgeleitete Stückwertschöpfung hat deswegen (ebenso wie die Stückspanne) keinerlei Aussagekraft[24]. Für die Beurteilung und Messung handelsbetrieblicher Leistungen ist nur die ganzheitlich aufzufassende Betriebswertschöpfung geeignet.

Nicht zu verwechseln sind *Handelsspanne* (H) und Wertschöpfung (W) eines Betriebes. Die Handelsspanne als Betriebsspanne ist die Differenz zwischen den Einkaufspreisen (E) und den Verkaufspreisen (V) der Waren, die ein Betrieb in einer Periode umsetzt. Sie enthält die Vergütungen, die dem Betrieb insgesamt für die von ihm *vermittelte* Handelsleistung zugeflossen sind. Die Handelsspanne entsteht aus den Vergütungen für die Eigenleistung (Wertschöpfung) des Handelsbetriebes *und* aus den Vergütungen für die im Rahmen des betrieblichen Leistensprozesses außer den Waren (E) sonst noch in Anspruch genommenen Fremdleistungen (F).

---

[20] Vgl. E. *Hoppmann,* Binnenhandel, 61, S. 12.
[21] H. *Buddeberg,* Betriebslehre, 17, S. 133, vgl. auch S. 122, 135.
[22] Vgl. E. *Sundhoff,* Die Handelsspanne, 170, S. 162, 168 ff.; vgl. R. *Seyffert,* Wirtschaftslehre, 160, S. 535.
[23] K. *Oberparleiter,* Der Leistungsgedanke, 284, S. 154.
[24] Vgl. R. *Seyffert,* Wirtschaftslehre, 160, S. 559.

Diese Beziehungen stellen sich mit den erklärten (in die Klammern gesetzten) Symbolen wie folgt dar:

$$H = V \;./.\; E$$
$$H = W + F$$
$$W = H \;./.\; F$$
$$W = V \;./.\; (E + F)$$
$$V = W + (E + F)$$
$$V = H + E$$

Es ist demzufolge mißverständlich, wenn die Handelsspanne als Entgelt für die Eigenleistung eines Handelsbetriebes hingestellt und mit der betrieblichen Wertschöpfung gleichgesetzt wird[25]. Auch Rössle definiert u. a. den betrieblichen Erfolg in dieser mißverständlichen Weise als „Summe der durch die betriebliche Leistung erzielten Wertschöpfungen (added value), also beispielsweise die Differenz zwischen Beschaffungspreis (Einkaufs- bzw. Einstandspreis) des Materials und dem Verkaufspreis des Erzeugnisses"[26].

Die *Verwechslung* von Wertschöpfung und Handelsspanne eines Betriebes scheint auf zwei *Gründe* zurückzugehen.

1. Die Handelsspanne ist, wie die Wertschöpfung, eine „Nettoleistungsgröße". Zu ihrer Berechnung werden die Bruttoerträge (der Umsatz)[27] eines Betriebes um den Wareneinsatz und damit um den größten Teil der Fremdleistungen — aber eben nur um einen *Teil* — gekürzt. Die Handelsspanne gleicht deswegen dem „Nettoproduktionswert"[28], der im Bereich erzeugungswirtschaftlicher Rechnungen durch den Abzug des Materialverbrauchs vom Bruttoproduktionswert gewonnen wird und der ebenfalls mit der Wertschöpfung verwechselt oder als Bezeichnung mit dieser gleichgesetzt wird[29].

Der Nettoproduktionswert und die Handelsspanne sind *Näherungswerte* für die Wertschöpfung, sie sind als solche aussagefähiger als der noch alle Fremdleistungen enthaltende Umsatz, um die Eigenleistung eines Betriebes zu beurteilen.

Beckman[30] hält mangels genauerer Daten zur Ermittlung des „value added" die Handelsspanne (gross margin of establishments = sales receipts less landed cost of goods sold) für geeignet, den „value added" als Ersatzwert zu vertreten.

---

[25] Vgl. E. *Hoppmann*, Binnenhandel, 61, S. 15; vgl. M. *Wegner*, Die Umsätze, 327, S. 16.
[26] K. *Rößle*, Betriebswirtschaftslehre, 130, S. 223.
[27] Vgl. Kapitel C 2 a: Die Bruttoerträge.
[28] Vgl. A. *Schnettler*, Betriebsanalyse, 147, S. 361; vgl. K. H. *Raabe*, Sozialproduktsberechnung, 293, S. 401.
[29] Vgl. M. R. *Lehmann*, Wirtschaftlichkeit, 264, S. 542, 551.
[30] Th. N. *Beckman*, Marketing, 10, S. 712.

Diese Ähnlichkeit von Handelsspanne und Wertschöpfung veranlaßte Pohmer[31] dazu, das im Handel übliche „Denken in Spannen“ bereits als eine Annäherung an „Wertschöpfungsüberlegungen“ des Handels zu deuten.

2. Die zweite Ursache für die Verwechslung von Wertschöpfung und Handelsspanne ist die nicht immer beachtete Unterscheidung von

a) der *institutionellen* Wertschöpfung des Handels (das ist die Wertschöpfung des institutionellen Handels, also der Handelsbetriebe:

   W = B ./. V)

und

b) der *funktionellen* Wertschöpfung des Handels (das ist die Wertschöpfung des funktionellen Handels, also jede Wertschöpfung durch distributionswirtschaftliche Tätigkeit)[32].

Die institutionelle Wertschöpfung mißt die Eigenleistung von institutionellen Gebilden, d. h. von Handelsbetrieben oder von „Handlungen“ (Seyffert). Die funktionelle Wertschöpfung mißt das Ergebnis aller güterbezogenen Handelsfunktionen, d. h. die gesamte, im Güterpreis honorierte Handels-(Vertriebs-) Leistung ohne Zurechnung dieser Leistung auf die einzelnen Betriebe.

Dazu ist erklärend auszuführen: Der Preis (Wert) einer Ware zerfällt in einen Preisanteil für die Erzeugung und in einen weiteren Preisanteil für den Vertrieb dieser Ware. Die durch das Zusammenwirken vieler Betriebe entstandene stückbezogene Gesamtwertschöpfung (diese Gesamtwertschöpfung entspricht dem Endpreis eines Gutes) kann entsprechend unterteilt werden in eine Erzeugungswertschöpfung (value added by production[33]) und in eine Vertriebswertschöpfung (value added by distribution[34]).

Der Preisanteil, der die *Vertriebswertschöpfung* mißt, wird meist als Handelskettenspanne[35], als Gesamtvertriebsspanne oder als „volkswirtschaftliche Umsatzkosten der Ware“[36] bezeichnet, er umfaßt im wesentlichen die „Vertriebsspanne“ des Erzeugungsbetriebes und die Handelsspannen der am Vertrieb beteiligten Handelsbetriebe.

---

[31] Vgl. D. *Pohmer*, Wertschöpfung, 289, S. 151.

[32] Zur Unterscheidung von institutionellem und funktionellem Handel, vgl. S. 43.

[33] Vgl. R. *Nieschlag*, Binnenhandel, 112, S. 54, 62, weiterhin: Th. N. *Beckman*, Marketing, 10. S. 715.

[34] Auch „value added by marketing“, — vgl. dazu Literaturquellen von Fußnote 33 und Th. N. *Beckman*, The Value Added Concept, 191, S. 90; C. W. *Meyer*, Unternehmung und Markt, 103, S. 36 ff.

[35] Vgl. R. *Seyffert*, Wirtschaftslehre, 160, S. 541 ff.; vgl. E. *Sundhoff*, Die Handelsspanne, 170, S. 238 ff.

[36] Vgl. E. *Hoppmann*, Binnenhandel, 61, S. 32.

Diese Zergliederung der Vertriebswertschöpfung macht es möglich, eine Handelsspanne als ganzes als funktionelle Wertschöpfung eines Handelsbereiches (nicht eines Handelsbetriebes) aufzufassen. Die Handelsspanne ist ein Wertplus, das dem Gut durch die Leistungen verschiedener, in einem Handelsbereich zusammenwirkender Betriebe zugefügt wurde: Z. B. fließt dem Einzelhandelsbetrieb — den man sich für die Wertschöpfungsrechnung als „Dirigent" für alle leistenden Betriebe im Einzelhandelsbereich vorstellen kann — die Einzelhandelsspanne zu. Diese Spanne enthält aber nicht nur den Preis für die Eigenleistung des Einzelhandelsbetriebes (das wäre der Preisanteil für die institutionelle Wertschöpfung dieses Betriebes), sondern auch den Preis für die Fremdleistungen, das heißt für die institutionellen Wertschöpfungen der anderen Betriebe, die an der Einzelhandelsleistung, oder besser ausgedrückt, an der Leistung im Einzelhandelsbereich, beteiligt waren und die der Einzelhandelsbetrieb als Vorleistungen in Anspruch genommen hat (Leistungen der Transportbetriebe, Werbeagenturen, Hausbesitzer, Energielieferanten u. a.).

Die gesamten Vertriebskosten[37], die durch die Handelsspanne vergütet werden, sind folglich vom *gesamtwirtschaftlichen* Aspekt aus gesehen Wertschöpfung (funktionelle Wertschöpfung)[38]. Vom *einzelbetrieblichen* Aspekt aus ist jedoch nur der Teil der Handelsspanne Wertschöpfung, den der die Handelsspanne erhaltende Betrieb für seine Eigenleistung beanspruchen kann[39] (Handelsspanne ./. Vorleistungen = institutionelle Wertschöpfung des Handels).

Den Zusammenhang zwischen der funktionellen Wertschöpfung und der institutionellen Wertschöpfung — bezogen auf ein einzelnes Gut mit indirektem Vertriebsweg (Handelskette: Erzeuger — Großhandel — Einzelhandel — Konsument) — soll das folgende beispielhafte Schema verdeutlichen. Die Zahlen geben den Wert bzw. Preis des Gutes in Preiseinheiten (PE) an:

Siehe Abbildung auf der nächsten Seite.

Erklärungen zum Schema: Der Konsumentenpreis von 20 PE besteht aus einer funktionellen Wertschöpfung des Erzeugungs*bereiches* (Erzeugungswertschöpfung) von 10 PE und aus einer funktionellen Wertschöpfung des Vertriebsbereiches (Vertriebswertschöpfung) von ebenfalls 10 PE.

---

[37] Das von Schnutenhaus geforderte Merkmal für den Kostenbegriff „Anerkennung durch den Markt" erhält in diesem Zusammenhang besondere Bedeutung, denn nur Vertriebskosten in diesem Sinne sind zugleich funktionelle Wertschöpfung (Vertriebswertschöpfung). Vgl. dazu: O. R. *Schnutenhaus,* Theorie der Absatzkosten, 306, S. 110 ff.

[38] Vgl. Th. N. *Beckman,* Marketing, 10, S. 713; vgl. O. R. *Schnutenhaus,* Vertriebsorganisation, 151, S. 61.

[39] Vgl. Th. N. *Beckman,* Marketing, 10, S. 714 ff.

Das Verhältnis von funktioneller zu institutioneller Wertschöpfung

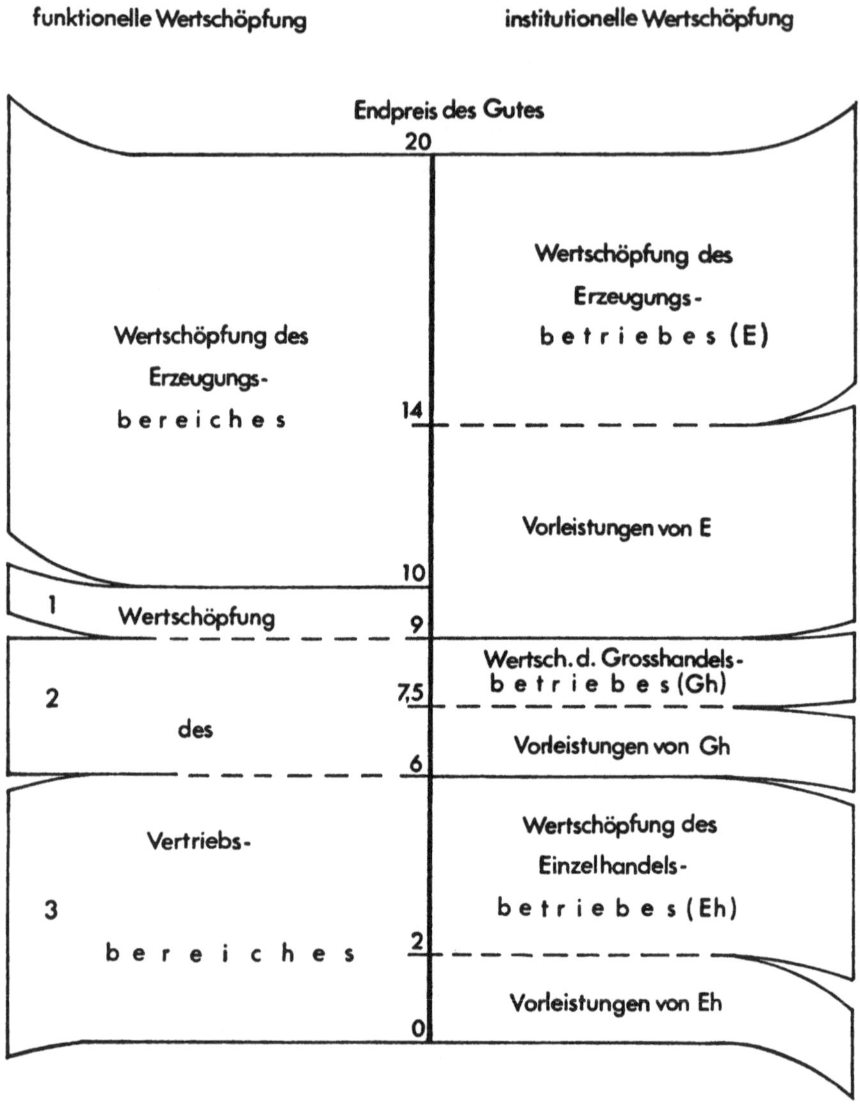

1 ≙ Vertriebsspanne des Erzeugungsbetriebes
2 ≙ Großhandelsspanne
3 ≙ Einzelhandelsspanne

Die Vorleistungen von E, Gh und Eh entsprechen zugleich den institutionellen Wertschöpfungen der Vorleistungsbetriebe.

Die institutionellen Wertschöpfungen verteilen sich erst einmal unmittelbar auf den Erzeugungsbetrieb und auf die Handelsbetriebe und dann mittelbar auf die direkten und indirekten Vorleistungsbetriebe dieser Betriebe.

Die Wertschöpfung des Erzeugungs*betriebes* leitet sich von der funktionellen Erzeugungswertschöpfung und von einem Anteil an der funktionellen Vertriebswertschöpfung (Vertriebsspanne des Erzeugers) von zusammen 11 PE ab, sie ist mit 6 PE aber wesentlich niedriger als diese im Erzeugungsbereich insgesamt entstandene Wertschöpfung, da der Erzeugungsbetrieb für sein betriebliches Leisten die Vorleistungen anderer Betriebe verwendet hat (Vorleistungen in Höhe von fünf PE). Auch die institutionelle Wertschöpfung der Handels*betriebe* (1,5 PE + 4 PE) wird um die Vorleistungen geringer als die sich aus den Groß- und Einzelhandelsspannen zusammensetzende funktionelle Wertschöpfung des Handels*bereiches* (3 PE + 6 PE) ausgewiesen.

Die Vorleistungen entstehen ihrerseits aus einer unübersehbaren Anzahl von institutionellen Einzelwertschöpfungen aller Vorleistungsbetriebe, denn die Leistungen der direkten Vorleistungsbetriebe enthalten wiederum Fremdleistungen der indirekten Vorleistungsbetriebe.

Für die Vereinigten Staaten von Amerika hat Harold Barger[40] Erhebungen über den funktionellen „value added by distribution" durchgeführt, er bezifferte den *Anteil* der *Vertriebswertschöpfung* an der gesamten güterseitigen Wertschöpfung der Volkswirtschaft mit rund 42 vH (1948). In diesen Prozentsatz wurde jedoch ein Teil der Vertriebskosten (funktionellen Wertschöpfungen) der Erzeugungsbetriebe nicht einbezogen[41]. Man wird annehmen dürfen, daß zur Zeit ungefähr 50 vH der Endpreise aller in Amerika und auch in der Bundesrepublik umgesetzten Güter auf die „Gesamtvertriebsspanne" (Vertriebswertschöpfung) entfallen[42]. Für andere Länder mit vergleichbaren Wirtschaftsverhältnissen werden ähnliche Prozentsätze gelten[43].

Der Anteil dieser Vertriebswertschöpfung an der gesamtwirtschaftlichen Wertschöpfung hat in den letzten Jahrzehnten eine starke Steigerung erfahren, die durch eine extensive und intensive Ausdehnung der Handelsleistungen und durch die geringeren Rationalisierungsmöglichkeiten des Leistensablaufes im Handel begründet wird[44] (ge-

---

[40] Vgl. H. *Barger*, Distribution's Place in the American Economy since 1869, Princeton 1955, S. 57 und 60 — dargestellt in: R. *Nieschlag*, Binnenhandel, 112, S. 62.

[41] Vgl. R. *Nieschlag*, Binnenhandel, 112, S. 63.

[42] Vgl. E. *Sundhoff*, Die Handelsspanne, 170, S. 249, 251; vgl. J. A. *Geertmann*, Einfluß volkswirtschaftlicher Faktoren, 219, S. 114.

[43] Vgl. dazu die Angaben von R. Goetz — Girey und H. Krier in: Le Commerce Intérieur (le coût de distribution), 220, S. 55.

[44] Vgl. hierzu: O. R. *Schnutenhaus*, Absatzpolitik, 150, S. 490 und R. *Nieschlag*, Binnenhandel, 112, S. 16 ff. (vgl. auch S. 34 ff.).

ringe Zunahme der „Produktivität der Arbeit" im Handel). Der institutionelle Handel — die Handelsbetriebe — ist etwa zur Hälfte an der gesamten Vertriebswertschöpfung beteiligt[45]. Die Wertschöpfung des funktionellen Handels ist also rund doppelt so hoch wie die des institutionellen Handels.

Wertschöpfungszahlen des institutionellen Handels (institutionelle Wertschöpfungsgrößen) leisten gute Dienste, um ein Bild von dem Umfang und von der Struktur der Einkommenserzeugung (die aus Arbeitserträgen, Kapitalerträgen und Gemeinerträgen besteht) in den einzelnen Handelsbetrieben zu erhalten. Die sich daraus ergebende betriebswirtschaftliche Auswertung institutioneller Wertschöpfungsgrößen des Handels wird im Kapitel C 4 dieser Arbeit dargestellt.

Lehmann[46] steht den Wertschöpfungsgrößen der Handelsbetriebe mit Skepsis gegenüber, und zwar offenbar deswegen, weil er annimmt, der Einfluß der marktlichen Wirkungsergebnisse der Handelstätigkeit verzerre die Aussage der von ihm vorwiegend erzeugungswirtschaftlich aufgefaßten betrieblichen Eigenleistung[47]. Das bedeutet im Zusammenhang mit dem von Lehmann angeführten Problem der „vertikalen Preisgerechtigkeit", daß vor allem die Wertschöpfung der Handelsbetriebe durch „unangemessen" hohe oder niedrige Preise des Beschaffungs- oder Absatzmarktes zulasten oder zugunsten der Wertschöpfung von vor- oder nachgeschalteten Betrieben beeinflußt und in so bedeutsamer Art verändert wird, daß keine Rückschlüsse mehr auf die eigentliche, volkswirtschaftlich relevante „Werterzeugung" zulässig sind: „Mit großer Skepsis muß man ... diejenigen Unternehmergewinne betrachten, welche die Eigenschaft von *marktlichen Gewinnen* haben. Denn soweit ich es übersehe, stehen allen marktlichen Gewinnen an irgend welchen anderen Stellen der Volkswirtschaft entsprechende Verluste gegenüber"[48].

Diese Einstellung wird in abgewandelter und eingeschränkter Fassung von Lohmann[49] mit dem Hinweis unterstützt, wenn die Wertschöpfung durch „hohe Absatzpreise und unangemessen niedrige Rohstoffpreise" erhöht werde, könne von dieser „Verschiebung" nicht auf eine zunehmende Bedeutung des Betriebes geschlossen werden.

Zweifellos ist die Frage einer „vertikalen Preisgerechtigkeit" bei der Auslegung von Wertschöpfungszahlen für manche gesamtwirt-

---

[45] Vgl. E. *Hoppmann*, Binnenhandel, 61, S. 32.
[46] Vgl. die nachfolgenden, sinnmäßig zusammenhängenden Literaturstellen: M. R. *Lehmann*, Die betriebliche Leistung, 262, S. 23; derselbe, Sozialwissenschaft, 265, S. 39 ff.; derselbe, Planvolles Rechnen, 83, S. 32, 66.
[47] „Produktionswirtschaftliche Wertschöpfung" — vgl. S. 57.
[48] M. R. *Lehmann*, Die betriebliche Leistung, 262, S. 23.
[49] Vgl. M. *Lohmann*, Betriebswirtschaftslehre, 91, S. 196.

schaftliche Untersuchungen beachtenswert[50]. Aber selbst ausgeprägte Preisbewegungen auf den Beschaffungs- und Absatzmärkten eines Betriebes und hohe Marktgewinne (oder -verluste) können die Beurteilung der einzelbetrieblichen Wertschöpfung als Leistungsgröße im Prinzip nicht beeinträchtigen.

Der Ausgangspunkt für die Auffassung von Lehmann ist mit den Worten Montaignes charakterisierbar: „Das Plus des einen ist das Minus des anderen“[51]. Von diesem Satz ausgehend, folgert Tönnies: „Profit ist kein Wert, er ist nur eine Veränderung in den Relationen der Vermögen“[52].

Die Anschauung der marktwirtschaftlichen Gewinnbildung läßt jedoch eine Übertragung der obigen „Plus-Minus-Konzeption“ auf die Gewinnerzielung im Handel nicht zu. Der Erfolg des Händlers — letztlich sein Gewinn oder Profit, der zugleich das Stimulans für den handelsbetrieblichen Leistensprozeß und Teil der Wertschöpfung ist — leitet sich aus dem Erfüllen seiner marktausgerichteten Aufgaben ab. Mit dem Ausnutzen von örtlichen und zeitlichen, auch von oft unangemessenen groß erscheinenden Preisunterschieden und mit dem Aufspüren von Gewinnchancen im Markt erfüllt der *Handel* seine einzelbetriebliche Zielsetzung und gleichzeitig seine gesamtwirtschaftliche, den Interessen seiner Marktpartner dienende, *Funktion.*

Das händlerische Ziel „billig einkaufen — teuer verkaufen“[53] ist unmittelbar mit dem Zweck des handelsbetrieblichen Wertschöpfungsprozesses gekoppelt, die Marktgewinne des Handels und seine gesamtwirtschaftliche Aufgabe (den Waren die Marktreife zu verleihen) bedingen sich gegenseitig[54]: „In Wirklichkeit dient der freie, berufsmäßige Händler dem Konsumenten fast stets dann am besten, wenn er am meisten verdient[55].“

Was sind „unangemessen“ hohe Einkaufs- oder Verkaufspreise? Solche Fragen dürfen in unserem marktwirtschaftlichen Wirtschaftssystem doch nur dann eine Rolle für die Interpretation der Wertschöpfung spielen, wenn die konkurrenzwirtschaftlichen Voraussetzungen für die Preisbildung entfallen, und zwar so weitgehend, daß die Wert-Preis-Gleichung ihre Aussage verliert.

---

[50] Vgl. dazu K. *Kink,* Wertschöpfungsprozeß, 68, S. 193 und S. 194.

[51] „Le proufict de l'un c'est le dommage d'aultruy“ — zitiert in: F. *Tönnies,* Gemeinschaft, 173, S. 47.

[52] F. *Tönnies,* Gemeinschaft, 173, S. 47.

[53] Vgl. dazu J. *Schär,* Handelsbetriebslehre, 139, S. 131 („Die Lehre von billig kaufen — teuer verkaufen“); weiterhin W. *Sombart,* Eigenart des Kapitalismus, 318, S. 18.

[54] Vgl. dazu A. *Lampe,* Binnenhandel, 258, S. 5 ff.

[55] Ebenda, S. 6.

Selbst im Einzelhandel, in dem einige Besonderheiten der Preisbildung (die u. a. hervorgerufen werden durch das „Beharrungsgesetz der Preise“, durch eine erschwerte Markttransparenz für den Käufer, durch die Bequemlichkeit und Gewohnheiten der Verbraucher[56]) besonders augenfällig sind, können diese konkurrenzwirtschaftlichen Voraussetzungen meist durchaus noch als erfüllt gelten, denn „in the long run und im allgemeinen gesehen tritt auch hier das Kerngesetz der Preise deutlich hervor[57].“

Der Einfluß marktlicher und finanzieller Wirkungen der Handelstätigkeit auf das Betriebsergebnis vermindert grundsätzlich den Aussagewert der Wertschöpfung als Leistungsgröße nicht. Die Wertschöpfung ist jedoch — das wird hier wiederholend hervorgehoben — nicht verwendbar, um Aufschluß über die soziale Qualität oder über eine objektive Nützlichkeit dieser Leistung für die Gesamtwirtschaft zu geben[58]. Die Propagierung des „value added by marketing“, die den „produktiven“ Beitrag des Handels unterstreichen soll (Beckman)[59], ist demzufolge mißverständlich, wenn durch diesen Begriff der Eindruck entsteht, daß die Wertschöpfung des Handels den Wert seiner Leistung im Sinne eines sozial generell nützlichen und nicht im Sinne eines lediglich auf den Preis bezogenen „Wertes“ messe; Beckman weist auf die Gefahr eines solchen Gedankenganges hin[60].

Schlußbemerkung: Es folgen auf der nächsten Seite einige statistische Angaben über die institutionelle Wertschöpfung des Handels; es sind grob berechnete Zahlen aus der volkswirtschaftlichen Gesamtrechnung, die nur ein Bild der größenmäßigen Verhältnisse vermitteln sollen. Die Struktur der handelsbetrieblichen Wertschöpfung — ihre Zusammensetzung aus Arbeitserträgen, Kapitalerträgen und Gemeinerträgen — wird im einzelnen im Kapitel C 2 c dargestellt.

---

[56] Vgl. F. *Eulenburg,* Die Preisbildung, 208, S. 311 ff. (besondere Probleme: „Detailpreise“).

[57] Ebenda, S. 313.

[58] Vgl. noch W. *Rieger,* Privatwirtschaftslehre, 126, S. 86. „Die freie Wirtschaft kennt die Begriffe nützlich, produktiv, unnötige Verteuerung u. a. nur insoweit, als sie im Gelde bzw. Einkommen oder Nichteinkommen des einzelnen Wirtschafters eine tatsächliche und unmißverständliche Auswirkung erfahren.“

[59] Vgl. Th. N. *Beckman,* Value Added by Distribution, 192, S. 45.; vgl. derselbe, Value Added Concept, 191, S. 94; vgl. auch R. *Nieschlag,* Binnenhandel, 112, S. 52/53.

[60] Vgl. Th. N. *Beckman,* Value Added by Distribution, 192, S. 46.

Die institutionelle Wertschöpfung des Handels in der Bundesrepublik Deutschland von 1954

(Der Zusammenhang von Bruttoerträgen, Vorleistungen und Wertschöpfung)

	Br.[a])	Vl.[b])	Bw.[c])	A.[d])	W.[e])
I. In absoluten Zahlen (in Millionen DM[f]):					
Einzelhandel	46 523	37 930	8 593	467	8 126
Großhandel	105 841	93 922	11 919	719	11 200
II. In Prozenten (von den Bruttoerträgen[g]):					
Beispiele einzelner Handelszweige mit					
a) hoher Wertschöpfung					
b) mittlerer Wertschöpfung					
c) niedriger Wertschöpfung					
a) Einzelhandel mit Blumen	100	70,5	29,5	1,6	27,9
b) Waren- und Kaufhäuser	100	78,9	21,1	0,8	20,3
b) Einzelhandel mit Oberbekleidung	100	80,7	19,3	0,9	18,4
c) Einzelhandel mit Tabakwaren	100	89,3	10,7	0,6	10,1
a) Großhandel mit Glaswaren	100	80,8	19,2	0,9	18,3
b) Großhandel mit Holz- und Holzhalbwaren	100	84,8	15,2	1,0	14,2
b) Großhandel mit Bekleidungsgegenständen	100	87,4	12,6	0,5	12,1
c) Großhandel mit Kohlen	100	96,1	3,9	0,4	3,5

a) Br. = Bruttoerträge (Gesamtproduktionswert).
b) Vl. = Vorleistungen ohne Abschreibungen.
c) Bw. = Bruttowertschöpfung (hier errechnet, in den Quellenangaben nicht enthalten).
d) A. = Abschreibungen einschließlich verbrauchsbedingter Abschreibungen auf geringwertige Wirtschaftsgüter.
e) W. = Wertschöpfung (zu Marktpreisen — hier errechnet, in den Quellenangaben nicht enthalten).
f) Vgl. Drucksache Bundestag Nr. 730, 18, Übersicht 7, Seite 65.
g) Vgl. ebenda, Übersicht 8, Seite 69 ff.

C. Die Wertschöpfungsrechnung

1. Die „betriebliche" Erfolgsrechnung als Ausgangsrechnung

Im folgenden, zweiten Hauptteil — „die Wertschöpfungsrechnung" — werden die *rechnerischen* Operationen zur Ermittlung der Wertschöpfung des Handels und die Verwendungsmöglichkeiten von Wertschöpfungsgrößen im Rahmen des betrieblichen Rechnungswesens (im weitesten Sinne) dargestellt.

Die Gewinn- und Verlustrechnung als Zusammenstellung aller auf eine Periode bezogenen Aufwendungen und Erträge des betrieblichen Wirkens ist geeignet, die zur Feststellung der Wertschöpfung notwendigen Zahlen bereitzustellen[1]. Voraussetzung für die Wertschöpfungsrechnung ist die *Bruttoform* der Gewinn- und Verlustrechnung und die Möglichkeit, alle Positionen überprüfen und analysieren zu können. Die meisten Posten der Erfolgsrechnung bedürfen einer weitgehenden Umgruppierung und Umwertung, damit sie sich zu den Postengruppen der Ermittlungsformel Wertschöpfung = Roherträge ⁒ Vorleistungen zusammenfügen lassen.

Die Wertschöpfungsrechnung kann als selbständige statistische Rechnung durchgeführt werden. Eine zusätzlich zur Wertschöpfungsrechnung durchgeführte Nebenrechnung, die den Zusammenhang mit der Gewinn- und Verlustrechnung durch Registrierung aller für die Wertschöpfungsrechnung vorgenommenen Zahlenänderungen wahrt und so zusammen mit der Wertschöpfungsrechnung gleichzeitig als „Gesamterfolgsrechnung" gelesen werden kann (Rechnungsverfahren von Lehmann)[2] halten wir mit Graeve wegen des spezifisch anderen Rechnungszweckes der Wertschöpfungsrechnung für wenig sinnvoll, außerdem werden „eine ganze Reihe von schwierigen Umformungen, die das Bild der eigentlichen Wertschöpfungsrechnung unübersichtlich machen, vermieden[3]".

Mit den zu ermittelnden Wertschöpfungsgrößen soll der einzelbetriebliche Beitrag zu dem von der Gesamtwirtschaft hervorgebrachten

---

[1] Vgl. dazu auch R. O. *Gockel*, Wertschöpfungsrechnung, 41, S. 5 ff.

[2] Lehmann führt eine solche Doppelrechnung („Betriebserfolgsrechnung als Wertschöpfungsrechnung" mit einer gleichzeitigen Nebenrechnung als „Gesamterfolgsrechnung") durch; vgl. M. R. *Lehmann*, Wertschöpfungsrechnung, 84, S. 22—23.

[3] A. *Graeve*, Wertschöpfungsrechnung, 43, S. 48.

Gütergesamt und zugleich das aus dieser Leistung resultierende gesamtbetriebliche Einkommen gemessen werden. Für die *Abgrenzung* des Rechnungsbereiches ist dementsprechend als erstes zu fordern, daß aus der Gewinn- und Verlustrechnung alle betrieblichen Erträge, die nicht aus der eigentlichen, mit dem Warenumsatz verbundenen Handelstätigkeit stammen, sowie die analog einzuordnenden Aufwendungen, ausgeklammert werden. Der gesamte leistungsbezogene Ertrag wird von Buddeberg als „Handelsertrag"[4] bezeichnet, er unterliegt noch weiteren Modifikationen durch die Wertschöpfungsrechnung, die ausführlich erst im nächsten Kapitel geschildert werden.

Raabe faßt in seiner Untersuchung über den „Zusammenhang zwischen dem betrieblichen Rechnungswesen und der Sozialproduktsberechnung" den Begriff der betrieblichen Erträge wesentlich weiter; denn der für die volkswirtschaftliche Gesamtrechnung beachtenswerte „Betriebserfolg" leitet sich aus sämtlichen Transaktionen eines Unternehmens ab, „ohne Rücksicht darauf, ob diese für das einzelne Unternehmen als betriebsfremd anzusehen sind"[5].

Dieser weitesten und für die betriebliche Wertschöpfungsrechnung unbrauchbaren Fassung des Betriebsbereiches steht eine andere, extrem enge Fassung durch Lehmann gegenüber: *Lehmann* hält den fertigungswirtschaftlichen Aspekt aller Leistungen für volkswirtschaftlich vorrangig[6] und legt deswegen seiner Wertschöpfungsrechnung lediglich die Verhältnisse von Industriebetrieben zugrunde, er berechnet dort die Wertschöpfung *nur* als Leistensergebnis des Fertigungsbereiches industrieller Betriebe. Der *Fertigungsbereich* ist der „Betrieb im engeren Sinne"[7]: „Worauf es unter diesen Gesichtspunkten primär ankommt, das ist der Tatbestand, daß der Betrieb im engeren Sinne den Bereich der industriellen Betriebswirtschaft darstellt, der den Erzeugungsort oder den Erzeugungsbereich der Wertschöpfung als des Beitrags zum volkswirtschaftlichen Gütereinkommen und Geldeinkommen bildet[8]."

Der von Lehmann für die Wertschöpfungsrechnung abgegrenzte Betriebsbereich beinhaltet also nur den fertigungstechnischen Bereich. Alle „finanzwirtschaftlichen Wirkungen" sollen als wertschöpfungsneutrale Vorgänge aus der Wertschöpfungsrechnung eliminiert werden, ebenso ein Teil der marktlichen Einflüsse. Insbesondere soll die Wert-

---

[4] H. *Buddeberg*, Betriebslehre, 17, S. 117.

[5] K. H. *Raabe*, Sozialproduktsberechnung, 293, S. 400; vgl. dazu auch M. *Kühnau*, Der Formalaufbau, 78, S. 87.

[6] Vgl. M. R. *Lehmann*, Planvolles Rechnen, 83, S. VII, 32; vgl. derselbe, Betriebswirtschaftslehre, 85, S. 61; vgl. derselbe, Die betriebliche Leistung, 262, S. 8.

[7] Vgl. M. R. *Lehmann*, Wertschöpfungsrechnung, 84, S. 20 ff.

[8] Ebenda, S. 21.

schöpfung nicht von den Wirkungen der „kreditwirtschaftlichen Beziehungen zu Kunden und zu Lieferanten" beeinflußt werden. Die Wertschöpfung wird weitgehend als produktionstechnische Betriebsleistung und nicht als Leistung der „Betriebswirtschaft im ganzen" aufgefaßt[9].

Die so vollzogene Einengung des „Betriebes" hat in der Wertschöpfungsrechnung von Lehmann vor allem Folgen für die Verrechnung der Zinsen und der Skontobeträge sowie für die Berechnung des zum Hervorbringen der Wertschöpfung eingesetzten Kapitals.

Das von Lehmann zur Feststellung der Kapitalergiebigkeit (Verhältnis von Wertschöpfung zu eingesetztem *Kapital)*[10] aus der Bilanz herausgezogene Kapital umfaßt nur das investierte „betriebliche Sachkapital" einer „spezifisch produktionswirtschaftlichen Bilanz[11]". Die Kundenforderungen (Debitoren) werden nicht in das Kapital aufgenommen[12]. Georgieff geht noch einen Schritt weiter und verkürzt das Kapital, das nach seiner Auffassung für den Wertschöpfungsprozeß effektiv genutzt wird, noch um alle Geldguthaben (Bank- und Postscheckguthaben) eines Betriebes und um die Vorauszahlungen an Lieferanten (das sei „negatives Kapital")[13].

Hinsichtlich der Zinsenverrechnung wird von Lehmann in diesem Zusammenhang unterschieden zwischen den Zinsen, die der Betrieb als gesonderte und in der Erfolgsrechnung ausgewiesene Beträge für Kredite zahlt oder für Guthaben erhält, und solchen Zinsen, die „kalkulatorisch" in allen Preisen für eine Kreditgewährung von Lieferanten (in den Einkaufspreisen) oder für eine Kreditgewährung an Kunden (in den Verkaufspreisen) enthalten sind.

Die gesondert ausgewiesenen und direkt an den Betrieb gezahlten *Zinsen* (Zinserträge) können nicht als Ertrag aus dem betriebseigenen Wertschöpfungsprozeß angesehen werden, es sind „Wertschöpfungsbestandteil(e) des Kredit aufnehmenden Unternehmers, nicht aber des kreditgewährenden Betriebes[14]". Diese Auffassung ist abzuleiten aus einer Umkehrung der Feststellung, daß die an andere Betriebe abgeführten Zinsaufwendungen (Fremdkapitalzinsen) zur Wertschöpfung des zinszahlenden Betriebes gehören: Die Wertschöpfung wird ja mit dem im Betriebe eingesetzten Gesamtkapital erbracht, ohne Rücksicht dar-

---

[9] Vgl. zu diesem Absatz M. R. *Lehmann*, Wertschöpfungsrechnung, 84, S. 20, 35 ff; vgl. auch H. *Rentsch*, Betriebliche Wertschöpfung, 124, S. 67 und G. A. *Georgieff*, Ergiebigkeitsrechnung, 39, S. 46.

[10] Vgl. M. R. *Lehmann*, Wertschöpfungsrechnung, 84, S. 25, 43.

[11] Vgl. ebenda, S. 50.

[12] Ebenfalls werden die Zahlungsmittel, die nicht „betriebsbedingt" sind, aus dem wertschöpfungsbedingten Kapital ausgeschlossen. Vgl. M. R. *Lehmann*, Wertschöpfungsrechnung, 84, S. 51 ff.

[13] Vgl. G. A. *Georgieff*, Ergiebigkeitsrechnung, 39, S. 29, 30.

[14] R. O. *Gockel*, Wertschöpfungsrechnung, 41, S. 7, siehe auch S. 14.

auf, welchen Eignern dieses funktionell wirksame Kapital (Eigenkapital und Fremdkapital) gehört und wem die mit diesem Gesamtkapital erzielten und in der Wertschöpfung enthaltenen Kapitalerträge zufließen[15]. Eine solche Behandlung der von dem Unternehmen gezahlten und erhaltenen Zinsbeträge wird allgemein anerkannt[16] (Ausnahme: Kink)[17], sie wird auch in der vorliegenden Wertschöpfungsrechnung beachtet.

Zu widersprechen ist jedoch dem Versuch von Lehmann, auch die „kalkulatorischen Zinsbeträge", die im Preis für das das Warengeschäft begleitende Kreditgeschäft enthalten sein sollen, aus den „Umsätzen in Einkauf und Verkauf" auszukalkulieren, um auf diese Weise zu einer „von allen finanzwirtschaftlichen Elementen" freien Wertschöpfungsrechnung zu kommen[18]. Lehmann betrachtet die in die Preise eingeschlossenen Skontobeträge als kalkulatorische Zinsbeträge, die entweder in den Einkaufspreisen für die Kreditgewährung von den Lieferanten oder in den Verkaufspreisen für die Kreditgewährung an die Kunden enthalten sind und die sich deswegen in den Rechnungen des „Betriebes im engeren Sinne" nicht auswirken dürfen („betriebsfremder Skontoinhalt der Preise")[19].

Die diesen Berechnungen zugrunde liegende Begrenzung des „Betriebes" und ihre Folgerungen für die Wertschöpfungsrechnung würden eine sinnvolle Berechnung und Interpretation der handelsbetrieblichen Wertschöpfung unmöglich machen.

Der Handelsbetrieb erbringt seine Wertschöpfung durch die als Handelsfunktionen gekennzeichneten Verrichtungen, von denen die meisten marktliche und „finanzwirtschaftliche" Wirkungen zeitigen („finanzwirtschaftliche" im Sinne Lehmanns). Lediglich die sog. Qualitätsfunktion oder „Manipulationsfunktion"[20] kann als Erzeugung oder Veredelung im produktionswirtschaftlichen Sinne gelten. Es ist ja nicht so, daß der Händler den Preis für seine Bemühungen lediglich als Ersatz für die aufgewandte Arbeit anstrebt (wie es von den Händlern im Mittelalter angenommen wird; — diese waren „nichts anderes als ... technische Arbeiter"[21]). Der Händler möchte vielmehr im gegenwärtigen Wirt-

---

[15] Vgl. S. 33.
[16] Vgl. M. *Kühnau*, Der Formalaufbau, 78, S. 87.
[17] Vgl. K. *Kink*, Wertschöpfungsprozeß, 68, S. 169.
[18] Vgl. M. R. *Lehmann*, Wertschöpfungsrechnung, 84, S. 36 Georgieff und Gockel schließen sich diesem Vorgehen von Lehmann an; vgl. G. A. *Georgieff*, Ergiebigkeitsrechnung, 39, S. 19, 48 ff. und R. O. *Glockel*, Wertschöpfungsrechnung, 41, S. 7, 31.
[19] M. R. *Lehmann*, Wertschöpfungsrechnung, 84, S. 36.
[20] Vgl. dazu R. *Seyffert*, Wirtschaftslehre, 160, S. 10 und H. *Buddeberg*, Betriebslehre, 17, S. 38 ff. („Veredelungsfunktion ... durch stoffliche oder substantielle Veränderungen der Handelswaren").
[21] W. *Sombart*, Kapitalismus, Bd. I, 1, 163, S. 293.

schaftssystem durch die Ausnutzung der marktlichen Spannungen und durch Einsatz seines Kapitals auch im Markte, d. h. außerhalb des „Betriebes im engeren Sinne“ möglichst hohe Gewinne erwirtschaften.

Es klingt deswegen gerade im Hinblick auf den Handel seltsam, wenn Rentsch — ein Schüler Lehmanns — ausführt, eine „Leistung“ könne *nur* im „Betrieb im engeren Sinne“ erzeugt werden, „denn hier sind die Leistungsträger, hier wirkt der Mensch mittels der verschiedenen Arbeitsmittel und -kräfte[22]“.

Ein *Handelsbetrieb* verquickt seine funktionsbedingten Teilleistungen in so unlösbarer Weise zu einer einheitlichen *Gesamtleistung*, daß der Betrieb als Bereich der Leistungserstellung nicht nur ein technisches Gebilde („Betrieb im engeren Sinne“) ist, sondern auch ein die finanzwirtschaftlichen und marktlichen Leistensbereiche einbeziehendes Gebilde[23].

Bezüglich der Beziehungen zwischen den Marktgewinnen und der Wertschöpfung des Handels können wir in diesem Zusammenhang an das bereits im Kapitel B 4 Gesagte anknüpfen. Die Teile der Wertschöpfung, die aus dem marktorientierten Wirken erwachsen, sind nicht anders zu gewichten als die dem erzeugungstechnischen Aufwand zurechenbaren. Die Wertschöpfungsrechnung sollte deswegen nicht versuchen, „die betrieblichen Leistungen ... allein als Ergebnis des innerbetrieblichen Produktionsprozesses zu errechnen[24]“.

Schwieriger als die — für die hier entwickelte Wertschöpfungsrechnung akzeptierten — Einflüsse der marktlichen Wirkungsergebnisse ist die von Lehmann vorgeschlagene Aussonderung der finanzwirtschaftlichen Wirkungsergebnisse zu beurteilen, und zwar wegen der eigenartigen Stellung, die die Zinserträge und -aufwendungen in der Wertschöpfungsrechnung einnehmen.

Die Aufspaltung des Gesamtbetriebes durch Lehmann in einen produktionswirtschaftlichen und in einen finanzwirtschaftlichen Sektor wurde bereits durch Nicklisch heftig angegriffen[25]. Man wird der Absonderung des finanzwirtschaftlichen Sektors von dem für die Wertschöpfungsrechnung des Handels relevanten betrieblichen Bereich im Hinblick auf den nachfolgenden Gedankengang widersprechen müssen:

Geht man von der Voraussetzung aus, die Wertschöpfung sei die Leistung eines ganzheitlichen betrieblichen Wirkungsbereiches, so wäre zu fordern, daß das zur Erzielung der Wertschöpfung notwendige Kapital *alle* für den Leistensprozeß eingesetzten *Kapitalgüter*[26] einschließlich

[22] H. *Rentsch*, Betriebliche Wertschöpfung, 124, S. 67.
[23] Vgl. dazu G. *Fischer*, Betriebswirtschaftslehre, 33, S. 47.
[24] D. *Leitner*, Zur Problematik konjunktureller Schwankungen, 87, S. 100.
[25] Vgl. H. *Nicklisch*, Betrieb (HdB), 27, Sp. 754.
[26] Vgl. Der Beitrag des Kapitals zur Wertschöpfung, Kap. B 3.

der von Lehmann und Georgieff ausgesonderten „finanzwirtschaftlichen Posten“ umfaßt, also außer dem Sachkapital auch die Debitorenforderungen, die betrieblichen Kassenbestände und Guthaben bei Geldinstituten sowie die Vorauszahlungen an Lieferanten. Dieses Kapital könnte als „wertschöpfungsbedingtes“ Kapital bezeichnet und ähnlich (dem Grundgedanken der Abgrenzung nach) wie das „betriebsnotwendige Vermögen“ der LSÖ ermittelt werden[27].

Die Kundenforderungen — Forderungen aus Warenlieferungen — stellen meist den zweitgrößten Posten des Umlaufvermögens hinter den Warenvorräten dar und sind für den Handel von besonderer Bedeutung, da die Kreditierung solcher Forderungen „in vielen Fällen erst den Geschäftsabschluß ermöglicht“[28].

Neben den Kundenforderungen werden im Marktbereich noch andere Kapitalgüter des wertschöpfungsbedingten Kapitals verwendet: z. B. die bei den Kunden lagernden Kommissionswaren oder die Leergutaußenstände und dann die bereits genannten Anzahlungen bei Lieferanten.

Dieser marktbezogene Kapitaleinsatz ist untrennbar mit dem betrieblichen Leistensablauf verbunden, d. h. er ist mit dem Umsatz der Waren gekoppelt. Die Verwendung der verschiedenen Kapitalposten im Markt trägt in Abhängigkeit von den Verfahren der Vertriebspolitik ganz wesentlich zum Markterfolg eines Betriebes bei. So ist es beispielsweise möglich, daß durch Vorauszahlungen bei einem illiquiden Lieferanten ungewöhnlich niedrige Einkaufspreise erzielt werden können oder daß durch eine dem Kunden gegenüber zuvorkommende und großzügige Stundung von Geld- und/oder Leergutforderungen (aus Warenlieferungen) vorteilhafte Verkaufspreise oder die Erhaltung eines ertragbringenden und -sichernden Dauerkundenstammes ermöglicht werden.

Daraus ergibt sich eine wichtige Folgerung: Der Handelsbetrieb (und in entsprechendem Maße der Industriebetrieb) steuert und beurteilt seinen *Kapitaleinsatz im Markt* nicht primär unter dem Aspekt „Erzielen von Kapitalertrag“, sondern unter dem Aspekt „Erzielen von Beschaffungs- und Absatzvorteilen“. Dieser Unterschied wird häufig übersehen, durch ihn erscheint nämlich die Kreditierung einer Kundenforderung nur noch in zweiter Linie als ein finanzwirtschaftlicher Akt, als ein Kreditgeschäft, dessen Ziel die Einnahme von Zinsen in einer bestimmten Höhe sein soll.

Die im Preis angeblich eingeschlossenen Kapitalerträge für den Einsatz des von Lehmann als „finanzwirtschaftlich“ deklarierten Kapitals sind demgemäß gar nicht genau zu bestimmen, sie dürfen auch in der

[27] Vgl. dazu B. *Hartmann*, Das Kapital, 50, S. 136 ff.
[28] H. *Buddeberg*, Betriebslehre, 17, S. 94.

Wertschöpfungsrechnung nicht einfach gleichgesetzt werden mit den Zinsen von Finanzierungskrediten, die an Dritte gegeben werden[29]!

Da die Ergebnisse des handelsbetrieblichen Wirkens weitgehend von den „Einkäufer- und Verkäufergewinnen" abhängen[30], werden sie in gleicher Weise von einem geschickten Kapitaleinsatz im Markte wie von einer erfolgreichen Arbeitsleistung geprägt. Die Kapitalerträge, die im Rahmen des betrieblichen Leistens aus dem Kapitaleinsatz im Markt erzielt werden, sind also Bestandteil der Wertschöpfung.

Außerdem ist zu beachten, daß die von Lehmann angewandte Methode des „Auskalkulierens" von „finanzwirtschaftlichen" Zins-(Skonto-)größen aus der Wertschöpfung kaum durchführbar ist.

Lehmann kürzt, da er den *„Skonto"* für einen Zinsbetrag hält, der in jedem Preis für ein das Warengeschäft begleitendes Kreditgeschäft einkalkuliert ist, alle Preise, unabhängig von den tatsächlichen Skontoabzügen, um eine kalkulatorische Skontogröße, er „berichtigt" auf diese Weise die Preise der Bruttoerträge und die Preise der Vorleistungen um die „auskalkulierten Einkaufs- und Verkaufsskonti[31]". Abgesehen von der oben begründeten Unzulässigkeit eines Gleichsetzens von Zins und Skonto ist hierbei auf die autonome Preisbildung im Markt und auf die Kompensationskalkulation im Handel hinzuweisen. Die „kalkulatorischen Zinsen" sind doch Erfolgs-(Gewinn-)Bestandteile und keine im voraus kalkulierbaren Kostenpreise[32]. Das globale Herausrechnen von „kalkulatorischem Skonto" würde deswegen selbst bei der Anerkennung des Skontos als eines „Kapitalzinses" zu einem fragwürdigen Resultat führen, weil die einkalkulierten „Soll"-Kapitalerträge in den seltensten Fällen auch in gleicher Höhe von den Marktpreisen vergütet werden.

Eine Untersuchung von Converse und Huegy bestätigt diese grundsätzliche Nichtkalkulierbarkeit von bestimmten Zinsbeträgen hinsichtlich des Kapitaleinsatzes bei der Kreditierung von Kundenforderungen im Handel. Durch die Auswertung einer Tabelle von Converse und Huegy stellte Kalussis[33] fest, „daß bei fast allen untersuchten Geschäftszweigen die Übernahme der Kreditfunktion mit einer Gewinnschmäle-

---

[29] Außer von Lehmann wird diese Gleichsetzung auch von Georgieff, Gockel und Rentsch vorgenommen, sie alle versuchen, das finanzwirtschaftliche Kapital und seine Erträge aus der Wertschöpfungsrechnung auszusondern. Vgl. G. A. *Georgieff*, Ergiebigkeitsrechnung, 39, S. 28 ff., 65 ff.; vgl. H. *Rentsch*, Betriebliche Wertschöpfung, 124, S. 12 ff.; vgl. R. O. *Gockel*, Wertschöpfungsrechnung, 41, S. 31 ff.

[30] In Anlehnung an O. Spann bezeichnet Heinrich die „Einkäufer- und Verkäufergewinne" als Hauptbestandteil der Reinerträge im Handel. Vgl. W. *Heinrich*, Die einzelwirtschaftlichen Funktionen, 233, S. 14.

[31] M. R. *Lehmann*, Wertschöpfungsrechnung, 84, S. 36.

[32] Vgl. dazu O. R. *Schnutenhaus*, Kapitalzinsen, 305, S. 160—161.

[33] Vgl. D. *Kalussis*, Betriebslehre, 66, S. 83, 84.

rung verbunden ist"; das bedeutet, daß die „Zinsen" für die Kreditgewährung nicht von vornherein einkalkuliert werden konnten und daß sie im Preis nicht zurückerstattet wurden.

Seyffert hält dann auch die „Zielpreise" (Preise mit der Möglichkeit des Skontoabzuges bei Sofortzahlung) für so eingebürgert, daß sie „gar nicht den Verfall des Preises auf einen späteren Zeitpunkt als den der Leistung" fixieren, es sind vielmehr „Sofortpreise, die um einen stets zu machenden Abzug erhöht sind[34]". Der Skonto erhält damit mehr oder weniger den Charakter eines Mittels zur Preisdifferenzierung und Kundenselektion; er gleicht den anderen Zu- und Abschlägen vom Preis, wie etwa dem Rabatt[35].

In der Wertschöpfungsrechnung müssen die tatsächlich mit den Kunden oder Lieferanten verrechneten Skontobeträge wie Rabatte als Korrektur der Rohertrags- und Vorleistungspreise behandelt werden. Die verbleibenden Nettopreise wirken sich dann als Ergebnis der Beschaffungs- und Absatzbedingungen des Handelsbetriebes aus, sie spiegeln auf diese Weise das Ergebnis der finanziellen und „kommerziellen" Beziehungen des *gesamten* Betriebes (der den „Betrieb im engeren Sinne" einschließt), zu den Marktpartnern wider[36].

2. Die Berechnung der Wertschöpfung
(Wertschöpfung = Bruttoerträge ⁒ Vorleistungen)

a) Die Bruttoerträge

Die „*Differenzmethode*" oder „Subtraktionsmethode"[1] errechnet die Wertschöpfung nach der bereits beschriebenen Formel W = B ⁒ V durch Abzug der Vor-(Fremd-)leistungen von der Gesamtleistung bzw. Bruttoleistung eines Betriebes.

Die Wertschöpfung könnte auch additiv aus ihren Bestandteilen (Arbeitserträge, Kapitalerträge, Gemeinerträge) zusammengesetzt wer-

---

[34] R. *Seyffert*, Wirtschaftslehre, 160, S. 439.

[35] Vgl. W. *Kaeslin*, Großhandel, 64, S. 78—79 — dieser Auslegung des Skontos scheint auch Schnutenhaus zuzuneigen; vgl. O. R. *Schnutenhaus*, Absatzpolitik, 150, S. 271, und derselbe, Preisanpassung, 309, S. 538.

[36] Die Frage der Skontoverrechnung wurde hier ausführlicher dargestellt, weil ihr in der Wertschöpfungsrechnung — als Hauptpunkt bei der Ausschaltung der „finanzwirtschaftlichen" Einflüsse auf die Wertschöpfungsrechnung — im allgemeinen viel Aufmerksamkeit gewidmet wird. Vgl. hierzu M. R. *Lehmann*, Wertschöpfungsrechnung, 84, S. 35 ff., und G. A. *Georgieff*, Ergiebigkeitsrechnung, 39, S. 48 ff. — R. O. *Gockel*, Wertschöpfungsrechnung, 41, S. 7, 30 ff.

[1] Vgl. W. *Kraus*, Volkswirtschaftliche Gesamtrechnung, 72, S. 39; vgl. D. *Pohmer*, Wertschöpfung, 289, S. 155; vgl. Hanya *Ito*, Nettoumsatzsteuer, 250, S. 465 („Divergenz zwischen der Subtraktions- und der Additionsmethode").

den[2]; die Schwierigkeiten dieser additiven Berechnung liegen in der genauen Bestimmung des als wesentlicher Bestandteil in den Kapitalerträgen enthaltenen betrieblichen Gewinnes. Die Additionsmethode wird man nur dann anzuwenden versuchen, wenn die Bruttoerträge nicht feststellbar oder bewertbar sind[3], z. B. kann man versuchen, die Eigenleistung „der privaten Haushalte, der Organisationen ohne Erwerbscharakter und des Staates" aus der „Gesamtheit der Leistungseinkommen" aufzubauen, „da die erbrachten Leistungen keinen eigenen Marktwert besitzen[4]". Bei anderer Gelegenheit werden Wertschöpfungsgrößen der Kostenstellen einer Brauerei additiv aus den in einer ziemlich komplizierten Rechnung gewonnenen Ertragsarten zusammengefügt. (Graeve: „Kostenstellenvergleich auf Wertschöpfungsbasis[5]".)

Die in dieser Arbeit angewandte und nunmehr im einzelnen zu erklärende Differenzmethode fordert als erstes die Ermittlung der Bruttoerträge.

Der Bruttoertrag beinhaltet das Wertgesamt aller Güter, die Objekt des betrieblichen Leistens waren und die der gesamtwirtschaftlichen Güterbereitstellung zugeführt wurden.

G. Fischer unterteilt den Ertrag als „Bruttobegriff" (Ertrag ist die „gesamte Leistung" eines Betriebes) in einen realisierten und in einen nicht realisierten Ertrag[6]. Diese Einteilung führt zu der Frage, ob auch der nicht realisierte Ertrag — bei erzeugungswirtschaftlichen Betrieben die Bestände an Halb- und Fertigfabrikaten — bereits als eine in die Wertschöpfungsrechnung einzubeziehende Leistung anzusehen ist.

Die Wertschöpfungsrechnung setzt durch die angenommene Wert-Preis-Gleichung die Marktpreisbildung zur Bestimmung des Wertes eines Gutes voraus; erst diese Preisangaben ermöglichen es, den durch die betriebseigene Leistung bedingten Anteil am Endpreis des Gutes herauszuschälen. Eine strenge Auslegung der Wertschöpfungsrechnung erkennt deswegen nur den *realisierten Ertrag*, der das Merkmal „objektiver" Wertung durch den Markt trägt, als Grundlage der Leistungsberechnung an[7]. Diese Überlegung wird durch das Argument gestützt, daß erst die „Marktbefriedigung" den Leistensprozeß abschließen kann und daß nur „das Endergebnis dieses Leistens als Leistung" anzuerkennen ist[8].

---

[2] Vgl. dazu R. *Ruggles*, Volkseinkommen, 134, S. 65 und S. *Sagoroff*, Volkseinkommen, 135, S. 25 („Kostenmethode").
[3] Vgl. J. *Schmedtje*, Sozialprodukt, 303, S. 180.
[4] W. *Kraus*, Volkswirtschaftliche Gesamtrechnung, 72, S. 39.
[5] Vgl. A. *Graeve*, Wertschöpfungsrechnung, 43, S. 88, 90 ff.
[6] Vgl. G. *Fischer*, Betriebswirtschaftslehre, 33, S. 432.
[7] Vgl. K. *Oberparleiter*, Der Leistungsgedanke, 284, S. 153; vgl. weiterhin die nur von der „abgesetzten Produktion" ausgehende Berechnung des „Mehrwertes" durch G. Colm, dargestellt in: E. *Schäfer*, Vom Mehrwert, 300, S. 455.
[8] O. R. *Schnutenhaus*, Absatzpolitik, 150, S. 33.

In vielen Fällen ist jedoch der Leistensprozeß so tief gegliedert und die Leistensakkumulationen in einer Zwischenetappe des betrieblichen Leistensablaufes bewirken eine so beachtliche Annäherung des Gutes an die Marktreife, daß es vertretbar erscheint, bereits diese Annäherung als „vorläufiges“ Leistensergebnis zu messen und das Gut mit einem vom voraussichtlichen Marktpreis abgeleiteten fiktiven Wert (Preis) zu bewerten[9].

Dieser Bewertung fehlt zwar das Merkmal der „Marktobjektivität“, aber die sonst unbewertbaren, aber beachtlichen Ergebnisse der erzeugungswirtschaftlichen Leistensetappen eines Betriebes mit größerer Erzeugungstiefe werden auf diese Weise als Teilleistungen meßbar gemacht. Die volkswirtschaftliche Gesamtrechnung[10] und die Wertschöpfungsrechnung der Industriebetriebe[11] beziehen deswegen die *Bestandsveränderungen* an Halb- und Fertigfabrikaten in die Bruttoerträge ein[12].

Die Ableitung des *Schätzwertes* (fiktiven Wertes) vom voraussichtlichen Marktpreis der Halb- oder Fertigfabrikate — der im allgemeinen durch einen Abschlag vom geschätzten Verkaufspreis des erst nach weiterer Verarbeitung verkaufsreifen Produktes errechnet werden könnte — wird, sobald ein beachtenswertes Absatzrisiko vorhanden ist (vor allem bei schwankenden Preisen) erschwert oder verhindert. Keinesfalls sollte die Wertschöpfungsrechnung eine Bewertung mit „kalkulatorischen Werten“ durchführen, die ohne Verbindung zu den tatsächlichen oder voraussichtlichen Verkaufspreisen festgestellt werden.

Demgegenüber bewertet Lehmann (ohne Bezugnahme auf die Wert-Preis-Formel) die Erzeugnisbestände mit von den Verkaufspreisen isolierten „kalkulatorischen Werten“, die ähnlich wie in der kaufmännischen Gewinn- und Verlustrechnung aus den für die Herstellung gemachten Aufwendungen entwickelt werden[13]. Graeve geht sogar so-

---

[9] Eine solche Bewertung ist nur unter der Zwecksetzung der Wertschöpfungsrechnung zu erklären und zu befolgen, sie ist den Grundsätzen der kaufmännischen Erfolgsrechnung nicht verbunden, dort würde die Annahme eines fiktiven Marktpreises zu einem unzulässigen Erfolgsausweis führen.

[10] Vgl. „Statistisches Jahrbuch 1962“, 167, S. 553, siehe auch R. *Ruggles*, Volkseinkommen, 134, S. 54, 58 und P. *Jostock*, Volkseinkommensstatistik (HdSW), 249, S. 373.

[11] Vgl. M. R. *Lehmann*, Wertschöpfungsrechnung, 84, S. 18, 42, 96 ff.; vgl. R. O. *Gockel*, Wertschöpfungsrechnung, 41, S. 6, 9.

[12] Auf den genauen Weg zur Ermittlung der für die Bestände ansetzbaren Werte und auf die Problematik der „nicht realisierten Wertschöpfung“ wird hier im einzelnen nicht eingegangen, da ja in der Wertschöpfungsrechnung des Handels keine nicht realisierte Wertschöpfung ausgewiesen wird. Nähere Angaben zur nicht realisierten Wertschöpfung finden wir in: M. R. *Lehmann*, Wertschöpfungsrechnung, 84, S. 79 ff.; S. *Sagoroff*, Volkseinkommen, 135, S. 44 ff.; M. *Kühnau*, Formalaufbau, 78, S. 38 ff., 144 ff., 228; W. *Hofmann*, Volkswirtschaftliche Gesamtrechnung, 59, S. 123 ff.

[13] Vgl. M. R. *Lehmann*, Wertschöpfungsrechnung, 84, S. 42.

weit, eine Bewertung mit „echten Kostenwerten“ zu fordern, auch wenn diese höher liegen als der Verkaufspreis! Nur so meint Graeve, ein richtiges „Leistungsbild“ zu bekommen[14], er übersieht, daß der Wert einer zum Verkauf bestimmten Leistung nicht autonom bestimmt werden kann und nie höher als ihr Marktwert ist.

Der Gedanke einer marktpreisunabhängigen *Bewertung* der Leistensobjekte mit „kalkulatorischen *Kosten*“ und einer Wertschöpfung, die sich aus einzelnen Kostenbeträgen addieren läßt, taucht auch an anderer Stelle in der Literatur auf. Kink hält es „unter Umständen“ für fruchtbar, die Wertschöpfung eines Betriebes zu zerlegen in „zugesetzte“ und in „zugewachsene“ Werte[15]. Bouffier gliedert die Wertschöpfung in eine „Wertergänzung“ und in eine „Wertvermehrung[16]“: Dabei entspricht der „zugesetzte Wert“ (Kink) oder die „Wertergänzung“ (Bouffier) jeweils einem eigenständigen Bestandteil der Wertschöpfung, der losgelöst vom Marktpreis des Gutes aus den Aufwendungen berechenbar ist.

Die „Wertergänzung“ von Bouffier[17] wird bereits durch den „Einsatz betriebseigener Werte“ wie „Arbeit“ und „Kapital“ als ein selbständiger Wert gebildet, dem eine „Wertvermehrung oder Wertverminderung“ durch die spätere Gewinn- oder Verlustrealisation im Markt gegenüberstehen. Eine nach dieser Ansicht mögliche „Wertergänzung“ eines Gutes durch produktionstechnisch verursachten Aufwand und — in marginaler Sicht eines zeitlichen Zusammenfallens beider Prozesse — gleichzeitige „Wertverminderung“ (durch einen Verlust beim Verkauf oder bei der Bewertung mit Verkaufspreisen dieses Gutes) scheint eine contradictio in adjectu zu sein. Das Gut kann nach den Maßstäben der Marktwirtschaft niemals einen Wert-(Preis-)zuwachs erfahren durch einen technischen Produktionsprozeß, wenn dieser Wertzuwachs vom Preis nicht gleichzeitig oder später bestätigt wird. Die hier zu beachtende Einheitlichkeit und Unteilbarkeit des Preises als Wert eines Gutes und als Vergütung für die technische und marktliche Betriebsleistung wird — bei anderer Gelegenheit — besonders von Schnutenhaus hervorgehoben[18]. Wenn schon ein Teil der noch nicht verkauften Produkte in die Bruttoerträge aufgenommen werden soll, so kann auch dieser Teil des Bruttoertrages immer nur bewertet werden mit Werten, die von tatsächlichen oder geschätzten *Marktpreisen* abgeleitet werden. Der durch diesen Bruttoertrag entstehende Mehranteil der Wertschöpfung müßte als „nichtrealisierte Wertschöpfung“ ausgewiesen wer-

---

[14] Vgl. A. *Graeve*, Wertschöpfungsrechnung, 43, S. 42.
[15] Vgl. K. *Kink*, Wertschöpfungsprozeß, 68, S. 169, Fußnote 42.
[16] W. *Bouffier*, Betriebswirtschaftslehre, 197, S. 31.
[17] Vgl. ebenda, S. 32.
[18] Vgl. O. R. *Schnutenhaus*, Theorie der Absatzkosten, 306, S. 111.

den, um eine Mißdeutung oder eine Verwechslung mit dem tatsächlichen Leistenserfolg eines Betriebes zu verhindern.

Wenden wir uns nun der Entscheidung zu, ob nichtrealisierte Leistensergebnisse auch in die Bruttoerträge der handelsbetrieblichen Wertschöpfungsrechnung aufgenommen werden sollen.

Die marktausgerichteten Betriebsfunktionen des Handels und die meist nur geringe Tiefe des Leistensprozesses im Handel lassen selten objektbezogene Leistensetappen erkennen, die bereits vor der Übergabe der Objekte (Waren) an den Markt Leistensergebnisse bewirken, die eine Höherschätzung des Wertes der eingekauften Waren rechtfertigen würden: „In Handelsbetrieben gibt es keine Bestände, denen bereits verrechenbare Handelsleistungen zugewachsen sind, abgesehen von dem Sonderfall der manipulierten Waren. Der Ertrag kommt erst zustande, wenn die Umsatzleistung getätigt ist ...[19]".

Es läßt sich demnach vertreten, daß der *Bruttoertrag* in der Wertschöpfungsrechnung von Handelsbetrieben nur die tatsächlichen, im Markt erzielten *Erlöse* aus dem Absatz der Leistensobjekte umfaßt, und daß eine „nicht realisierte Wertschöpfung" des Handels nicht gemessen wird[20]. Sollte die Manipulationsfunktion größeren Umfang annehmen (produktionswirtschaftlicher Bereich von Handelsbetrieben), so werden nur dann Ausnahmen gerechtfertigt sein, wenn die vorhandenen und zu beobachtenden Absatzrisiken eine sinnvolle Preis-(Wert-)schätzung für die noch nicht verkauften Bestände bereits manipulierter Waren zulassen.

Der handelsbetriebliche Bruttoertrag setzt sich zusammen aus den um die Erlösschmälerungen einschließlich Skonto gekürzten Erlösen aus Warenverkäufen (= „Umsatzwert").

Eine terminologische Verwechslungsmöglichkeit ergibt sich bei der oft zu findenden synonymen Verwendung von Bruttoertrag und Betriebsspanne im handelsbetrieblichen Rechnungswesen[21]. Dieses Gleichsetzen geht darauf zurück, daß in vielen Erfolgsrechnungen auf der Habenseite nicht die Erlöse aus Warenverkäufen ausgewiesen werden, sondern die manchmal auch als „Rohgewinn" bezeichnete Differenz zwischen den Erlösen aus Warenverkäufen und dem Wareneinsatz einer Periode[22]. In diesem Fall kann der für die Wertschöpfungsrechnung maßgebende Bruttoertrag nicht direkt aus der Erfolgsrechnung (Gewinn- und Verlustrechnung) herausgezogen werden, er ist vielmehr in einem dem Jahresabschluß beigefügten „Warenabschlußkonto" zu

[19] H. *Buddeberg*, Betriebslehre, 17, S. 117.
[20] Auch Gockel stimmt dieser Regelung zu; vgl. R. O. *Gockel*, Wertschöpfungsrechnung, 41, S. 9.
[21] Vgl. H. *Buddeberg*, Betriebslehre, 17, S. 116.
[22] Vgl. dazu W. *Kaeslin*, Rechnungswesen Großhandel, 64, S. 101, 104.

suchen. Dieses Konto enthält die Daten für die Wareneinsatzberechnung (Warenanfangsbestand plus Warenzugang minus Warenendbestand gleich Wareneinsatz) und für die Berechnung der Erträge aus Warenverkäufen. Es weist dann als Saldo dieser Postengruppen die in die Gewinn- und Verlustrechnung übertragene Betriebsspanne aus. Die Gewinn- und Verlustrechnung wird bei diesem Vorgehen zu einem nur den „Rohertrag" in die Ertragsseite aufnehmenden „Nettoabschlußverfahren" ausgestaltet. Es ist vor allem im Großhandel verbreitet[23].

Die Bruttoformen der Gewinn- und Verlustrechnungen, vor allem die Erfolgsrechnungen der kleinen Einzelhandelsgeschäfte, die meist als Einnahmen- und Ausgabenrechnung ausgebildet sind[24], sowie die Abschlußrechnungen von Aktiengesellschaften mit handelsrechtlich vorgeschriebener Gliederung[25] ermöglichen es, den Bruttoertrag direkt dem Gewinn- und Verlustkonto zu entnehmen, wenn auch meist noch nicht in einer für die Wertschöpfungsrechnung hinreichend aussagekräftigen Form.

Zu den Erlösen, die aus dem Absatz der Leistensobjekte im Markt stammen, ist noch der Wert der *eigenverbrauchten* marktreifen Waren zu zählen[26]. Der Eigenverbrauch wird am besten mit Verkaufspreisen bewertet, da die Weitergabe dieser Waren an die Betriebseigentümer in der Wertschöpfungsrechnung der Weitergabe an fremde Leistungsempfänger gleichgestellt werden kann[27].

Darüber hinaus wird dem Bruttoertrag im allgemeinen keiner der auf der Ertragsseite der handelsbetrieblichen Erfolgsrechnung aufgeführten Posten mehr hinzuzufügen sein; es sind dort noch die nicht wertschöpfungsbedingten Erträge des Handels wie Zinserträge[28], Rabatte und Skonti (diese sind gleich von den Einkaufspreisen der Vorleistungsgüter abzusetzen), die Erträge aus der Vermietung und Verpachtung von Gütern[29], außerordentliche Erträge aus Verkäufen von Anlagegütern und weitere neutrale Erträge. Im Einzelfall ist ein Ertragsposten zur Beurteilung seiner Zugehörigkeit zu den Bruttoerträgen der Wert-

---

[23] Vgl. F. *Fleege-Althoff*, Erfolgsrechnung, 212, S. 49.

[24] In Anlehnung an § 4, (3) EStG.

[25] Durch das Bruttoprinzip nach § 132 AG in der Fassung der „kleinen Aktienrechtsreform" von 1959.

[26] Vgl. dazu W. *Treitz*, Ermittlung der Wertschöpfung, 174, S. 14.

[27] In diesem Fall liegt wieder die Notwendigkeit einer abgeleiteten Bewertung vor, man könnte auch eine — vielleicht zutreffendere — Bewertung zu „Marktpreisen abzüglich Eigentümerrabatt" vorschlagen; es würde sich dann jedoch eine Bewertungsunsicherheit ergeben, zudem ist der Anteil des Eigenverbrauchs zu unbedeutend, um dafür gesonderte Rechnungen zu entwerfen. Zur Frage des Eigenverbrauchs in der Wertschöpfungsrechnung vgl. R. O. *Gockel*, Wertschöpfungsrechnung, 41, S. 10 ff.; H. *Rentsch*, Betriebliche Wertschöpfung, 124, S. 51 ff.; W. *Kraus*, Volkswirtschaftliche Gesamtrechnung, 72, S. 38, 72.

[28] Vgl. dazu S. 58.

[29] Vgl. dazu Kap. C 2 b.

schöpfungsrechnung immer auf seine Beziehungen zum Ziel des Leistensprozesses — der Übergabe von Leistensobjekten an den Markt — zu überprüfen.

Auch die vom Staat gezahlten *Subventionen* (staatliche Zuschüsse) erhöhen die betriebliche Wertschöpfung nicht. Lehmann nennt die „Subsidien", z. B. Zuschüsse an die Linienschiffahrt, „Steuern negativen Charakters"[30] und verrechnet sie als subtraktive Berichtigungsposten zu den Gemeinerträgen.

Im Standardsystem volkswirtschaftlicher Gesamtrechnungen der OEEC sind die Subventionen in einer der finanzwissenschaftlichen Lehre entsprechenden Weise „definiert als Zuwendungen, die von staatlichen Stellen an Produzenten gewährt werden mit Ausnahme von Vermögensübertragungen", sie können „als negative indirekte Steuern aufgefaßt werden[31]".

Wir schließen uns diesem Vorgehen an; es wäre jedoch auf ein weiteres Verfahren hinzuweisen: Neben der Möglichkeit, die Steuern mit den Subventionen zu saldieren und so die zur Wertschöpfung gehörenden Steuerzahlungen zu vermindern, gibt es noch eine andere rechentechnisch begründbare Möglichkeit. Da die Subventionen in der Gewinn- und Verlustrechnung als Ertragsposten erscheinen, erhöhen sie — bei gleichbleibendem Nachweis der Steueraufwendungen — den Gewinn. Werden die Subventionen nun direkt aus der Ertragsseite als „wertschöpfungsneutraler" Ertrag ausgeklammert, so müßte andererseits auf der Sollseite eine größengleiche Kürzung des Gewinnes und damit der Kapitalerträge erfolgen. Die Wertschöpfung bleibt bei beiden Verfahren gleich groß: In dem einen Fall werden die Subventionen zu Lasten der Gemeinerträge, in dem anderen zu Lasten der Kapitalerträge eliminiert[32]. Die Subventionen würden in letzterem Falle als eine Art von Sondererträgen für die Betriebseigner gelten und sich so, ihrem Wesen nach, den Transferzahlungen nähern.

Der Abzug der Erträge aus Subventionen von den indirekten Steuern, der die Wertschöpfung durch die Verringerung der Gemeinerträge verkleinert, wirkt sich in der volkswirtschaftlichen Gesamtrechnung genau gegensätzlich aus[33]. Die „volkswirtschaftliche Wertschöpfung" („Wertschöpfung zu Faktorkosten") entsteht ja im Prinzip durch die Reduzierung der hier vorgetragenen Wertschöpfung („Wertschöp-

---

30 Vgl. M. R. *Lehmann*, Wertschöpfungsrechnung, 84, S. 32.

31 Standard System der OEEC, 114, S. 66; vgl. dazu im einzelnen: W. *Rehlen*, Der Staat, 294, S. 225 (Teil A „Indirekte Steuern und Subventionen").

32 Zur Behandlung der Subventionen als Abzugsposten in der Wertschöpfungsrechnung vgl. noch R. O. *Gockel*, Wertschöpfungsrechnung, 41, S. 17; K. *Kink*, Wertschöpfungsprozeß, 68, S. 172.

33 Vgl. W. *Kraus*, Volkswirtschaftliche Gesamtrechnung, 72, S. 31, 34 und E. *Schneider*, Wirtschaftstheorie I, 146, S. 85, 86, 119.

fung zu Marktpreisen") um die indirekten Steuern. Eine Verringerung der indirekten Steuern durch die Subventionen bedeutet deswegen dann eine Vergrößerung der Wertschöpfung. Das ist im volkswirtschaftlichen Sinne vertretbar durch die Erklärung der Wertschöpfung als Summe der dem Betrieb insgesamt zugeflossenen Einkommen, in die auch die nicht leistensbedingten und betriebsfremden Einkommen eingeschlossen werden.

b) Die Vorleistungen

Wir gehen nunmehr zu einer Analyse der Sollseite der handelsbetrieblichen Erfolgsrechnung über und gliedern ihre Posten in zwei Gruppen: in die Gruppe der Vorleistungen und in die Gruppe der Wertschöpfung. Die Abgrenzung zwischen diesen Gruppen ist relativ einfach[34], die Schwierigkeiten ergeben sich in erster Linie hinsichtlich der Bewertung der einzelnen Posten. Wenn die Vorleistungen zusammengestellt und der Höhe nach bestimmt sind, ergibt sich die Wertschöpfung als Residualgröße (W = B ⁒ V). Die Auswirkungen der notwendig werdenden Umwertungen der bereits für den Bereich des Wertschöpfungsprozesses zusammengestellten Posten der Erfolgsrechnung (vgl. Kapitel C 1 „Abgrenzung des Betriebes") werden — per Saldo — vom Gewinn als der Variablen der Wertschöpfung aufgefangen[35].

In diesem Kapitel werden die Vorleistungen abgegrenzt. Statt des in der Literatur verbreiteten Wortes „Vorleistungen" finden wir auch den Ausdruck *„Fremdleistungen"*; durch den zweiten Ausdruck wird das Wesen der Vorleistungen besonders plastisch hervorgehoben. Fremdleistungen sind alle Güter und Dienstleistungen, die ein Betrieb von fremden Betrieben oder Personen beschafft und im betrieblichen Wirken für die Leistungserstellung einsetzt. („Input" eines Betriebes). Zum besseren Verstehen der Vorleistungen sollen einleitend die Begriffe „Aufwand", „Kosten" und „Vorleistungen" gegenübergestellt werden.

Der *Aufwand* eines Betriebes ist sein bewerteter Verbrauch oder „Verzehr" von wirtschaftlichen Gütern im weitesten Sinne. Der rechnerisch erfaßte Aufwand ist in der Sollspalte der einen Zeitraum abschließenden Erfolgsrechnung in periodischer Abgrenzung zusammengestellt. Der Begriff des Aufwandes als Verbrauch von wirtschaftlichen Gütern ist weiter gefaßt als seine oft zu findende Definition von „periodisch abgegrenzten Ausgaben" und deswegen nicht, wie Kosiol[36] oder

---

[34] Vgl. dazu das Schema der Wertschöpfungsrechnung (Kapitel C 3).

[35] Die anderen Posten „Arbeitserträge" und „Gemeinerträge" sowie die Fremdkapitalzinsen in den Kapitalerträgen sind im allgemeinen feststehende Beträge.

[36] Vgl. E. *Kosiol,* Aufwand (HdB), 256, Sp. 281.

Fischer[37] bekunden, allein aus pagatorischen Bewegungen ableitbar (Schnutenhaus)[38].

Für die Wertschöpfungsrechnung wird von dem Gesamtaufwand — entsprechend der bereits vorgenommenen Abgrenzung des betrieblichen Leistensprozesses — der Aufwand ausgesondert, der als neutral anzusehen ist und der durch einen ursächlichen Zusammenhang mit der Erzielung derjenigen Erträge verbunden ist, die aus der Ertragsseite der Wertschöpfungsrechnung gestrichen wurden. Der verbleibende, durch den Wertschöpfungsprozeß bedingte Aufwand läßt sich den abgesetzten und eigenverbrauchten Gütern (Bruttoerträgen) zuordnen und auch als „Umsatzaufwand“[39] bezeichnen.

Die Vorleistungen sind ein Teil dieses Umsatzaufwandes, und zwar der Teil, der sich aus dem Verbrauch von Fremdleistungen herleitet, das ist

1. der Verbrauch von Gütern des Anlagevermögens (periodisch als Abschreibungen berechnet) und von Gütern des Umlaufvermögens,
2. der Verbrauch von fremden Dienstleistungen.

Nicht zu den Vorleistungen gehört der Aufwand, der durch den Einsatz der zur betrieblichen Wertschöpfung beitragenden Wirkungskräfte entsteht, es sind in erster Linie Löhne und Gehälter, Fremdkapitalzinsen, Steuern und Abgaben. Diese Aufwandsposten, die ja in der Wertschöpfungsrechnung als „Erträge“ (Arbeitserträge, Kapitalerträge und Gemeinerträge) verbucht werden, vereinen sich mit dem Reinerfolg des Leistensprozesses — mit dem Gewinn oder Verlust — zur betrieblichen Wertschöpfung (vgl. dazu das nächste Kapitel C 2 c).

Lehmann[40] und Kink[41] nehmen in die Vorleistungen auch „kalkulatorische Wagniskosten“ auf. Zudem werden von Lehmann die Vorleistungen nicht als Aufwand, sondern als Kosten bezeichnet und mit „kalkulatorischen Kostenwerten“ bewertet[42]. Vorleistungskosten sind nach Lehmann: „Die Stoffkosten (auch Energiekosten), die Abschreibungskosten, die Fremd- und Außendienstkosten und die Wagniskosten[43]“, — es wird in rechenmethodischer Hinsicht zu einer „Angleichung der ... Wertschöpfungsrechnung an die bekannte kalkulatorische Kostenrechnung“ geraten[44].

---

[37] Vgl. G. *Fischer*, Betriebswirtschaftslehre, 33, S. 280.
[38] Vgl. dazu O. R. *Schnutenhaus*, Theorie der Absatzkosten, 306, S. 110 ff.
[39] Ausdruck nach E. *Kosiol*, Aufwand (HdB), 256, Sp. 282.
[40] Vgl. M. R. *Lehmann*, Wertschöpfungsrechnung, 84, S. 16.
[41] Vgl. K. *Kink*, Wertschöpfungsprozeß, 68, S. 156.
[42] Vgl. M. R. *Lehmann*, Wertschöpfungsrechnung, 84, S. 12 ff., 40 ff.
[43] Ebenda, S. 16.
[44] Ebenda, S. 40.

Bevor wir auf diese Bestimmung der Vorleistungen eingehen, soll der Kostenbegriff kurz beleuchtet und (wenn auch in anderer Weise als durch Lehmann) zu den Vorleistungen in Beziehung gebracht werden. *Kosten* sind nach Bouffier „funktional gesehen ... Werteinsatz zur Leistungserstellung[45]“. Sie ordnen sich nach dieser allgemeinen Erklärung dem Aufwandsbegriff unter[46]. Der Aufwand wird durch seine Begrenzung auf den leistungsbedingten Werteinsatz zu Kosten, dabei wird nach Schnutenhaus[47] die Leistungsbedingtheit entsprechend dem vorgetragenen Leistungsbegriff (vgl. S. 15) dadurch eindeutig bestimmt, daß der Markt über den Preis den Wert bzw. die Größe der Leistung festsetzt. Nur der Aufwand kann danach als Kosten verrechnet werden, der vom Markt als leistungsgemäß anerkannt und im Preis vergütet wird: Erst „durch den Eintritt der Gegenleistung“ wird entschieden, „was und wieviel vom Aufwand Kosten darstellt[48].“

Diese Kosteninterpretation von *Schnutenhaus* lenkt den Blick von der Kostenverrechnung auf die (Verkaufs-)Preisbildung und ermöglicht von dort her eine marktausgerichtete und erst dadurch sinnvolle Zurechnung des Werteinsatzes auf die Umsatzobjekte. Die Wert-(Preis-)bildung ist ja nicht von vornherein durch Summation von Aufwandswerten (oder „Kosten“) berechenbar, d. h. kalkulierbar. Erst der Markt bestimmt, wie das betriebliche Wirken, der Verbrauch von Gütern und Diensten, bewertet werden darf. Jener Werteinsatz, den der Markt nicht vergütet, kann nicht mehr als Kosten auf die Leistensobjekte verrechnet werden, er ist nur noch erfolgsvermindernder Aufwand.

Eine solche Unterscheidung von Kosten und Aufwand ist gerade für die Wertschöpfungsrechnung besonders beziehungsreich[49], sie wäre der Ausgangspunkt, um theoretisch den Wertefluß der Vorleistungen und der Eigenleistungen bis zu seiner Verknüpfung in den Verkaufspreisen zu verfolgen und dann zu fragen: Welcher Werteinsatz (Aufwand) wird von den Bruttoerträgen dem Betrieb nicht zurückerstattet? Dieser Aufwand ist, soweit es sich um Vorleistungen handelt, das Zeichen dafür, daß dem Betrieb „die Transferierung der von den Vorstufen der Wirtschaft übernommenen Werte[50]“ nicht oder nicht ganz gelungen ist.

Der Mißerfolg des Betriebes bei der Transferierung fremder Leistungswerte — der Aufwand ist in diesem Falle größer als die Kosten

---

[45] W. *Bouffier*, Betriebswirtschaftslehre, 187, S. 34.

[46] Vgl. auch O. R. *Schnutenhaus*, Theorie der Absatzkosten, 306, S. 110.

[47] Vgl. O. R. *Schnutenhaus*, „Feste“-Kostenrechnung, 149, S. 57 und derselbe, Sind Steuern Kosten?, 307, S. 92.

[48] O. R. *Schnutenhaus*, Theorie der Absatzkosten, 306, S. 110.

[49] Vgl. dazu auch die Ausführungen auf S. 66 ff. (Kritik der Bewertung der Bruttoerträge mit „Kosten“, die höher als der Preis der Bruttoerträge sind).

[50] W. *Bouffier*, Betriebswirtschaftslehre, 197, S. 31.

— muß in die betriebliche Leistungsrechnung als ein die Wertschöpfung verkleinerndes Ergebnis aufgenommen werden. Bei der Berechnung der Wertschöpfung sind demzufolge von den Bruttoerträgen nicht die Vorleistungskosten (im Sinne von Schnutenhaus), sondern der *Vorleistungsaufwand* abzuziehen. Dieses Resultat folgt außerdem zwangsläufig aus der Wert-Preis-Gleichung, nach der die Wertschöpfung als Differenz der Wertungen des Beschaffungsmarktes für die Fremdleistungen und der Wertungen des Absatzmarktes für die Bruttoerträge zu berechnen ist.

Unabhängig von der andersartigen Kostendefinition durch Lehmann wird nun verständlich, weswegen die von Lehmann empfohlene Bewertung der Vorleistungen („Vorleistungskosten") mit *„kalkulatorischen* Kostenwerten" nicht geeignet ist, um die tatsächlich von einem Betriebe erzielte Wertschöpfung zu ermitteln. Lehmann wertet z. B. die „Abschreibungen" und die „Wagnisverluste" um in „kalkulatorische Abschreibungen" und in „kalkulatorische Wagniskosten", dabei soll „eine Bewertung zu wirklichen Tageswerten maßgebend" sein[51].

Mit dieser Umwertung stempelt aber Lehmann — in noch ausgeprägterer Form folgt Oberparleiter[52] dieser Methode — die Ergebnisse der Wertschöpfungsrechnung zu kalkulatorischen *Soll-Größen,* die sich weit von den Preisgegebenheiten des Marktes entfernen können und die damit der für die Wertschöpfungsrechnung grundlegenden Wertbestimmung durch den Preis die Grundlage entziehen.

Die Bewertungsfrage bekommt ein besonderes Gewicht bei dem größten Posten der Vorleistungen: bei der Feststellung des Wertes der in einer Periode für das Hervorbringen der Bruttoerträge eingesetzten Waren. Dieser *„Wareneinsatz"* wird in der Erfolgsrechnung aus den Warenbestandskonten der Kontenklasse 3 entnommen (vgl. S. 68). Die Schwierigkeiten, die bei der Bewertung einzelner Warenpartien durch die Frage nach der Reihenfolge ihres Ausganges vom Warenlager (etwa nach den Leitsätzen „fifo" oder „lifo") auftauchen, sollen hier zugunsten einer im allgemeinen praktizierbaren Durchschnittsrechnung vernachlässigt werden.

Das entwickelte Prinzip, die Vorleistungen mit den tatsächlichen Anschaffungswerten (gegebenenfalls mit entsprechenden Ersatzwerten: z. B. geschenkte Maschinen mit dem Marktpreis am Übernahmezeitpunkt) zu *bewerten,* wird von Leitner[53] hart attackiert. Leitner begründet mit ausführlichen Beispielen seine Ansicht, daß die Waren als Vorleistungsgüter nur mit dem Tageswert in die Wertschöpfungs-

---

[51] M. R. *Lehmann,* Wertschöpfungsrechnung, 84, S. 40.
[52] Vgl. K. *Oberparleiter,* Der Leistungsgedanke, 284, S. 146.
[53] Vgl. D. *Leitner,* Problematik konjunktureller Schwankungen, 87, S. 100 ff., 105 ff.

rechnung eingesetzt werden dürfen: „Die einzelwirtschaftliche Leistung" — „der Wertauftrieb" — kann „nur zusätzlich zu demjenigen Wert erzeugt werden, den die verarbeiteten Vorleistungsgüter im Zeitraum der Abrechnungsperiode auf dem Markt bereits besitzen"[54]. Leitner versucht mit diesem Vorschlag, ähnlich wie Lehmann[55], die Wertschöpfung auf den produktionswirtschaftlichen Bereich zu beschränken und als solche isoliert festzustellen.

In den meisten Betrieben, vor allem aber in den Handelsbetrieben wird man jedoch entgegen dieser Ansicht auch dann eine „echte" Erhöhung der Wertschöpfung annehmen können, wenn sie durch Wert-(Preis-)veränderungen bewirkt wird, also durch Preisveränderungen, die eine unbearbeitete Ware während des betrieblichen Umsatzprozesses und durch diesen zwischen zwei Zeitpunkten erfährt (Ausgleich zeitlicher Preisdifferenzen durch den Handel)[56]:

Kauft z. B. ein Betrieb auf Grund seiner Preiserwartungen ein Gut zu einem bestimmten Zeitpunkt zu dem Preise p und beträgt der Marktpreis dieses Gutes nach einiger Zeit 2 p oder 0,5 p, so ist der Einfluß dieser Preisveränderung auf das Betriebsergebnis grundsätzlich — gesamtwirtschaftlich und einzelwirtschaftlich gesehen — das Ergebnis händlerischer Tätigkeiten (Geldwertschwankungen sollen hier ausgeschaltet sein). Die aus zeitlichen Marktpreisschwankungen stammenden Wertänderungen der Güter sind für die Handelsbetriebe wichtige Ergebnisse ihres mehr oder weniger aktiven und geschickten absatzwirtschaftlichen Leistens[57].

Dieser Gedankengang wird von Fritz *Schmidt* in einer Untersuchung über die Handelsspanne[58] nicht genügend beachtet. Aus der Besorgnis heraus, „Geldsummen oft ganz verschiedener Kaufkraft" zu vergleichen, folgert Schmidt, daß „die Handelsspanne anders als in *Tageswerten* überhaupt nicht berechnet werden kann. Will man sie erkennen, so sind die Ein- und Verkaufspreise des gleichen Tages miteinander zu vergleichen[59]". Hier werden durch Schmidt die Marktpreisschwankungen und die Geldwertschwankungen gekoppelt[60]. Die damit bewirkte Ausschaltung der zeitlichen Preisdifferenzen verzerrt das Leistungsbild des Handels im allgemeinen wesentlich mehr als die üblichen

---

[54] Ebenda, S. 105.
[55] Vgl. Kap. C 1.
[56] Vgl. dazu K. *Oberparleiter*, Funktionen und Risiken, 113, S. 19 ff („die zeitliche Funktion") und H. *Marré*, Funktionen, 94, S. 43 ff., 56 ff. („Umsatz von Ware in der Kategorie Zeit").
[57] Vgl. H. *Buddeberg*, Betriebslehre, 17, S. 36 ff. (Bedeutung der Zeitausgleichsfunktion im Handel).
[58] Vgl. F. *Schmidt*, Die Handelsspanne, 304, S. 87 ff.
[59] Ebenda, S. 97.
[60] Dieselbe Koppelung finden wir bei H. *Rentsch*, Betriebliche Wertschöpfung, 124, S. 113.

Geldwertschwankungen, selbst wenn diese mehrere Prozent jährlich ausmachen sollten.

Der Einfluß des Ausnutzens und Ausgleichens von zeitlichen Marktpreisschwankungen auf die Wertschöpfung muß u. E. genauso wie der Einfluß des Ausnutzens örtlicher Marktpreisdifferenzen erhalten bleiben[61]. Für die handelsbetriebliche Wertschöpfungsrechnung ist in jedem Falle eine Bewertung des Wareneinsatzes zu Anschaffungs- oder Einstandspreisen notwendig: „Der *Anschaffungs-* oder Einstands*preis* ist ... (für die Ertragsermittlung — Anmerkung des Verfassers) ein Datum, das bis zum Ausgang der Waren aus dem Betrieb Gültigkeit hat[62] ... Es besteht jedoch nach den üblichen Praktiken des Rechnungswesens die Gefahr, daß dieser Grundwert der Ertragsberechnung nachträglich durch Bewertungsmanipulationen stark verändert wird[63]."

Die bilanziellen Bestände werden auf Grund der handelsrechtlich zugelassenen Bewertungsmöglichkeiten und — bei der oft üblichen Aufstellung einer direkt nach den steuerlichen Vorschriften aufgestellten Bilanz — auf Grund von steuerlichen Richtsätzen mit Wertansätzen bewertet, die meist stark von den Anschaffungswerten divergieren. So können nach dem „Niederstwertprinzip" niedrigere Werte als die Anschaffungspreise gewählt werden[64] und im Einzelhandel erfolgt beispielsweise eine Bewertung mit Verkaufspreisen abzüglich der von den Finanzbehörden genehmigten „Abschreibungssätze[65]". In diesen Fällen wird die Wertschöpfungsrechnung ein Herausfinden und ein Annullieren der „Bewertungskunststücke"[66] verlangen, das heißt, sie muß den in der Erfolgsrechnung aufgeführten Wareneinsatz mit Anschaffungspreisen umbewerten.

Die Bedeutung des Wareneinsatzes als Vorleistungsposten für die handelsbetriebliche Wertschöpfungsrechnung wird durch die folgenden Zahlen ersichtlich[67].

---

[61] Vgl. dazu S. 53.

[62] H. *Buddeberg*, Betriebslehre, 17, S. 125.

[63] Ebenda, S. 124.

[64] Vgl. dazu ebenda, S. 125 „Es ist — jedenfalls vom Standpunkt der Leistungsrechnung — wenig sinnvoll, so zu verfahren, als ob die lagernden Waren nachträglich im Einkauf billiger geworden wären."

[65] z. B. im Buchhandel: Am Schluß des Anschaffungsjahres werden die Bücherbestände mit Verkaufspreisen abzüglich 50 vH bewertet, die im Vorjahr gekauften Bücher mit Verkaufspreisen abzüglich 70 vH und die vor zwei Jahren gekauften mit Verkaufspreisen abzüglich 90 vH. Bücher, die noch eher angeschafft wurden, dürfen ganz bis auf einen Erinnerungswert „abgeschrieben" werden (betr.: Sortimentsbuchhandel).

Quelle: Merkblatt des Bundesminister der Finanzen Az. IV/F/1479 — 7/52 von 1952.

[66] Die volkswirtschaftliche Gesamtrechnung muß sich eingehend mit diesen Schwierigkeiten der Wertermittlung auseinandersetzen. Vgl. dazu: H. *Maneval*, Die Vorratsinvestitionen, 270, S. 146.

[67] Vgl. P. *Reitter*, Groß- und Einzelhandelsspannen, 295, S. 24 ff.

Der Wareneinsatz[68] betrug im Einzelhandel durchschnittlich 77,4 vH vom Umsatz (höchster Wert: rd. 87 vH — niedrigster Wert 63,5 vH), der Wareneinsatz betrug im Großhandel[69] durchschnittlich 85,6 vH vom Umsatz (höchster Wert: rd. 91 vH — niedrigster Wert rd. 27 vH).

Als nächster Posten in der Erfolgsrechnung bedürfen die *Abschreibungen* einer eingehenden Analyse. Der durch die Abschreibungen erfaßte „Verbrauch“ von Anlagegütern ist eine Vorleistung, die lediglich in der Bruttowertschöpfung („value added“ oder „gross value added“) enthalten ist. Nur in einigen Ausnahmefällen wird der Wertschöpfungsbegriff in diesem erweiterten Sinne der Bruttowertschöpfung verwandt[70].

Die von Dritten beschafften (gekauften oder gepachteten[71]) und im Leistensprozeß eingesetzten abnutzbaren Anlagegüter sind Fremdleistungen, die durch das betriebliche Leisten im Laufe der Zeit „verbraucht“ werden. Die Abschreibungen beinhalten einen zeitlich abgegrenzten Anteil dieses Anlagegüter-Verbrauchs, sie werden als Aufwand (Vorleistungsaufwand) von dem Leistensergebnis eines Zeitraumes abgezogen.

Die in der volkswirtschaftlichen Gesamtrechnung als Vorleistungen abgesetzten Abschreibungen sollen nach Krelle „nur den normalen Anlagenverschleiß“ erfassen, das sind „die betriebsnotwendigen Abschreibungen einschließlich der normalen Schäden durch Feuer, Sturm, Wasser usw.“[72]. Erich Schneider beschränkt die Abschreibungen auf die „durch den Gebrauch, d. h. durch Abgabe von Nutzungen“ bedingten Abschreibungen, er nimmt an, daß alle Wertminderungen der Anlagen durch den technischen Fortschritt (technische Überalterung der Anlagen) und „die Wertminderungen, die als Folge von Brand, Erdbeben und anderen Katastrophen eintreten ... in keinem ursächlichen Zusammenhang mit dem Produktionsprozeß“ stehen und „Kapitalverluste“ darstellen[73]. Diese Kapitalverluste sollen den Produktionsgewinn und damit die „Wertschöpfung“ nicht beeinflussen.

---

[68] Vgl. ebenda, Anhang: Tabelle 3/8. (Der Wareneinsatz wurde für 1950 aus dem Umsatz [= 100 %] abzüglich einer prozentualen Abschlagsspanne berechnet mit Hilfe der letzten, veröffentlichten Ergebnisse der Kostenstrukturerhebungen durch das Statistische Bundesamt, vgl. Textseite 32 ff.).

[69] Vgl. ebenda, Anhang: Tabelle 3/7.

[70] Vgl. dazu Kap. B 1. und M. *Lohmann*, Betriebswirtschaftslehre, 91, S. 196.

[71] Zu den Abschreibungen von gepachteten Anlagegütern siehe weiter unten.

[72] W. *Krelle*, Volkswirtschaftliche Gesamtrechnung, 73, S. 82; zu den Abschreibungen in der volkswirtschaftlichen Gesamtrechnung vgl. auch: Statistisches Jahrbuch 1962, 167, S. 553 („die verbrauchsbedingten ... Abschreibungen“) und E. *Hofmann*, Volkswirtschaftliche Gesamtrechnung, 59, S. 104 ff. (Kritik zur Feststellung der Abschreibungsgrößen in der volkswirtschaftlichen Leistungsrechnung).

[73] E. *Schneider*, Wirtschaftstheorie I, 146, S. 44.

Die Überlegungen von Schneider werden von Kühnau mit zutreffender Begründung angegriffen: „Die Notwendigkeit der Buchung solcher außerordentlicher Wertminderungen ist Ausdruck einer, wenn auch unverschuldeten, falschen wirtschaftlichen Disposition, wie sie etwa auch im Warenhandel vorkommen kann". („Wertminderung von Lagerbeständen[74]"). Kühnau sieht sich vom Standardsystem der OEEC unterstützt, das auch die Wertminderungen aus wirtschaftlicher und aus technischer Überalterung in die Abschreibungen einbezieht[75].

Abgesehen von der Erklärungsbedürftigkeit des Hinweises von Kühnau, die falschen Dispositionen bezüglich der Anlagegüter seien vom Betrieb zwar zu vertreten, aber „unverschuldet", wird man sich seinem Vorgehen anschließen können und alle Wertminderungen der Anlagegüter, die im Rahmen des betrieblichen Wirkens auftreten, als Abschreibungsaufwand, also als Vorleistungen verbuchen können. Die Wertminderungen umfassen den laufenden leistungsbedingten Verbrauch und den natürlichen Eigenverschleiß bei Nichtgebrauch sowie die technische und wirtschaftliche Veraltung[76]. Lediglich der außerordentliche Anlageverlust durch eine „Katastrophe" ist eine Wertminderung, der man keinen Einfluß auf die Größe der betrieblichen Eigenleistung einräumen möchte.

Die für die Errechnung der Abschreibung maßgebende Bewertung der Anlagegüter wird entsprechend dem für alle Vorleistungen gültigen Grundsatz: „Bewertung mit Anschaffungswerten" durchgeführt[77]. Wenn die volkswirtschaftliche Gesamtrechnung eine Bewertung mit Wiederbeschaffungswerten vornimmt[78], so ist diese Bewertung dort durch das anders gesetzte Ziel der Bewertung (nämlich die volkswirtschaftlichen Nettoinvestitionen unabhängig von Preisveränderungen zu erfahren[79]) verständlich.

Die in der Gewinn- und Verlustrechnung der Betriebe angegebenen Abschreibungsbeträge — die „bilanziellen Abschreibungen" — werden in der Regel einer Neuberechnung für die Wertschöpfungsberechnung bedürfen. Viele betriebliche Erfolgsausweise werden gleich unter steuerpolitischen Gesichtspunkten zusammengestellt. Die Finanzbehörde

[74] M. *Kühnau*, Der Formalaufbau, 78, S. 88.
[75] Vgl. Standard-System der OEEC, 114, S. 61.
[76] Vgl. O. R. *Schnutenhaus*, „Feste"-Kostenrechnung, 149, S. 114, 161.
[77] Vgl. dazu S. 73 f., weiterhin: M. Kühnau entwickelt aus der Sicht der „pagatorischen Erfolgsrechnung" die „volkswirtschaftliche Buchhaltung als reine Anschaffungswertrechnung". M. *Kühnau*, Der Formalaufbau, 78, S. 89, vgl. auch S. 79 ff. — Lehmann und Kink wählen eine „kalkulatorische Abschreibung", ausgehend von den Wiederbeschaffungswerten der Anlagegüter. Vgl. M. R. *Lehmann*, Wertschöpfungsrechnung, 84, S. 40, 56, vgl. K. *Kink*, Wertschöpfungsprozeß, 68, S. 156, 157.
[78] Vgl. Standard-System der OEEC, 114, S. 61, vgl. W. *Krelle*, Volkswirtschaftliche Gesamtrechnung, 73, S. 82.
[79] Vgl. S. *Sagoroff*, Volkseinkommen, 135, S. 84.

legt zwar auch „Anschaffungs- oder Herstellungskosten" (§ 6 EStG) für die Bewertung der abnutzbaren Anlagegüter zugrunde, aber sie läßt — oft ausgenutzte — Sonderabschreibungen zu (etwa für geringwertige Wirtschaftsgüter nach § 6 Abs. 2 EStG oder für Wohngebäude nach § 7 b EStG), zudem empfiehlt sie Abschreibungsrichtsätze, die durchaus nicht immer den tatsächlichen Wertminderungen gerecht werden.

Fehler der Ermittlung von Abschreibungsbeträgen, die sich aus der ex-ante-Schätzung der technischen und wirtschaftlichen Lebensdauer der Anlagegüter ergeben können[80], werden sich in der Wertschöpfungsrechnung des Handels im allgemeinen nur unwesentlich auswirken, da hier die Abschreibungen vom Anlagevermögen, d. h. die Differenz zwischen der Bruttowertschöpfung und der Wertschöpfung, relativ geringe Bedeutung haben[81].

Die nächste Aufwandsart, die Interesse verlangt, sind die *Miet-* und Pacht*aufwendungen* des Handels[82].

Die Miet- und Pachtaufwendungen müssen in Vorleistungsbestandteile und in Wertschöpfungsbestandteile zerlegt werden. Diese Aufwendungen enthalten nämlich verschiedene, dem Vermieter zufließende Vergütungen: Zinsen für die Überlassung des Kapitalgutes, das bedeutet für die „Nutzung der Vorrätigkeit", Abschreibungsbeträge für den Verbrauch bzw. den „Verzehr" des Kapitalgutes, weiterhin Zahlungen für die vom Vermieter im Preis überwälzten Steuern, Gebühren, Beleuchtungs-, Heizungs- und Reparaturaufwendungen u. ä.

Die gemieteten oder gepachteten Kapitalgüter, im Handel z. B. gemietete Räume oder gepachtete Einrichtungen, sind für das betriebliche Wirken eingesetzt und deswegen funktionell an der Wertschöpfung beteiligt. Die im Pacht- oder Mietpreis an den Vermieter für diese Kapitalnutzungen gezahlten Zinsen sind demgemäß zusammen mit den anderen Fremdkapitalzinsen der betrieblichen Wertschöpfung zuzuweisen.

Zur *Herauslösung* der *Zinsen* aus den Miet- oder Pachtbeträgen haben Lehmann[83] und Graeve[84] zwei in Einzelheiten voneinander abweichende, hier nicht weiter zu verfolgende Methoden dargestellt. Lehmann bezieht seine vorgebrachten Rechenbeispiele auf gepachtete An-

---

[80] Vgl. dazu W. *Hofmann,* Volkswirtschaftliche Gesamtrechnung, 59, S. 104 ff. und H. Haller, Kapital, 226, S. 88.

[81] Die Abschreibungen betragen im Einzelhandel durchschnittlich 4 vH der „Gesamtkosten" und im Großhandel 6—7 vH (für 1956 zusammengestellt) — vgl. dazu E. *Batzer,* Der Großhandel, 7, S. 78; R. *Seyffert* (Hrsg.), Kosten des Einzelhandels, 159, S. 90 (siehe auch S. 11).

[82] Nach einer Erhebung des Ifo-Institutes haben in manchen Branchen des Handels über die Hälfte aller Firmen ihre Geschäftsräume gemietet; vgl. E. *Batzer,* Der Großhandel, 7, S. 170.

[83] Vgl. M. R. *Lehmann,* Wertschöpfungsrechnung, 84, S. 34.

[84] Vgl. A. *Graeve,* Wertschöpfungsrechnung, 43, S. 44 ff.

lagegüter (Maschinen) und verzichtet, wenn es sich, wie bei vielen Mietpreisen, um „geringere" Summen handelt, auf eine Aufspaltung[85]. Man wird, falls man auf die Aufspaltung nicht verzichten will, mit groben Näherungswerten rechnen und vom Mietaufwand die — geschätzten — Zinsen für die anteilig benutzten Anlagen- und Bodenwerte abziehen und den Rest als Vorleistungsaufwand behandeln. Der Miet- und Pachtpreis läßt sowieso nicht erkennen, in welcher Höhe er Zinsen einschließt (zumal die Struktur der Mietpreise durch steuerliche Sondervorschriften, Subventionen, Preisbindungen u. a. beeinflußt wird). Für die praktische Rechnung wird es angebracht sein, solchen Verlegenheiten zu entgehen und Werte einzusetzen, die aus „Faustregeln" abgeleitet und besser als der Verzicht auf eine Aufspaltung sind: z. B. wird man normalerweise die gesamten Zinsbeträge bei gemischtgenutzten Gebäuden mit einem Satz von rd. 50 vH der Mietpreise ansetzen können[86].

Die volkswirtschaftliche Gesamtrechnung schlägt einen anderen Weg zur Aufteilung von Miet- und Pachtaufwendungen ein. Durch die Unterstellung, die von Gewerbebetrieben gemieteten und gepachteten Wirtschaftsgüter seien wie eigene Wirtschaftsgüter des Mieters zu behandeln[87], wird der Anteil der Wertschöpfung an den Miet- und Pachtbeträgen wie bei anderen Betriebsergebnissen berechnet: Von den Miet- und Pachtbeträgen werden die Vorleistungen — „Reparaturen, Instandhaltung, Abschreibung und sonstige Kosten[88]" — abgezogen, die dann verbleibende „Nettomiete" bzw. „Nettopacht" wird in die Wertschöpfung (des mietenden bzw. pachtenden Betriebes) aufgenommen.

Auf die Untersuchung von *sonstigen,* zu den Vorleistungen zu zählenden Aufwandsarten[89] können wir verzichten, da ihre Bestimmung verhältnismäßig einfach ist und durch die hier vorgetragenen Grundsätze determiniert wird.

c) Die Wertschöpfung

Bezeichnet man mit dem Wort „*Erfolg*" das Ergebnis einer Tätigkeit, so ist der wirtschaftliche Erfolg das Ergebnis des Wirtschaftens und

---

85 Vgl. M. R. *Lehmann,* Wertschöpfungsrechnung, 84, S. 34, Fußnote 14.

86 Dieser Satz ergibt sich aus den auf dem Immobilienmarkt anzutreffenden Richtlinien, solche Gebäude etwa mit dem 10fachen der Jahresrohmiete oder mit dem 20fachen der Jahresnettomiete zu bewerten.

87 Vgl. W. *Krelle,* Volkswirtschaftliche Gesamtrechnung, 73, S. 89; vgl. Statistisches Jahrbuch 1962, 167, S. 553.

88 Standard-System der OEEC, 114, S. 64, Fußnote a.

89 Außer den besprochenen Aufwendungen sind das noch solche für Reparaturen (durch Dritte), Fremdfrachten, Werbung (durch betriebsfremde Stellen), Hilfs- und Betriebsstoffe, Provisionen, Energie, Wasser, Postgebühren, Reisen, Versicherungen usw. (vgl. dazu das Schema einer Wertschöpfungsrechnung — Kapitel C 3).

zugleich — teleologisch gesehen — das Ziel des Wirtschaftens. Als Ziel der Unternehmer gilt im allgemeinen die Gewinnerzielung durch das betriebliche Wirken, für diese Unternehmer ist der Betrieb ein „Mittel“, das sie zur Erreichung dieses Zieles einsetzen. „Erfolg“ heißt für diese Unternehmer „Gewinn[90]“.

Eine umfassendere Deutung des Erfolgsbegriffes erlaubt es, das Ziel des Wirtschaftens nicht vom Unternehmer aus, sondern vom Betrieb in seiner Gesamtheit aus zu sehen. Der Betriebserfolg wird dann durch die Wertschöpfung als Summe der nicht nur dem Unternehmer, sondern allen betrieblichen Leistensbeteiligten zugeflossenen Einkommen gemessen. Seit Nicklisch[91] die Aufmerksamkeit auf eine der Wertschöpfung ähnliche Größe, auf den „Betriebsertrag“ als den „Erfolg der Betriebsgemeinschaft“ gelenkt hat, wird auch die Wertschöpfung manchmal — wenn auch meist nur mit kurzen Hinweisen — in die von der betriebswirtschaftlichen Literatur beschriebenen Erfolgsgrößen eingeordnet[92].

Die Verwendung der Wertschöpfung zur Kennzeichnung des Betriebserfolges (die Wertschöpfung wird dabei im allgemeinen lediglich als einheitliche Globalgröße angegeben) setzt die Kenntnis ihrer Struktur, d. h. ihrer Gliederung in Arbeitserträge, Kapitalerträge und Gemeinerträge voraus.

Die Bezeichnung der Bestandteile der Wertschöpfung als *„Erträge“*, obgleich es sich überwiegend wie bei Gehältern, Steuern oder Fremdkapitalzinsen um Aufwendungen handelt, wird durch das Umdenken auf den Vorgang der gesamtbetrieblichen Einkommens-(Ertrags-)erzielung verständlich.

Ein „Ertrag“ ist nach Nicklisch „ein Begriff aus dem Bereich der Werterzeugung oder Wertentstehung“, er kann sich „nur aus den Gegenwerten, die für Quellenwerte einkommen, zusammensetzen“[93]. Die auf diese Erklärung beziehbaren Quellen der betrieblichen Wertschöpfung sind Arbeit, Kapital und „Staat“ (vgl. Kapitel B 3). Die Ausdrücke Ar-

---

[90] Vgl. K. *Kink*, Wertschöpfungsprozeß, 68, S. 160 (Betrieb als „Ertragserzielungsobjekt“).

[91] Vgl. auch G. *Völker*, Heinrich Nicklisch, 176, S. 76 ff.

[92] Die Wertschöpfung wird z. B. im Handwörterbuch der Betriebswirtschaft in der 2. Aufl. von A. *Richter* (Sp. 1585) und in der neuen 3. Aufl. von K. *Käfer* (Sp. 1651) verzeichnet.
Rössle nennt in seiner „Allgemeinen Betriebswirtschaftslehre“ als erste Erfolgsgröße die Wertschöpfung (130, S. 223) und *Kühnau* rubriziert die Wertschöpfung in seine „Systematik der Erfolgsbegriffe“ ein (257, S. 77, 83 ff.). Auch *Schäfer* führt die Wertschöpfung und wertschöpfungsähnliche Größen in seiner Auseinandersetzung mit den verschiedenen Fassungen des „Erfolgsbegriffes“ auf (vgl. „Die Unternehmung“, Bd. III, 138, S. 304 ff.). Schließlich sind noch die Autoren zu nennen, die sich in der Betriebswirtschaftslehre mit der Wertschöpfung eingehender befaßt haben. Vgl. dazu Kap. B 1.

[93] H. *Nicklisch*, Ertrag (HdB), 279, Sp. 1606.

beitserträge und Kapitalerträge für die Anteile der Arbeit und des Kapitals am betrieblichen Gesamtertrag haben sich bereits seit längerer Zeit eingebürgert[94], der Ausdruck „Gemeinerträge“ für den Ertragsanteil des Staates scheint auf Lehmann zurückzugehen, er wird seitdem auch von anderen Autoren benutzt.

Die *Arbeitserträge* bestehen aus allen Entgelten, die den Arbeitenden im Betrieb für ihr Leisten zufließen, also aus Löhnen und Gehältern und aus solchen Bezügen wie Gratifikationen, Prämien, Provisionen, Gewinnbeteiligungen, Naturalbezügen, Erfindervergütungen. Auch der sog. *Unternehmerlohn,* der ein „Entgelt für die nichtentlohnte Tätigkeit des Inhabers und seiner Familie“[95] ist, wird in die Arbeitserträge aufgenommen.

Das gesonderte Ausweisen eines Unternehmerlohnes in der Wertschöpfungsrechnung von Einzelfirmen und Personengesellschaften[96] wird von denjenigen Autoren angegriffen, die den in der Erfolgsrechnung als Differenz von Aufwand und Ertrag gegebenenfalls festgestellten Gewinn als ein komplexes, unauflösbares Einkommen des oder der Unternehmer betrachten[97]. So lehnt Fettel ein Herauslösen des Unternehmerlohnes mit einer speziell auf die verrechnungsmethodischen Fragen ausgerichteten Begründung ab: „Die eigene Arbeit des Unternehmers kann in der Rechnung nicht erscheinen, denn sie verursacht weder Ausgaben noch Einnahmen ... Die unternehmerische Rechnung ist nun einmal eine Kapitalrechnung und keine Arbeitsrechnung[98]“.

Unabhängig von dieser für die Erfolgsanalyse gemachten Unterscheidung von Kapitalrechnung und Arbeitsrechnung wird jedoch in der Wertschöpfungsrechnung eine Abspaltung des Unternehmerlohnes vom Gewinn notwendig und aufschlußreich, wenn die Wertschöpfung nicht nur als Globalgröße, sondern auch in ihrer Zusammensetzung angegeben werden soll. Nur auf diese Weise können die Quellen der Erträge richtig bloßgelegt und differenziert werden, auch wenn die größenmäßige Bestimmung der möglichen Gewinnbestandteile umstritten werden kann[99]. Zweifellos ist eine der Quellen des unternehmerischen Residualeinkommens der Einsatz der dispositiven und nicht direkt vergüteten *Arbeit* des oder der Unternehmer. In kleinen Handelsbetrieben ist die dispositive Tätigkeit oft noch mit ausführender gemischt. Diese Arbeit ersetzt fremde und so als Aufwand berechenbare Arbeit; man

---

[94] Vgl. u. a. K. *Liefmann,* Grundsätze der Volkswirtschaftslehre, 88, S. 452.

[95] R. *Seyffert* (Hrsg.), Kosten des Einzelhandels, 159, S. 10.

[96] In Personengesellschaften wird zwar meist ein „Geschäftsführergehalt“ für die Unternehmer ausgewiesen, dieses wird aber in vielen Fällen umwertungsbedürftig sein.

[97] (So nach Marshall und Mac Gregor) — vgl. A. *Kruse,* Geschichte, 77, S. 173.

[98] J. *Fettel,* Der Faktor Arbeit, 210, S. 619.

[99] Vgl. S. 87 f.

versucht deswegen, ihren Ertrag als Arbeitsertrag von dem durch den Kapitaleinsatz erzielten Ertrag (als „Besitzeinkommen“ des Kapitaleigners) zu unterscheiden[100]. (Diese Unterscheidung spielt auch in der „sozialistischen“ Kritik am Unternehmereinkommen eine Rolle, der „arbeitsäquivalente“ Teil dieses Einkommens wird als Arbeitseinkommen und nicht als „Mehrwertaneignung“ beurteilt[101].)

Der getrennte Nachweis des Unternehmerlohnes ist außerdem in Betriebsvergleichen und für statistische Kostenanalysen erforderlich, um einen Vergleich der Ergebnisse des betrieblichen Wirkens zu ermöglichen, der unabhängig von den Einflüssen der in den einzelnen Betrieben unterschiedlichen Verbuchung der Vergütungen für den Arbeitseinsatz von Inhabern und deren Familienangehörigen ist[102].

Erst die Einbeziehung des Unternehmerlohnes in die Arbeitserträge macht es erreichbar, eine Vorstellung vom Anteil (genauer formuliert: vom formalen Anteil[103]) der Leistung aller Arbeitenden an der Leistung des Betriebes zu bekommen. Die Arbeitserträge sind dann „die besten Repräsentativgrößen zur Erfassung des zur betrieblichen Einkommenserzeugung erforderlichen Arbeitseinsatzes“, ... da sie „die Dauer und teilweise die Intensität wie auch die Qualität der Arbeitskraftnutzungen“ erfassen[104].

Der Einblick in die Struktur der Wertschöpfung wird noch verfeinert, wenn nicht nur der Anteil der Arbeitserträge an der Wertschöpfung, sondern auch die Zusammensetzung dieser Arbeitserträge dargestellt und verglichen wird (Lehmann: „Arbeitsertragsvergleiche“[105]). Auskünfte über die Höhe der Arbeitserträge, über ihre *Zusammensetzung* und ihren Anteil an der Wertschöpfung des Handels können uns in vereinfachten Zügen einige *statistische* Angaben vermitteln.

Die Arbeitserträge sind an der für 1954 berechneten Wertschöpfung des Handels in der Bundesrepublik (sie beträgt im Einzelhandel rd. 17,5 vH des Bruttoertrages — der Umsätze — und im Großhandel rd. 10,5 vH[106]) mit etwa 55 vH im Einzelhandel[107] und mit nicht ganz

---

[100] Zur praktischen *Berechnung* des Unternehmerlohnes (Entgelt für „gleichwertige ... Kräfte“) vgl. R. *Seyffert* (Hrsg.), Kosten des Einzelhandels, 159, S. 10, und die Kritik dazu S. 94 ff.

[101] Vgl. F. *Marbach*, Theorie des Mittelstandes, 93, S. 251.

[102] Vgl. R. *Seyffert*, Wirtschaftslehre, 160, S. 565; vgl. A. *Schnettler*, Betriebsanalyse, 147, S. 85, 127 ff.

[103] Die Berechnung des wirklichen Anteils würde „Lohngerechtigkeit“ voraussetzen; vgl. dazu K. *Oberparleiter*, Der Leistungsgedanke, 284, S. 145.

[104] R. O. *Gockel*, Wertschöpfungsrechnung, 41, S. 34.

[105] M. R. *Lehmann*, Planvolles Rechnen, 83, S. 61.

[106] Vgl. die statistischen Angaben von S. 55. Für spätere Zeiträume als für 1954 lagen keine hinreichenden Unterlagen mehr vor. Die Angaben aus den neuesten Kostenstrukturerhebungen für den Einzelhandel und für den Großhandel durch das Statistische Bundesamt sind noch nicht publiziert,

50 vH im Großhandel[108] beteiligt. Rechnet man mit einem durchschnittlichen Anteil der Arbeitserträge zwischen 50 vH und 55 vH an der Wertschöpfung, so ist dabei zu beachten, daß die einzelnen Angaben in den verschiedenen Branchen und Betrieben eine weite Streuung um den Mittelwert aufweisen[109].

Die Arbeitserträge teilen sich im Einzelhandel im Verhältnis von etwa 4,0 zu 5,5 auf die angenommenen Entgelte für die „nicht entlohnte Tätigkeit des Inhabers und seiner Familie" und auf die „Personalkosten" auf[110]. Im Großhandel ist der Anteil des sog. Unternehmerlohnes, gemäß dem geringeren Anteil der tätigen Inhaber an der Beschäftigtenzahl, etwa um die Hälfte geringer. Aufschlüsse über die Aufteilung der den Arbeitern und Angestellten zufließenden Ertragsteile können aus der Beschäftigtenstruktur gewonnen werden: Über die Hälfte der zur Zeit (Ende 1961) im Handel insgesamt beschäftigten Personen sind weibliche Beschäftigte[111], dieser im Vergleich zur Industrie hohe und tendenziell steigende Prozentsatz[112] geht hauptsächlich auf den Einsatz von Verkäuferinnen im Einzelhandel und in der handelsbetrieblichen Verwaltung sowie auf das Überwiegen der weiblichen Beschäftigten bei den mithelfenden Familienangehörigen zurück. Auffällig ist auch der hohe Anteil von Lehrlingen und Anlernlingen, die in manchen Betrieben des Einzelhandels bis zu einem Viertel der Beschäftigten ausmachen[113].

Der hohe Anteil der Arbeitserträge an der handelsbetrieblichen Wertschöpfung und die eigentümliche Struktur der Arbeitserträge ist zu erklären durch die Arbeitsintensität des Leistensprozesses und durch seinen Vollzug vor allem in *kleineren*, als Einzelunternehmen geführten, *Betrieben*. Im Einzelhandel hatten im Jahre 1960 13 vH aller Betriebe einen Gesamtumsatz bis 20 000 DM (Minderbetriebe), weitere 49,6 vH einen Jahresumsatz von 20 000 bis 100 000 DM (Kleinbetriebe[114]).

Diese kleinen Betriebsgrößen ermöglichen vielen nach Selbständigkeit Strebenden einen „Start als Geschäftsmann" mit wenig Kapital und oft genug mit wenig Wissen oder sie ermöglichen Rentnern,

---

die letzten diesbezüglichen Angaben des Statistischen Bundesamtes stammen noch aus der Kostenstrukturerhebung von 1950.

107 Errechnet aus den Angaben in: *Seyffert* (Hrsg.), Kosten des Einzelhandels, 1954, 157, S. 85.

108 Dieser Prozentsatz konnte nur geschätzt werden auf Grund der Angaben in: E. *Batzer*, Der Großhandel, 7, S. 78.

109 Vgl. zu diesen Zahlen auch die diesbezügliche Statistik in: R. *Goetz*, *Girey* et H. *Krier*, Le Commerce Intérieur, 220, S. 56.

110 Vgl. R. *Seyffert*, Kosten des Einzelhandels, 157, S. 88.

111 Vgl. Statistisches Jahrbuch 1962, 167, S. 151.

112 Vgl. E. *Batzer* und H. *Laumer*, Der Großhandel, 8, S. 25.

113 Vgl. R. *Seyffert*, Kosten des Einzelhandels, 157, S. 52.

114 Vgl. R. *Seyffert* (Hrsg.), Die Betriebsgrößen 1960, 315, S. 1087. Zur Kennzeichnung und Problematik der Betriebsgrößentypen vgl. Kap. D 2 a.

Witwen und nichtverdienenden Familienangehörigen eine ganztägige Beschäftigung oder eine Nebenbeschäftigung in einem kleinen Laden und dadurch ein zusätzliches Einkommen „zum Einkommen des Ehegatten, zu einem Einkommen aus Rente oder Pension ... oder aus einem handwerklichen oder landwirtschaftlichen Betrieb“[115].

Die Folge kann eine erhebliche *Unterbewertung* des Arbeitseinsatzes und auch des Kapitaleinsatzes sein, und zwar auf Grund der elastischen Zielsetzung der Wirtschaftenden, einen „ausreichenden“ Reinertrag oder lediglich eine merkliche Erhöhung der sonstigen Einkommen zu erreichen, auch dann, wenn dieser Reinertrag unter den erzielbaren Erträgen bei einem anderweitigen Einsatz dieser Arbeit und dieses Kapitals liegt[116]. Durch diese Anpassungsfähigkeit der Ansprüche auch an ein wechselndes und geringes Betriebsergebnis erklärt sich die Lebensfähigkeit mancher Handelsbetriebe. Die geringe Wertschöpfung vieler Betriebe (bei einem Minderbetrieb mit 20 000 DM Jahresumsatz beträgt die gesamte Wertschöpfung durchschnittlich nur 3500 DM) wird, wenn ein Unternehmerlohn aus dem Gewinn herausgelöst und den Arbeitserträgen zugeschlagen wird, fast nur noch aus Arbeitserträgen und aus Gemeinerträgen bestehen und für das Kapital geringe oder gar keine Erträge ausweisen.

Der nach Wichtigkeit und in der Reihenfolge des rechnerischen Vorgehens als nächstes zu erklärende Bestandteil der Wertschöpfung sind die *Gemeinerträge*. Die bereits vorgetragene Erklärung der Steuern, auch der Aufwandsteuern, nicht als Vorleistungsaufwand, sondern als „Erträge“ (vgl. dazu Kapitel B 3), findet auch außerhalb der eigentlichen Wertschöpfungsrechnung Unterstützung[117].

Die Gemeinerträge umfassen alle mit dem betrieblichen Wirken zusammenhängenden Steuern ohne Rücksicht auf ihre rechtliche und kalkulatorische Behandlung („Nicht-Gewinnsteuern“ und „Gewinnsteuern“[118]) sowie alle öffentlichen Abgaben, Gebühren und Beiträge. Die Gewinnsteuern werden am besten nicht gesondert erfaßt, sondern mit den unversteuerten Gewinnen als Teil der Kapitalerträge in die Wertschöpfung aufgenommen. Die Nicht-Gewinnsteuern setzen sich im Handel (außer aus den als Aufwand verbuchten Lohn- und Kirchensteuern der Arbeitnehmer, die man auch als Teil der Bruttoentgelte auffassen kann) in erster Linie aus den Umsatzsteuern und Gewerbe-

---

[115] E. *Hoppmann*, Binnenhandel, 61, S. 99; vgl. dazu noch R. *Nieschlag*, Binnenhandel, 112, S. 137 und K. W. *Boetticher*, Aussichten des Mittelstandes, 195, S. 38 ff.

[116] Vgl. E. *Hoppmann*, Binnenhandel, 61, S. 98 ff.

[117] Vgl. dazu O. *Bredt*, Die Verdienstspanne, 199, S. 47 („Steuern als Teil des eigentlichen Betriebsverdienstes“) und K. *Rössle*, Betriebswirtschaftslehre, 130, S. 247 (Steuern als „Erträge“).

[118] Vgl. dazu O. R. *Schnutenhaus*, Sind Steuern Kosten?, 307, S. 95 (Einteilung in „Gewinn- und Nicht-Gewinnsteuern“).

steuern zusammen. Ihr Anteil an der Wertschöpfung ist bei dieser Abgrenzung höher als der Anteil der „indirekten Steuern“, letzterer macht allein im gesamten Handel bereits etwa ein Viertel der Wertschöpfung aus[119].

Lehmann[120] unterscheidet zwei Gruppen von Gemeinerträgen: „Gemeinerträge I“ (nicht gewinnabhängig) und Gemeinerträge II (gewinnabhängig)[121]. Die Unterscheidung ist nicht ganz eindeutig, da auch die Gewerbesteuer zu den Gemeinerträgen I gezählt wird. Die Gewerbesteuer ist jedoch hinsichtlich einer ihrer Besteuerungsgrundlagen, des Gewerbeertrages nach § 6 GewStG (vgl. im einzelnen §§ 7—11), vom Betriebsgewinn abhängig.

Ein anderes, wesentliches Kriterium für die Ermittlung der Gemeinerträge ist — unter dem Gesichtspunkt ihrer rechnerischen *Erfaßbarkeit* und ihrer Verrechnung in der Wertschöpfungsrechnung — der Ausweis der Gemeinerträge als Aufwand in den handelsrechtlichen Jahresabschlüssen. Bei Kapitalgesellschaften sind nach diesem Kriterium alle Steuern ohne weiteres erfaßbar[122], nämlich als Aufwand im handelsrechtlichen Jahresabschluß und eventuell durch einen besonderen Bilanzvermerk für die Vermögensabgabe.

Die Vermögensabgabe bekommt durch ihre Verteilung auf 30 Jahre „die Wirkung einer zeitlich begrenzten Vermögensteuer“[123] und wird ebenfalls als eine dem Staat zufließende Abgabe den Gemeinerträgen zugerechnet[124]. Ihre Aufspaltung in einen Tilgungs- und in einen Zinsanteil könnte eine entsprechende Verteilung auf die Kapitalerträge und auf die Gemeinerträge rechtfertigen, da sie aber von den Betrieben — abgesehen von der steuerlichen Behandlung — wie eine einheitliche, laufende Abgabe aufgefaßt wird, wird man dieser zweigeteilten und von Köhler[125] angegebenen Verbuchung nicht zu folgen brauchen.

---

119 Vgl. Drucksache Bundestag Nr. 730, 18, Übersicht 7, S. 65 (Position 5: Position 5 + 6). Die Abweichungen zwischen der relativen Höhe der indirekten Steuern im Großhandel und ihrer Höhe im Einzelhandel (gemessen an der Wertschöpfung, nicht am Umsatz oder an den Kosten) sind im Durchschnitt ziemlich gering, wenngleich sie in den einzelnen Branchen sehr unterschiedlich sind. Vgl. ebenda, S. 65 und S. 69 ff.

120 Vgl. M. R. *Lehmann*, Wertschöpfungsrechnung, 84, S. 18, 92 ff.

121 Zu einer anderen Aufgliederung der Gemeinerträge vgl. auch K. *Kink*, Wertschöpfungsprozeß, 68, S. 156 (die Gemeinerträge werden eingeteilt in „durch Leistungen [Aufwand] bedingte, ... vom Ertrag [Umsatz] abhängige ... und vom Erfolg abhängige. Für eine Verrechnung in der Wertschöpfungsrechnung ist diese Aufgliederung nicht sonderlich aufschlußreich).

122 Mit Ausnahme der aktivierungsfähigen Grunderwerbssteuer. Vgl. dazu B. *Hartmann*, Die Steuern, 228, S. 152.

123 G. *Wöhe*, Betriebswirtschaftliche Steuerlehre, 182, S. 402.

124 Vgl. auch M. R. *Lehmann*, Wertschöpfungsrechnung, 84, S. 19 (dort: Verbuchung der Soforthilfe).

125 Vgl. H. W. *Köhler*, Einkommensverteilung, 70, S. 107.

Die Zusammenstellung der Gemeinerträge wird erst in der Wertschöpfungsrechnung von Personengesellschaften und Einzelfirmen schwieriger[126]. Hier kann im allgemeinen nur ein Teil der Steuern aus der Sollseite der betrieblichen Erfolgsrechnung entnommen und direkt den Gemeinerträgen zugeführt werden. Die bei *Einzelfirmen* und Personengesellschaften nicht als Aufwand verbuchten („privaten") Steuern vom Einkommen und Vermögen könnten durch Einsicht in die sog. Privatkonten der Inhaber und in die Steuerbescheide festgestellt werden. Diese Ermittlungen brauchen sich jedoch nur auf die Vermögenssteuer und auf die Vermögensabgabe zu beziehen, dabei muß der auf das Betriebsvermögen entfallende Anteil errechnet werden. Auf eine gesonderte Erfassung der Gewinnsteuern (ESt, KiSt), deren Zurechnung auf den Betriebsgewinn bei Einzelfirmen und Personengesellschaften wegen des progressiven Steuersatzes bei Zusammenfassung mehrerer Einkunftsarten der Inhaber besondere Schwierigkeiten verursachen würde, kann verzichtet werden. Der Gewinn wird dann unversteuert in die Wertschöpfung aufgenommen. Die „Gewinnsteuern" erhöhen dadurch, ohne die Größe der Wertschöpfung zu verändern, die Kapitalerträge und Arbeitserträge (diese mit dem unversteuerten Unternehmerlohn) zu Lasten der Gemeinerträge. Die Verwendung der Wertschöpfung als einheitliche Größe erlaubt diesen Verzicht auf eine genauere Trennung ihrer Bestandteile.

Die zuletzt feststellbaren Erträge sind die *Kapitalerträge:* Von der als Restgröße nach Abzug der Vorleistungen von den Bruttoerträgen verbleibenden Wertschöpfung zieht man die berechneten Arbeits- und Gemeinerträge ab und gelangt nun zu einem Betrag, der in seiner Gesamtheit als Kapitalerträge bezeichnet wird[127]. Diese Benennung wird hier beibehalten, um der Dreiheit der Wirkungsfaktoren Arbeit, Kapital und „Staat" die entsprechenden Ertragsarten gegenüberstellen zu können. Die Benennung der ganzen Restgröße als Kapitalerträge basiert auf einer Vereinfachung und bedarf einiger kritischer Zusatzerklärungen.

Von den Kapitalerträgen sind lediglich die für die betriebliche Verwendung von Fremdkapital zu entrichtenden Fremdkapitalzinsen der Höhe nach bekannt. Der übrige Teil der Kapitalerträge ist die in der Erfolgsrechnung als Gewinn bezeichnete Erfolgsgröße, deren Eigenschaft als „Kapitalerträge" noch zu untersuchen ist.

Zur Wesensbestimmung des Gewinnes setzen wir die gedankliche *Zerlegung,* die wir bereits mit der Aussonderung des Unternehmerlohnes

[126] Lehmann bezieht seine Ausführungen nur auf Kapitalgesellschaften und entgeht dadurch den Schwierigkeiten, die sich durch den „privaten Bereich" in Nichtkapitalgesellschaften ergeben. Vgl. M. R. *Lehmann,* Wertschöpfungsrechnung, 84, S. 14, 15.

[127] Vgl. M. R. *Lehmann,* Wertschöpfungsrechnung, 84, S. 13, 16.

eingeleitet hatten, fort mit einer weiteren Zweiteilung des Gewinnes in einen „Eigenkapitalertrag" und in einen „Gewinnrest". Diese für die Wertschöpfungsrechnung instruktive (und nur zu diesem Zweck entworfene) Zweiteilung folgt einer Übung in der Volkswirtschaftslehre; dort wird der Gewinnrest meist „Unternehmergewinn im engeren Sinne" genannt — zur Unterscheidung vom allgemeinen Gewinnbegriff, der auch noch „Faktorerträge" beinhaltet[128]. In der Literatur wird außer dem Eigenkapitalertrag manchmal auch noch eine „Risikoprämie" abgesetzt und erst der dann verbleibende Gewinnrest als „Unternehmergewinn" gedeutet[129].

Wenn auch der Eigenkapitalertrag nicht wie die Fremdkapitalzinsen in der betrieblichen Rechnung als Aufwand fixierbar ist und immer nur in Abhängigkeit vom Gewinn beurteilt werden darf[130], so können wir doch für die gedankliche Gewinnanalyse den Ertrag für das Eigenkapital hilfsweise als „Eigenkapitalzinsen" durch Annahme eines marktüblichen Zinssatzes für das wertschöpfungsbedingte Kapital errechnen. Diese (lediglich hypothetische) Aufspaltung verfolgt das Ziel, die zwei möglichen *Komponenten* des Betriebserfolges (Gewinnes) sichtbar zu machen, das sind einerseits die Erträge für den Einsatz funktionell klar erkennbarer Wirkungskräfte (Arbeit und Kapital der Betriebseigentümer bzw. Unternehmer) und andererseits ein manchmal darüber hinausgehender Erfolgsanteil, eben dieser Gewinnrest. Die Frage nach der Deutung dieses Gewinnrestes ist äußerst diffizil[131]; für die Wertschöpfungsrechnung ist es wesentlich, seinen schillernden und vieldeutigen Charakter hervorzuheben:

Der Gewinnrest kann nicht ohne weiteres wie Fremdkapitalzinsen und wie Eigenkapitalerträge allein als Ertrag für den Kapitaleinsatz erklärt werden. Der Gewinnrest enthält noch Vergütungen für die Risikoübernahme und außerdem verschiedene „Differentialgewinne", er wird auch als besonderes Leistungsentgelt für den Unternehmer — etwa im Sinne Schumpeters — interpretiert[132]. Das grundsätzliche Einbeziehen des Gewinnrestes in den Kapitalertrag wird in der gegenwärtigen Wirtschaftsordnung dadurch erklärt, daß der Gewinnrest den Kapitaleignern „gehört"[133], also de facto ohne Beachtung seiner Ent-

---

[128] Vgl. A. *Hesse*, Volkswirtschaftslehre, 54, S. 296; vgl. P. A. *Samuelson*, Volkswirtschaftslehre, 136, S. 632 ff.; vgl. H. *Nicklisch*, Grundfragen, 109, S. 33.

[129] Vgl. E. *Schäfer*, Die Unternehmung III, 138, S. 293 (mit Literaturhinweisen) und K. *Muhs*, Volkswirtschaftslehre, 107, S. 551.

[130] Vgl. O. R. *Schnutenhaus*, Kapitalzinsen, 305, S. 160.

[131] Wir werden diesem Problem in den Kapiteln D 1 und 2 begegnen.

[132] Vgl. dazu K. *Muhs*, Volkswirtschaftslehre, 107, S. 554, und A. *Weber*, Volkswirtschaftslehre, 178, S. 144.

[133] Vgl. K. *Rössle*, Betriebswirtschaftslehre, 130, S. 248.

stehungsursache und möglicher Ansprüche der anderen Leistenspartner im Betrieb dem Kapital zugerechnet wird[134].

Im übrigen schaltet die so geartete Verbuchung der Kapitalerträge in der Wertschöpfungsrechnung auch den Einfluß von unterschiedlichen, betrieblichen *Finanzstrukturen*[135] aus, denn sowohl die für das Eigenkapital als auch die für das Fremdkapital ausgewiesenen Kapitalerträge werden gemeinsam als Kapitalerträge für das gesamte im Betrieb eingesetzte Kapital in die Wertschöpfung übernommen.

Keinesfalls lassen sich die Kapitalerträge isoliert vom Gewinn durch das Einsetzen von „kalkulatorischen Zinsen" für das wertschöpfungsbedingte Kapital feststellen und dann als selbständige Posten rechnerisch in die Wertschöpfung einbeziehen. Oberparleiter[136] weist auch dann solche kalkulatorische Zinsen in den Kapitalerträgen aus, wenn diese Zinsbeträge höher als der Gewinn sind; dadurch präsentiert sich ihm eine höhere Wertschöpfung als die tatsächlich realisierte. Die Differenz zwischen der auf diese Weise künstlich errechneten und der realisierten Wertschöpfung wird von ihm außerhalb der betrieblichen Wertschöpfungsrechnung als „Unternehmerverlust" oder „negative Produktivitätsdifferenz" gebucht. Dadurch wird eine Wertschöpfung konstruiert, die gegen den Grundgedanken der Wertschöpfung als einer betrieblichen Leistungsgröße verstößt und die nicht mehr von der Wert-Preis-Gleichung abgeleitet wird[137].

Eine Anschauung von der Größe und Zusammensetzung empirisch gewonnener *Kapitalerträge* erhalten wir durch die Ergebnisse eines von Seyffert für den *Einzelhandel* durchgeführten Kapitalertragsvergleiches. Um die in den ausgewerteten Erfolgsrechnungen aufgeführten Kapitalerträge (Fremdkapitalzinsen und Gewinne) vergleichbar zu machen, stellte Seyffert eine Tabelle zusammen, die in rechnerischer Durchsetzung der oben vorgetragenen Gewinnanalyse nach dem Herauslösen des Unternehmerlohnes jeweils gesondert Fremdkapitalzinsen, „Eigenkapitalzinsen" und Gewinnreste angibt[138].

Für das Jahr 1955 wurden aus den Unterlagen von 2500 Geschäften folgende Durchschnittszahlen (in Prozenten der Bruttoerträge bzw. Umsätze) gewonnen: Betriebshandelsspannen 24,0 vH — davon waren:

---

[134] Zu den Fragen der Zurechnung des Gesamtertrages auf die Leistensbeteiligten vgl. Kap. D 1. Rentsch versucht, die Entstehung des Gewinnrestes auf vier Gruppen von Einflußgrößen zurückzuführen und diese Einflußgrößen den „fünf Sozialpartnern: Betriebsführung, Belegschaft, Kapitalgeber, Staat und Markt" zuzurechnen; vgl. H. *Rentsch*, Betriebliche Wertschöpfung, 124, S. 71, 117, 150.

[135] Vgl. dazu A. *Schnettler*, Betriebsanalyse, 147, S. 82, 420.

[136] Vgl. K. *Oberparleiter*, Der Leistungsgedanke, 284, S. 145 ff.

[137] Vgl. dazu die Kritik über „kalkulatorische Posten" in der Wertschöpfungsrechnung, S. 66 und 73.

[138] Vgl. R. *Seyffert* (Hrsg.), Betriebsergebnis des Einzelhandels, 313, S. 533.

Unternehmerlohn 4,6 vH, Zinsen für Fremdkapital 0,5 vH, Zinsen für Eigenkapital 0,4 vH, Gewinnrest 0,7 vH. Nur der Gewinnrest wird von Seyffert — etwas mißverständlich[139] — „betriebswirtschaftliches Betriebsergebnis" genannt. Geht man nun von einer „Nettoquote" von 15—20 vH des Umsatzes aus, so würde sich der Anteil der Kapitalerträge (Fremdkapitalzinsen + „Eigenkapitalzinsen" + Gewinnrest) an der Wertschöpfung auf 6 vH bis 8 vH belaufen.

Das Vorkommen auch negativer Gewinnreste in einzelnen Betriebsgruppen[140] ist ein Zeichen für die bereits beschriebene Elastizität der Ertragsansprüche im Handel; oft ist es für die kleinen Handelsbetriebe weder möglich noch ist es ihr ausgemachtes Ziel, durch ihre Leistung einen vollwertigen Unternehmerlohn und außerdem Erträge für das im Betriebe eingesetzte Eigenkapital in Höhe von marktüblichen Zinsen zu erwirtschaften[141].

Die Skizze über die Bestandteile der Wertschöpfung bedarf abschließend noch einer wichtigen Ergänzung durch den Hinweis auf die *Interdependenz* dieser Bestandteile. Die Wertschöpfung bleibt — im Gegensatz zum Gewinn eines Betriebes — in gleicher Größe erhalten und deswegen auch von beständiger Aussagekraft, wenn sich die Ertragsverteilung ändert. Eine Erhöhung der Arbeitserträge zu Lasten der Kapitalerträge (z. B. durch Tariferhöhungen für Arbeitnehmerbezüge) oder eine Veränderung der Gemeinerträge zu Lasten oder zu Gunsten der anderen Ertragsarten (z. B. durch eine Änderung der KöSt- oder USt-Sätze) hat keine Auswirkung auf die Größe der Wertschöpfung; ebenso registriert die Wertschöpfungsrechnung nur eine Umstrukturierung, aber keinen Größenunterschied der Wertschöpfung, wenn durch die Substitution eines Wirkungsfaktors durch einen anderen wesentliche Verschiebungen zwischen den Ertragsarten impliziert werden[142].

---

[139] Vgl. die Kritik von A. E. *Ott*, Ertragslage im Einzelhandel, 286, S. 622 bis 623.

[140] Vgl. hierzu die Einzelberechnungen von A. E. *Ott*, Ertragslage im Einzelhandel, 286, S. 624 ff. (Position 4, hier noch Gewinnrest einschließlich „Eigenkapitalzinsen").

[141] Vgl. E. *Hoppmann*, Binnenhandel, 61, S. 98.

[142] Vgl. zu diesem Absatz: K. *Muhs*, Volkswirtschaftslehre, 107, S. 561 („Zusammenhang der Einkommen").

3. Schema einer Wertschöpfungsrechnung

(I, S. 90) Der Zusammenhang der *Erfolgsrechnung*
mit der
(II, S. 91). *Wertschöpfungsrechnung*

Anmerkungen: Dem Schema liegt die Erfolgsrechnung eines Großhandelsbetriebes (Einzelfirma) zugrunde.

Es wurde davon abgesehen, für die einzelnen Posten bestimmte Zahlen einzusetzen. Die Posten tragen die üblichen Bezeichnungen der handelsbetrieblichen Praxis, sie sind nicht nach dem Kontenrahmen, sondern nach ihrer größenmäßigen Bedeutung geordnet.

Zur Vereinfachung wurde die Erfolgsrechnung gleich als Bruttoerfolgsrechnung wiedergegeben, wenngleich sie im Großhandel im allgemeinen als „Nettoabschlußverfahren" (vgl. S. 68) ausgebildet ist und dann als Warenertrag nur den Rohertrag im Sinne der Betriebsspanne ausweist.

Die Behandlung der Posten in der Wertschöpfungsrechnung — ihre Umgruppierung und Umbewertung — wurde in den vorhergehenden Kapiteln eingehend dargestellt. Im Schema II werden deswegen die einzelnen Aufwendungen und Erträge mit einem Hinweis auf die Seitenzahl versehen, unter der jeweils Einzelheiten zu ihrer rechnerischen Erfassung und zu ihren Größenverhältnissen im Handel angegeben werden.

I. Die Erfolgsrechnung

A *Aufwendungen*

a Wareneinsatz
b Löhne und Gehälter
c Soziale Abgaben
d Lohn- und Kirchensteuern
e Betriebssteuern
f Mieten
g Provisionen
h Abschreibungen auf Anlagegüter
i Aufwendungen für Werbung
k Fremdkapitalzinsen
l Fremdfrachten
m Reisespesen
n Reparaturen
o PKW-Aufwendungen
p Verpackungsmaterial
q Sachliche Aufwendungen für Verwaltung
r Elektr. Energie-Wasser-Heizung
s Porto und Telefon
t Sonstige Aufwendungen
u Kunden-Skonti
v Abschreibungen auf Kundenforderungen
w Außerordentliche Aufwendungen
x Versicherungen
y Verbandsbeiträge
z Gewinn

E *Erträge*

a Verkaufserlöse
b Zinserträge
c Außerordentl. Erträge
d Lieferanten-Skonti

II. Die Wertschöpfungsrechnung

(Bruttoerträge ./. Vorleistungen = Wertschöpfung)

Bruttoerträge (B)

Ea	Verkaufserlöse	67
	abzüglich Skonti (Au)	63
	abzüglich Abschreibungen auf Kundenforderungen (Av)	67

Vorleistungen (V)

Aa	Wareneinsatz abzüglich Skonti (Ed)	73
Af_1	Vorleistungsanteil der Mieten[a])	78
Ag	Provisionen	16
Ah	Abschreibungen auf Anlagegüter	76
Ai	Aufwendungen für Werbung	49
Al	Fremdfrachten	49
Am	Reisespesen	79
An	Reparaturen	79
Ao	PKW-Aufwendungen	79
Ap	Verpackungsmaterial	79
Aq	sachliche Aufwendungen für Verwaltung	79
Ar	Elektr. Energie-Wasser-Heizung	49
As	Porto, Telefon	79
At	Sonstige Aufwendungen ..	79

Wertschöpfung (W)

	Arbeitserträge	
Ab	Löhne und Gehälter	81
Az_1	Unternehmerlohn[b])	81
	Kapitalerträge	
Af_2	Wertschöpfungsanteil der Mieten[a])	78
Ak	Fremdkapitalzinsen	58
Az_3	Gewinn[b])	86
	Gemeinerträge	
Ac	Soziale Abgaben	35
Ad	Lohn- und Kirchensteuern	84
Ae	Betriebssteuern	84
Ay	Verbandsbeiträge	36
Az_2	„persönliche" Steuern (hier VA, VSt)[b])	86

[a]) Zur Miete: Die Größe in der Erfolgsrechnung (Af) wird in einen Vorleistungsanteil (Af_1) und in einen Wertschöpfungsanteil (Af_2) gespalten (vgl. S. 78).

[b]) Zur Gewinnaufteilung: Der Gewinn als veränderliche Residualgröße fängt die Wirkungen aller Umgruppierungen und aller Umwertungen auf, er verändert sich durch die Umgruppierungen hier wie folgt:

Az ./. Eb ./. (Ec ./. Aw) ./. Az_1 ./. Az_2 = Az_3

dabei ist:

Az = Gewinngröße der Erfolgsrechnung

Az_1 = Unternehmerlohn

Az_2 = „persönliche" Steuern, vgl. S. 86

Az_3 = Gewinngröße der Wertschöpfungsrechnung

Eb, Ec, Aw = sonstige Größen der Erfolgsrechnung (vgl. S. 90 und im einzelnen S. 57 ff.

Zeichenerklärung:

Kleine *Buchstaben*: Die laufende Kennzeichnung der Posten erfolgt mit kleinen Buchstaben (siehe Schema I). Diese Kennzeichnung wird in der Wertschöpfungsrechnung (siehe Schema II) ergänzt durch große Buchstaben, die entweder die Zugehörigkeit der Posten zu den Aufwendungen (A) oder zu den Erträgen (E) anzeigen. Buchstaben, die mit Indices versehen sind, wurden unter a und b erläutert (s. o.).

Zahlen mit arabischen Ziffern zeigen die Seitenzahlen dieser Arbeit an.

4. Anwendungsmöglichkeiten der Wertschöpfungsrechnung

a) Der Umkreis der Anwendungsmöglichkeiten

Die Möglichkeiten, Wertschöpfungszahlen im betrieblichen Rechnungswesen zu entwickeln und anzuwenden, sie zu Informationen auszugestalten, die den Führungs- und Leitungsinstanzen zufließen und die zur Kontrolle des Betriebsgeschehens geeignet sind oder Grundlagen für dispositive Entscheidungen bilden können, sind für den Bereich des Handels bisher nicht näher untersucht worden. Es ist die Aufgabe der nachfolgenden Kapitel, die inzwischen in der betriebswirtschaftlichen Literatur in vielfältigen Zusammenhängen dargestellte Verwendung von Wertschöpfungsgrößen grundsätzlich auf ihren Sinngehalt sowie auf ihre Übertragbarkeit auf handelsbetriebliche Verhältnisse zu überprüfen sowie neue Anwendungsfelder für die Wertschöpfungsrechnung — und später für das Wertschöpfungsdenken — aufzuspüren.

Bei der Untersuchung der in der Literatur angegebenen Verwendungsmöglichkeiten für den Einsatz von Wertschöpfungsgrößen entstehen dadurch *Schwierigkeiten,* daß der knappe Hinweis der Autoren zur Berechnung der Wertschöpfung — die Wertschöpfung werde als Differenz der Bruttoerträge und der Vorleistungen berechnet — zu wenig über die genaue Abgrenzung der Posten aussagt. Dadurch bleibt, wie wir gesehen haben, ein beachtlicher Ermessensspielraum für die Feststellung der Wertschöpfungszahlen. Es gibt auch leicht Mißverständnisse, wenn der volkswirtschaftliche Begriff der Wertschöpfung einfach in das betriebliche Rechnungswesen übertragen wird[1], ohne daß dabei beachtet wird, daß die volkswirtschaftliche Gesamtrechnung eine ganz andere Zielsetzung hat und sich von den taktischen Überlegungen der statistischen Berechnung beeinflussen läßt.

Weitere Ungenauigkeiten gehen auf die Gleichsetzung von Wertschöpfung mit „value added“[2] oder von Wertschöpfung mit Nettoproduktionswert[3] zurück. Es darf in dieser Hinsicht daran erinnert werden, daß sich die in der deutschen betriebswirtschaftlichen Literatur vorgefundene Wertschöpfung (Wertschöpfung zu Marktpreisen) vom „value added“ um den Betrag der Abschreibungen unterscheidet („value added“ = Bruttowertschöpfung[4]) und daß für die Bestimmung des Nettoproduktionswertes nur der Materialeinsatz vom Bruttoertrag abgezogen wird. Der Nettoproduktionswert enthält also im Gegensatz zur Wertschöpfung außer dem verbrauchten Material noch alle übrigen Vorleistungen und entspricht in etwa der Handelsspanne.

---

[1] Vgl. A. *Schnettler,* Betriebsanalyse, 147, S. 361.
[2] Vgl. z. B. M. *Lohmann,* Betriebswirtschaftslehre, 91, S. 196.
[3] Vgl. S. 47 dieser Arbeit.
[4] Vgl. dazu Kap. B 1.

Lehmann und Beckman sind wohl die bedeutendsten Vertreter der Wertschöpfungsrechnung in der deutschsprachigen und englischsprachigen Literatur; sie haben sich eingehend mit der praktischen Verwendbarkeit von Wertschöpfungszahlen beschäftigt:

Lehmann[5] zählt in seinem auf den industriellen Bereich bezogenen Werk: „Leistungsmessung durch Wertschöpfungsrechnung" folgende Anwendungsgebiete auf[6]:

Die Wertschöpfung mißt die Eigenleistung der Betriebe und ist in vielen Fällen geeignet, die sonst für die Leistungsmessung eingesetzten Größen „Gewinn" und „Umsatz" zu ersetzen, insbesondere:

bei der Ermittlung und dem Vergleich von betrieblichen Produktivitätszahlen;

bei der Wahl der betrieblichen Erfolgsgrößen, die der Erfolgsbeteiligung der Arbeitnehmer zugrunde gelegt werden;

bei der Umstellung der Umsatzbesteuerung auf die Besteuerung der betrieblichen Eigenleistung (Nettoumsatz);

bei der Berechnung von Unternehmerlohn und Unternehmerwagnis (soweit der bisherigen Berechnung Umsatzgrößen zugrunde gelegt wurden).

Außerdem macht Lehmann darauf aufmerksam, daß man in gedanklicher Analogie zur Kostenarten-, Kostenstellen- und Kostenträgerrechnung eine zeitraumbezogene, eine bereichsbezogene und eine objektbezogene Wertschöpfungsrechnung unterscheiden könne[7].

Diese Anregung wird insbesondere durch Gockel[8] und Graeve[9] weiterverfolgt und für die Berechnung von bereichsbezogenen (teilbetrieblichen) Wertschöpfungskennzahlen ausgewertet[10].

Mit Hilfe von solchen Wertschöpfungskennzahlen, die in Form von „Produktivwerten" oder als einfache Gliederungszahlen ausgebildet werden und die den Leistungsanteil (Anteil der Wertschöpfung) einer Leistungs-(Kosten-)stelle an der gesamten Betriebsleistung feststellen, soll ein Schlüssel gefunden werden für die „Aufteilung gewisser Gemeinkosten, z. B. der Leitung des Betriebes und anderer Verwaltungskosten, soweit sie in der Wertschöpfungsquote noch nicht enthalten sind"[11]. Derartige Verfahren erscheinen sehr problematisch, da sie stillschweigend voraussetzen, daß ein Betriebsbereich, dessen Leisten nach

---

[5] Vgl. M. R. *Lehmann*, Wertschöpfungsrechnung, 84, S. 87 ff.

[6] Vgl. dazu auch die Aufsätze Lehmann's zu den einzelnen Anwendungsmöglichkeiten der Wertschöpfungsrechnung, Literaturverzeichnis Nr. 259 ff.

[7] Vgl. M. R. *Lehmann*, Wertschöpfungsrechnung, 84, S. 100 ff.

[8] Vgl. R. O. *Gockel*, Der Aufbau einer gesamtbetrieblichen und teilbetrieblichen Wertschöpfungsrechnung und ihre Bedeutung für die Betriebsführung, Dissertation Nürnberg 1953, 41, S. 70 ff.

[9] Vgl. A. *Graeve*, Die Wertschöpfungsrechnung im Dienste des Betriebsvergleichs und des Kostenstellenvergleichs der Brauerei und Mälzerei, Dissertation München 1959, 43, S. 66 ff.

[10] Solche Kennzahlen sind vergleichbar mit „kostenstellenbezogenen" Kennzahlen.

[11] K. *Oberparleiter*, Der Leistungsgedanke, 284, S. 148.

Tiefe und Umfang zum betrieblichen Leistensgesamt mehr als ein anderer beiträgt, auch in genau demselben Verhältnis (wie es durch den entsprechenden „Veredelungsschlüssel"[12] zum Ausdruck kommt) mehr Verwaltungs- und Leitungskosten verursacht.

Ein anderer Vorschlag macht die Berechnung der Höhe eines möglicherweise zu kalkulierenden Unternehmerlohnes von der Größe der betrieblichen Wertschöpfung abhängig:

Das *Fixieren* des *Unternehmerlohnes* nach „dem Gehalt eines Angestellten ..., der an die Stelle des leitenden Unternehmers treten würde"[13], ist oft kaum möglich, vor allem dann nicht, wenn — wie in Betriebsvergleichen — eine Gleichartigkeit der Berechnungsgrundlagen gefordert und konstruiert werden muß. Ausgehend von einer Proportionalität zwischen betrieblichem Leistensumfang und der Höhe des Unternehmerlohnes wird deswegen oft der Umsatz als Maß der betrieblichen Leistung und zugleich als Grundlage der Unternehmerlohnberechnung herangezogen. Bekannt geworden ist die sog. „Seifenformel"[14]. Auch Seyffert[15] berechnet den Unternehmerlohn, der in seinen Betriebsvergleichen gesondert ausgewiesen wird, nach dem Umsatz[16].

Gegen die in diesem Zusammenhang von Bredt geäußerte Auffassung, der *Umsatz* messe für diesen Zweck am besten die eigentliche „Betriebs- und Nutzleistung"[17], ist mit Lehmann einzuwenden, daß gerade für die Unternehmerlohnberechnung die vom Umsatz nicht erfaßte unterschiedliche Erzeugungstiefe der Betriebe berücksichtigt werden müßte[18]. Der Rückschluß von gleichen Umsätzen auf ein gleichgewichtiges Leisten der Betriebe und damit auf eine größengleiche Unternehmerlohnbestimmung ist nicht widerspruchsfrei. Demgegenüber wiegt die Wertschöpfung als Größe der betrieblichen Eigenleistung gleichzeitig Intensität und Umfang des betrieblichen Leistens und läßt sich dadurch auch besser als Ausgangsgröße verwenden, um die dieses Leisten bestimmende und steuernde Dispositionsleistung zu erfassen.

Diese Überlegungen sind für den Handel besonders wichtig. Die Umsätze von Betrieben selbst derselben Branche enthalten stark vonein-

---

[12] Vgl. dazu ebenda, S. 148—149.

[13] K. *Rössle*, Betriebswirtschaftslehre, 130, S. 248; vgl. dazu auch E. Carell, Unternehmergewinn, 22, S. 9.

[14] Unternehmerlohn = 18 $\sqrt{\text{Umsatz}}$; vgl. M. R. *Lehmann*, Umsatz, 261, S. 696.

[15] Vgl. R. *Seyffert* (Hrsg.), Kosten des Einzelhandels 1957, 159, S. 10.

[16] Vgl. auch G. *Fischer*, Betriebswirtschaftslehre, 33, S. 292. Von Fischer wird neben dem Umsatz noch die Zahl der Belegschaftsmitglieder für die Berechnung des Unternehmerlohnes zugrunde gelegt.

[17] Vgl. O. *Bredt*, Die Verdienstspanne, 199, S. 48.

[18] Vgl. M. R. *Lehmann*, Umsatz, 261, S. 693 ff. und derselbe, Wertschöpfungsrechnung, 84, S. 105.

ander abweichende Anteile von Vorleistungen. Im Großhandel können z. B. branchengleiche Betriebe in einem Fall mit der Durchführung von Streckengeschäften, in einem anderen Falle mit teilweisen Direktverkäufen oder gar mit einer teils selbst wahrgenommenen Erzeugungsleistung gleiche Umsätze erreichen, diese schließen aber dann sehr unterschiedliche „*Nettoleistungen*" ein. Die gleichen Umsätze verlangen also von den verschiedenen Großhandelsbetrieben für ihren Vollzug einen unterschiedlich großen Einsatz an Wirkungskräften bzw. Leistungsfaktoren. Die Wertschöpfung als Summe aller Faktorentgelte bietet sich folglich als diejenige Leistungsgröße an, von der normalerweise der Unternehmerlohn durch einen von ihr berechneten Prozentsatz abgeleitet werden könnte, *wenn* man sich schon zur schematischen Ermittlung des Unternehmerlohnes in Abhängigkeit von dem Leistensumfang eines Betriebes entschließt.

Das Ersetzen des Umsatzes in solchen Unternehmerlohnberechnungen durch die überschläglich leicht berechenbare oder durch die Handelsspanne als Näherungswert ersetzbare Wertschöpfung würde in den zur Zeit sich stark ausbreitenden Betriebsvergleichen des Handels zur Ausschaltung einer nicht zu übersehenden Fehlerquelle führen.

Auch für andere Zwecke wird in der Literatur die Bedeutung der Wertschöpfung oder ähnlicher Größen für die Leistungsmessung der Betriebe und für betriebliche Vergleiche gezeigt. Bereits 1907 wurden in der englischen Produktionsstatistik betriebliche Nettoproduktionswerte auf die Anzahl der Beschäftigten bezogen (net output per head of persons employed)[19], und damit Beziehungszahlen entwickelt, die den später noch ausführlicher dargestellten Arbeitsproduktivitätsgrößen gleichen[20]. Solche Beziehungszahlen werden bis heute für Leistungsvergleiche von Betrieben auch unterschiedlicher Branchenzugehörigkeit oder gar von Betrieben verschiedener Wirtschaftszweige herangezogen[21], beispielsweise vergleicht Herrmann[22] die unterschiedlichen Leistungen der Betriebsgrößenklassen in der Industrie durch den Vergleich der „Nettoproduktionswerte pro Kopf" bei kleineren, mittleren und großen Unternehmen.

Die Leistenskontrollen des zentralgelenkten Wirtschaftssystems in der sog. DDR stützen sich ebenfalls auf Wertschöpfungszahlen oder Nettoproduktionswerte und auf davon abgeleitete Kennzahlen:

---

[19] Vgl. E. *Schäfer*, Vom Mehrwert, 300, S. 452.

[20] Vgl. Kap. C 4 b.

[21] Vgl. dazu die Kennzahlensystematik des handelswissenschaftlichen Instituts der Handelshochschule Kopenhagen; dargestellt in: M. *Eigner*, Unternehmungserfolg, 207, S. 263 ff.

[22] Vgl. E. *Herrmann*, Betriebsgröße, 242, S. 98 ff.

Krömke[23] führt im Rahmen eines zum Leistungsvergleich „in der sozialistischen Industrie" entwickelten Kennzahlensystems die „Eigenleistung" (das ist der „Wert der Warenproduktion des Betriebes minus dem Anteil... bezogener Teile") als absolute Zahl sowie als Bestandteil von Beziehungszahlen an. Diese Eigenleistung, die dem Nettoproduktionswert entspricht, wird von Walter der Wertschöpfung dadurch weiter angenähert, daß außer den „bezogenen Teilen" auch noch „fremde Lohnarbeiten, der Verbrauch an Grundmaterialien und eventuell noch Abschreibungen" abgezogen werden[24]. Diese Größen werden dann zur Beobachtung der „zwischenbetrieblichen Kooperation", für eine abteilungsbezogene Leistungsrechnung und zum Vergleich von betrieblichen Produktionsleistungen, schließlich auch zur Messung des Produktionsergebnisses bei der Ermittlung der Arbeitsproduktivität herangezogen[25].

Von Lehmann nur kurz angedeutet wird die Verwendung von Wertschöpfungszahlen als *Besteuerungsgrundlage*; dabei ist zu unterscheiden zwischen einer Besteuerung der Wertschöpfung als Summe der betrieblichen Einkommen (Ertragsteuer) und einer Besteuerung der Wertschöpfung als Nettoumsatz (Nettoumsatzsteuer)[26].

Zum Entwurf einer Nettoumsatzsteuer liegt inzwischen eine eingehende Literatur vor[27], wir werden uns hier mit einer kurzen Skizze begnügen. Die voraussichtliche Einführung dieser Steuer auch in der Bundesrepublik[28] wird wahrscheinlich die — bisher geringe — Verbreitung des Begriffes Wertschöpfung, eventuell unter anderen Bezeichnungen (Nettoumsatz oder Mehrwert), fördern.

Nach dem zur Zeit geltenden Umsatzsteuerrecht wird als Besteuerungsgrundlage der Umsatz nach vereinnahmten oder vereinbarten Entgelten herangezogen[29]. Der Umsatzsteuer unterliegen — von bestimmten Befreiungen abgesehen — die vollen Umsatzerlöse der „Betriebe"[30] aller Wirtschaftsstufen des Erzeugungs- und Handelsbereiches. Die Um-

---

[23] Vgl. C. *Krömke*, Der Betriebsvergleich, 76, S. 152—154.

[24] Vgl. E. *Walter*, Betriebsstatistik, 177, S. 233.

[25] Vgl. E. *Walter*, Betriebsstatistik, 177, S. 231 ff. und S. 386 ff. und C. *Krömke*, Der Betriebsvergleich, 76, S. 93 ff. Walter weist auch auf die Verwendung von Nettoproduktionswerten in der CSSR hin, dort werden sie von Janakieff als „Kennziffern des gesamten ökonomischen Nutzeffektes der Produktionsarbeit des Betriebes" bezeichnet. Vgl. E. *Walter*, Betriebsstatistik, 177, S. 231.

[26] Zu dieser Unterscheidung vgl. S. 161.

[27] Vgl. dazu: H. *Schlicker*, Nettoumsatzsteuer, Diss., 141; vgl. weiterhin die Literaturhinweise der hier folgenden Fußnoten und die bibliographischen Angaben in G. *Wöhe*, Steuerlehre, 182, S. 101.

[28] Vgl. „Dahlgrün will dem Bundestag bald Entwurf über Mehrwertsteuer vorlegen", in: „Die Welt", 1963, Nr. 40, S. 9.

[29] Vgl. dazu § 5 und § 14 UStG.

[30] Entsprechend der Terminologie dieser Arbeit sprechen wir hier von selbständigen Betrieben, im Umsatzsteuerrecht wird von einem nach § 2

satzsteuer wird deswegen als Allphasen-*Bruttoumsatzsteuer* bezeichnet. Als gravierender Nachteil gilt ihre kumulative Wirkung, die sich daraus ergibt, daß im Umsatzentgelt jeweils auch bereits umsatzversteuerte Vorleistungen eingeschlossen sind; dementsprechend werden Umsatzsteuern auch von den in den Vorumsätzen enthaltenen Umsatzsteuern erhoben.

Mit dieser Konstruktion der Umsatzsteuer hängen ihre mangelnde Wettbewerbsneutralität und ihre die vertikale Konzentration unterstützenden Auswirkungen zusammen[31]. Die konzentrationsfördernde Tendenz (die auch über die umsatzsteuerrechtlich auszulegenden Institutionen der Unternehmereinheit und der Organschaft wirksam wird) entsteht aus der den Betrieben überlassenen Möglichkeit, durch eine Zusammenfassung mehrerer Wirtschaftsstufen in einem Betriebe — z. B. von Erzeugung und Großhandel — die Belastung des Endpreises mit Umsatzsteuern zu verringern und beachtliche Summen an Umsatzsteuern „einzusparen", da ja die innerbetrieblichen Transaktionen nicht steuerbar sind[32]. Es ist infolgedessen auch unmöglich, die genaue Umsatzsteuerbelastung von Güterpreisen festzustellen, da jedes Gut und seine Bestandteile eine unterschiedliche Vielzahl einzelner Umsatzakte durchlaufen haben. Diese Feststellung wäre aber vor allem hinsichtlich des Grenzübertrittes von Waren notwendig, um im internationalen Markt die preisbezogene Konkurrenzsituation dieser Waren im Vergleich mit der von Waren aus Ländern mit anderen Steuersystemen beurteilen zu können.

Bei der angestrebten Harmonisierung der Besteuerung zwischen den EWG-Ländern, die parallel mit der Liberalisierung des Warenaustausches angestrebt wird, soll nunmehr die kumulative Allphasen-Bruttoumsatzsteuer durch eine „Mehrwertsteuer" ersetzt werden (Punkt 34 des Aktionsprogrammes der EWG-Kommission)[33]. Man erwartet von der „Mehrwertsteuer" oder — präziser ausgedrückt — von der Allphasen-*Nettoumsatzsteuer*, „daß Waren gleicher Art ohne Rücksicht darauf, ob sie aus einem mehrstufigen Unternehmen herstammen, oder ob mehrere einstufige Unternehmen an ihrer Herstellung und ihrem Absatz beteiligt gewesen sind, die gleiche Endbelastung tragen"[34] und daß, weil diese Endbelastung dann ziemlich genau bekannt ist, die Nachteile der Bruttoumsatzsteuer ausgeschaltet werden[35].

UStG in spezieller Weise abgegrenzten Begriff des „Unternehmers" bzw. „Unternehmens" ausgegangen.

[31] Vgl. dazu Drucksache Bundestag Nr. 730 zur Umsatzbesteuerung, 18, S. 7 ff. und G. *Wöhe*, Steuerlehre, 182, S. 102.

[32] Vgl. H. *Roeper*, Dezentralisierte Produktion, 128, S. 26 ff.

[33] Vgl. EWG Kommission, Aktionsprogramm, 32, Position 34, S. 29.

[34] Vgl. Drucksache Bundestag Nr. 730 zur Umsatzbesteuerung, 18, S. 17.

[35] Vgl. dazu W. *Mette*, Nettoumsatzsteuer, 102, S. 19 ff.

Die Vorarbeiten zur Einführung der Nettoumsatzsteuer haben in der Bundesrepublik einen ersten entscheidenden Auftrieb erhalten durch den Vorschlag der „Großen Steuerreform" (1953), eine solche Umsatzsteuerreform durchzuführen. Insgesamt wurden für diese Reform eine Vielzahl von Entwürfen ausgearbeitet, die dann dem Bundestag in einer die Umstellung empfehlenden Drucksache (Nr. 730 der 3. Wahlperiode) von der Regierung zugeleitet wurden[36].

Die heutige Diskussion um die Folgen einer Umstellung des Umsatzsteuerrechts kann die Erfahrungen auswerten, die man mit einer Art Nettoumsatzsteuer (taxe sur la valeur ajoutée)[37] in Frankreich und vorübergehend im Saarland[38] sowie im Staate Michigan (USA)[39] gemacht hat, außerdem liegen Berichte aus Japan vor, wo der Versuch der ehemaligen Besatzungsmacht, eine Nettoumsatzsteuer (value added tax) ins Leben zu rufen, gescheitert ist[40].

Die Besteuerung des Nettoumsatzes kann zwei Wege gehen: Den der direkten Besteuerung des Nettoumsatzes[41] und den der indirekten Methode, bei welcher die vom Bruttoumsatz berechneten Steuern um die bereits in den Vorumsätzen (Fremdleistungen) enthaltenen Steuern gekürzt werden[42] (diesen zweiten Weg folgt die Besteuerung in Frankreich[43]).

Der zur Besteuerung vorgeschlagene *Nettoumsatz* stimmt allerdings mit der Wertschöpfung im allgemeinen nicht überein, er gleicht nach den Berechnungen der meisten Reformvorschläge[44] eher dem Nettoproduktionswert (Umsatz abzüglich bezogene Roh-, Hilfs- und Betriebsstoffe). Heftig umstritten ist die Antwort auf die Frage, ob man auch Aufwendungen für Investitionsgüter, d. h. für die von fremden Betrieben bezogenen Anlagegüter als abzugsfähige Fremdleistungen anerkennen soll und — falls die Frage bejaht wird — ob bei der direk-

---

[36] Vgl. Drucksache Bundestag Nr. 730 zur Umsatzbesteuerung, 18, S. 36 ff. („Reformvorschläge ... zur Verbesserung der deutschen Umsatzbesteuerung").

[37] Vgl. dazu die von Aufermann beschriebene Entwicklung des französischen Umsatzsteuersystems — E. *Aufermann*, Die Nettoproduktionssteuer, 186, S. 639 ff.; vgl. auch J. P. *Guinot*, Valeur Ajoutée, 223, S. 1141 ff.

[38] Vgl. H. *Mesenberg*, Die saarländische Umsatzbesteuerung, 101, S. 11 ff.

[39] Vgl. Drucksache Bundestag Nr. 730 zur Umsatzbesteuerung, 18, S. 27.

[40] Vgl. Hanya *Ito*, Nettoumsatzsteuer in Japan, 250, S. 447 ff.

[41] „Nettoumsatzsteuer mit Vorumsatzabzug"; vgl. Drucksache Bundestag Nr. 730 zur Umsatzbesteuerung, 18, S. 17 ff.; vgl. W. *Mette*, Nettoumsatzsteuer, 102, S. 19.

[42] „Nettoumsatzsteuer mit Vorsteuerabzug"; vgl. Literaturangaben Fußnote 41.

[43] Vgl. dazu das Berechnungsblatt „Taxes sur le Chiffre d'Affaires, 104, S. 1 und 2. Die in den Fremdleistungen enthaltenen Steuern (impôt déductible) werden auf S. 1 ausgerechnet und auf S. 2 (Abschnitt: taxe sur la valeur ajoutée) von den vom Gesamtumsatz berechneten Steuern abgezogen.

[44] Vgl. die Vorschläge von Schmölders, Zierold-Pritsch und Ritschl, dargestellt in: Drucksache Bundestag Nr. 730 zur Umsatzbesteuerung, 18, S. 37.

ten Methode gleich der ganze Wert der Anlagegüter oder nur ein der Abschreibung entsprechender anteiliger Wert vom Umsatz abzuziehen sei[45].

Auf alle Fälle scheint es angebracht zu sein, sich auf einen Annäherungswert für die im Umsatz enthaltene Wertschöpfung zu beschränken, um den Aufwand an Verwaltungsarbeit bei der Feststellung der Nettoumsätze in den Betrieben und in der Finanzverwaltung nicht zu hoch zu schrauben.

Zur Fortsetzung unseres Überblickes wollen wir nunmehr auf die interessanten Aufschlüsse hinweisen, die eine Wertschöpfungsrechnung durch die *Zerlegung* der *Handelsspanne* in den Vorleistungsanteil und in den Eigenleistungs-(Wertschöpfungs-)anteil zu bieten vermag. Hierdurch wird Umfang und Art der Abhängigkeit der handelsbetrieblichen Leistung von anderen Betriebsleistungen ersichtlich.

Ein hoher Anteil der Wertschöpfung an der Handelsspanne läßt in verschiedener Hinsicht Folgerungen zu: Er erlaubt es vor allem, die *Handelsspanne* als *Ersatzgröße* für die Wertschöpfung in die Wertschöpfungsrechnung einzusetzen (wichtig für alle Anwendungsgebiete der Wertschöpfungsrechnung) und demgemäß auch von Untersuchungsergebnissen, in denen die Handelsspanne als wichtige Bezugsgröße verwandt wird, auf analog interpretierbare, wertschöpfungsbezogene Ergebnisse zu schließen: Das wird etwa interessant bei der Auswertung von Beziehungszahlen, wie sie Seyffert[46] für betriebswirtschaftliche Vergleiche im europäischen Binnenhandel zusammengestellt hat[47]. Z. B. erlaubt die Möglichkeit, die „Betriebshandelsspanne in Prozent vom Absatz" näherungsweise als „Betriebswertschöpfung in Prozent vom Absatz" aufzufassen, eine schnelle Orientierung über die Erzeugungstiefe der Betriebe[48]. Weiterhin vermittelt der Schluß von der „Handelsspanne je beschäftigte Person in DM" auf die „Wertschöpfung je beschäftigte Person in DM" eine Auskunft über eine als Arbeitsergiebigkeit oder als Arbeitsproduktivität bezeichnete und unter gewissen Umständen wichtige Wirtschaftlichkeitskennziffer[49]. Ein niedriger Anteil der Wertschöpfung an der Handelsspanne legt die Ver-

---

[45] Vgl. Drucksache Bundestag Nr. 730 zur Umsatzbesteuerung, 18, S. 36 ff.; vgl. Diskussionsbeiträge für die Große Steuerreform, 175, S. 93; vgl. W. *Mette*, Nettoumsatzsteuer, 102, S. 21, 28, 47.

[46] Vgl. R. *Seyffert*, Der betriebswirtschaftliche Vergleich, 314, S. 382.

[47] Ähnliche Kennzahlen hat Sundhoff für den Handelsspannenvergleich vorgetragen. Vgl. E. *Sundhoff*, Die Handelsspanne, 170, S. 157 ff.

[48] Vgl. auch H. *Buddeberg*, Handelsbetriebslehre, 16, S. 24 (Rückschluß von der Handelsspanne — d. h. „Kalkulationsquote" — auf die „Leistungstiefe"). Eine exaktere Bestimmung der Produktionstiefe läßt sich allerdings nur aus dem Verhältnis von Wertschöpfungen zu Bruttoerträgen ableiten; vgl. dazu S. 106 ff.

[49] Vgl. dazu Kapitel C 4 b.

mutung nahe, daß ein bedeutender Teil von Handelsfunktionen oder Hilfsfunktionen des Handels anderen Betrieben übertragen wurde und daß möglicherweise die Ausschaltung eines Betriebes mit einem geringen Wertschöpfungsanteil an der Handelsspanne leichter und einfacher ist als eines Betriebes mit einem hohen Anteil der Wertschöpfung an der Handelsspanne. Leichter könnte die Ausschaltung deswegen sein, weil einzelne Funktionen und Leistensabläufe mit sehr geringer Leistenstiefe besser als größere Funktionenbündel qualitativ (eventuell werden dann weniger fachliche Qualifikationen notwendig sein) und quantitativ (durch relativ geringen Einsatz von Arbeit und Kapital) übernommen werden können. Diese Überlegung kann natürlich nicht isoliert von anderen Daten angestellt werden, sie zeigt aber, welche Hilfestellung eine Wertschöpfungsrechnung zu bieten vermag.

Wir wenden uns jetzt einer Zusammenfassung der von Beckman empfohlenen Auswertungsmöglichkeiten der Wertschöpfungsrechnung zu:

Beckman führt in einem Artikel — „The value added concept as applied to marketing and its implications[50]" — in numerierter Reihenfolge sechs Möglichkeiten auf, wie der Begriff Wertschöpfung (als Bruttowertschöpfung = value added) und wie Wertschöpfungszahlen im Handelsbereich *verwendet* werden können:

1. Die Wertschöpfung ist das beste Maß zur Leistungsmessung der Handelstätigkeit und zur Feststellung des Beitrages des Handels „to the welfare of society".
2. Mit der Wertschöpfungsrechnung wird es möglich, Leistenergebnisse des Handelsprozesses mit denen des Erzeugungsprozesses zu vergleichen und den produktiven Effekt beider Wirtschaftsbereiche herauszustreichen. Dabei wird die unvernünftige Unterscheidung ausgemerzt „between manufacturing as ‚adding value' and marketing as ‚adding costs'"[51].
3. Mit Hilfe von Wertschöpfungszahlen werden Strukturvergleiche der verschiedenen Handelszweige und -betriebe durchführbar.
4. Die Wertschöpfungszahlen erleichtern die gesamtwirtschaftliche Beurteilung der Handelsleistung und der für diese aufgewendeten Kosten („costs [can] really be viewed constructively in their true perspective")[52].
5. Eine anhaltende Verwendung von Wertschöpfungsgrößen wird eine positivere Einstellung der Öffentlichkeit gegenüber der Handelstätigkeit fördern[53].
6. Mit der Wertschöpfungsrechnung kann eine Verbesserung der Produktivitätstheorie und der Produktivitätsmessung im Handel erreicht werden[54].

---

[50] Vgl. Th. N. *Beckman*, The Value Added Concept, 191, S. 93—94.

[51] Vgl. Th. N. *Beckman*, The Value Added Concept, 191, S. 93.; vgl. dazu auch Th. N. *Beckman*, Value Added by Distribution, 192, S. 45.

[52] Th. N. *Beckman*, The Value Added Concept, 191, S. 93.

[53] Vgl. dazu auch: Th. N. *Beckman*, Measurement of Output, 193, S. 9.

[54] Vgl. dazu auch Th. N. *Beckman*, Marketing, 10, S. 735 und Th. N. *Beckman*, Measurement of Output, 193, S. 8—9.

Diese Darstellungen Beckmans heben besonders hervor, daß die Einführung von Wertschöpfungsgrößen nicht nur im Rahmen quantitativer Rechnungen bedeutsam ist, sondern daß das „Value Added Concept" geeignet ist, das Wesen der handelsbetrieblichen Leistung dem Bewußtsein der Öffentlichkeit näherzubringen und so zu einem neuen Denken anzuregen: „The value added by distribution concept presents a challenge to all those interested in and concerned with creative thinking in the economic area ...[55]".

Im Teil D dieser Arbeit wird aufzuzeichnen versucht, wie unterschiedlich ein solches *„Wertschöpfungsdenken"* bei den einzelnen Gruppen von Wirtschaftssubjekten ausgeprägt sein kann. Der Inhalt des Wertschöpfungsdenkens[56] unterscheidet sich vor allem bei den Personen und Personengruppen der verschiedenen Betriebsgrößentypen und läßt sich geradezu als wichtiges Merkmal der Betriebsgrößentypen darstellen (vgl. Kapitel D 2).

Zum Schluß ist darauf hinzuweisen, daß die betriebliche Wertschöpfungsrechnung auch für die *volkswirtschaftliche* Wertschöpfungsrechnung bemerkenswerte Vorteile bringen kann. Die zur Zeit sehr schwierige und mit vielen Schätzungen durchgeführte Errechnung des Sozialproduktes der Wirtschaftszweige könnte erleichtert, beschleunigt und präzisiert werden, wenn die verhältnismäßig einfach feststellbaren Bruttoerträge der Wirtschaftszweige mit Hilfe von in Betriebsvergleichen ermittelten „Nettoquoten[57]" zu Wertschöpfungsgrößen umgerechnet werden könnten[58]. Die volkswirtschaftliche Wertschöpfungsrechnung stützt sich bei ausführlicheren Analysen neuerdings auf die zuerst von Leontief ausgearbeiteten *Input-Output*-Tabellen. In diesen Tabellen werden jeweils — nach Wirtschaftsbereichen gegliedert — die Herkunft der Vorleistungen (Käufe eines Wirtschaftsbereiches von anderen Wirtschaftsbereichen) und die Empfänger der Bruttoerträge (Verkäufe eines Wirtschaftsbereiches an andere Wirtschaftsbereiche) zusammengestellt. Die derart angegebenen Güterströme zwischen den einzelnen Wirtschaftsbereichen vermitteln ein aufschlußreiches Bild von den Verflechtungen des gesamtwirtschaftlichen Leistensprozesses[59]. Die hieraus oder aus einfachen Sozialproduktsberechnungen zu entnehmenden Wertschöpfungszahlen der Wirtschaftsbereiche eignen sich

---

[55] Th. N. *Beckman*, Value Added by Distribution, 192, S. 46.

[56] Zum Begriff des Wertschöpfungsdenkens vgl. Kap. D 1.

[57] Die Nettoquote wird berechnet als Verhältnis von Wertschöpfung in DM zu Bruttoertrag in DM.

[58] Vgl. dazu G. *Fürst*, Produktionsstatistik, 217, S. 317 ff. und H. *Bartels*, Sozialproduktsberechnung, 190, S. 144 („fortgeschriebene Nettoproduktion" durch Umrechnen der Bruttoerträge mit Hilfe von Nettoquoten).

[59] Vgl. W. *Krelle*, Volkswirtschaftliche Gesamtrechnung, 73, S. 61 ff., 104 ff. Im Anhang ist eine Input-Output-Tabelle für die Bundesrepublik Deutschland beigefügt. Vgl. auch R. *Ruggles*, Volkseinkommen, 134, S. 128 ff.

in mancherlei Hinsicht als Grundlage wirtschaftspolitischer Entscheidungen[60].

In den beiden nächsten Abschnitten dieser Arbeit werden nunmehr einige Schwerpunkte aus der Vielzahl der Anwendungsmöglichkeiten von Wertschöpfungszahlen herausgegriffen, die besonders für den Handel interessant sind und auf die die Literatur zum Teil noch nicht näher eingegangen ist.

b) Einzelbeispiele zu den Anwendungsmöglichkeiten der Wertschöpfungsrechnung

Wertschöpfungszahlen als Merkmale der Betriebsgrößen

Auf der Suche nach den wichtigsten Merkmalen von wirtschaftlichen Betrieben stoßen wir auf das Merkmal *„Betriebsgröße*[61]". Dieses Merkmal ist bei den Betrieben so verschieden ausgebildet und hat eine so starke Ausstrahlung auf die Gesamtstruktur der Betriebe[62], daß die Heterogenität der Betriebe ganz wesentlich auf dieses Merkmal zurückzuführen ist. Das Auswerten und das Vergleichen betrieblicher Daten, etwa für statistische Aussagen, ist deswegen im allgemeinen nur dann im Ergebnis zweckdienlich, wenn diese Daten von Betrieben ähnlicher Betriebsgröße stammen[63]. Für die praktischen Untersuchungsverfahren hat man Betriebsgrößenklassen gebildet, um in dieser Hinsicht merkmalsgleiche Betriebe in Gruppen zusammenzufassen und man hat eine Typologie der Betriebe (Klein-, Mittel- und Großbetriebe) entworfen, die allerdings noch in einem wenig fortgeschrittenen Erkenntnisstadium verharrt.

Zur Verfeinerung der Kenntnis und der Messung von Betriebsgrößen können der Begriff Wertschöpfung und Wertschöpfungszahlen dadurch beitragen, daß die Wertschöpfungszahlen geeignet sind, wesentliche Kennzeichen der Betriebsgröße quantitativ zu erfassen, und wei-

---

[60] Vgl. dazu R. O. *Gockel,* Wertschöpfungsrechnung, 41, S. 60 ff. („Wertschöpfung als Grundlage staatlicher Wirtschaftspolitik" und K. *Kink,* Wertschöpfungsprozeß, 68, S. 190 ff. („Wertschöpfungslehre und Gesamtwirtschaft")

[61] Interessant ist die beachtliche Bedeutung des Stichwortes „Betriebsgröße" in neueren Nachschlagewerken (HdB, HdSW — vgl. hierzu: E. *Gutenberg,* Betriebsgröße (HdB), 224, Sp. 800 ff. und H. *Koch,* Betriebsgröße (HdSW), 255, S. 82 ff.). Im alten Handwörterbuch der Betriebswirtschaft ist dagegen das Stichwort „Betriebsgröße" nicht zu finden. Vgl. HdB, 2. Aufl., 1938, Bd. I.

[62] H. Buddeberg nennt die Betriebsgröße ein „strukturbildendes Grundmerkmal". Vgl. H. *Buddeberg,* Über die Vergleichbarkeit, 15, S. 54.

[63] Das trifft nicht zu, wenn der Einfluß der unterschiedlichen Betriebsgrößen auf betriebliche Daten beobachtet werden soll. Vgl. D. *Kalussis,* Der Betriebsvergleich, 65, S. 36. Gerade in diesen Fällen ist das Merkmal „Betriebsgröße" von besonderer Wichtigkeit.

terhin dadurch, daß die Vorstellungen über die Betriebsgrößentypen angereichert werden durch die Beschreibung des „Wertschöpfungsdenkens" als eines qualitativen Kennzeichens von Klein- und Großbetrieben (vgl. Kapital D 2).

Der Begriff Betriebsgröße wird in der Literatur unterschiedlich aufgefaßt, wir finden ihn *definiert* als Größe der „materialen Seite" der Einzelwirtschaften[64] und damit technisch determiniert als „produktionelles Potential[65]". Der Ausdruck Potential soll verdeutlichen, daß die Betriebsgröße unabhängig von der tatsächlichen Betriebsleistung die Größe der „Kapazität" erfassen soll, das bedeutet nach Gutenberg, die Betriebsgröße soll die Größe der „zur Verfügung stehenden produktionstechnischen Anlagen, ohne Rücksicht darauf, wie sie genutzt werden" wiedergeben[66]. Diesen Vorstellungen entspricht auch die Darstellung Seyfferts über die Betriebsgröße im Handel: „Merkmal der Betriebsgröße dürfte ... in erster Linie die Absatzbereitschaft des Betriebes sein[67]."

Ist die Absatzbereitschaft weder inhaltlich noch statistisch genau bestimmbar, so ist ein weiterer Mangel dieser wie der anderen Definitionen, daß *„pars pro toto"* gesetzt wird, d. h. daß die betriebliche oder teilbetriebliche Kapazität als solche nicht „der Betrieb" und ihre Größe nicht schlechthin die „Betriebsgröße" ist. Diese Einengung des Begriffes Betriebsgröße erklärt sich aus der in der betriebswirtschaftlichen Literatur vorherrschenden Zwecksetzung der Betriebsgrößenbestimmung. Die Frage nach der Betriebsgröße wird dort in erster Linie unter dem Aspekt einer „richtigen" — vorwiegend technisch orientierten — Dimensionierung des Betriebskörpers im Sinne einer optimalen Betriebsgröße gesehen[68]. Schon die weitergehende und wichtige Frage nach der marktlichen „Größe" und ihre Beurteilung fordert daher eine ganz andere Auswahl und Kombination von Merkmalen der Betriebsgröße[69].

Eine exakte Bestimmung der Betriebsgröße sollte an ihren Anfang drei *Fragen* stellen, nämlich

1. auf welchen Teilbereich bzw. auf welches Merkmal des Betriebes soll sich die Größenmessung beziehen?

---

[64] Vgl. J. *Fettel*, Die Betriebsgröße, 209, S. 62.

[65] Ebenda, S. 66.

[66] E. *Gutenberg*, Betriebsgröße (HdB), 224, Sp. 801.

[67] R. *Seyffert*, Wirtschaftslehre, 160, S. 340. Dieselbe Meinung vertritt H. Buddeberg, vgl H. *Buddeberg*, Über die Vergleichbarkeit, 15, S. 54.

[68] Vgl. J. *Fettel*, Die Betriebsgröße, 209, S. 64 ff., 71; vgl. E. *Gutenberg*, Grundlagen I, 45, S. 306 ff.; vgl. A. *Schnettler*, Betriebsanalyse, 147, S. 303 ff.

[69] Vgl. dazu die diesbezüglichen Untersuchungen von O. R. *Schnutenhaus*, Absatzpolitik, 150, S. 78 ff., 370 ff.

2. Ist eine solche Größenmessung möglich?
3. Zu welchem Zweck soll die Größenmessung durchgeführt werden?

Ein einheitlich bestimmbares und mit einer einzigen Zahlengröße meßbares Merkmal „Betriebsgröße“ für „den Betrieb“ und für jeden Zweck ist nicht denkbar; der „aus terminologischen Gesichtspunkten“ gestellten Forderung von H. Koch, ... „daß nur einziger Begriffsinhalt zum Betriebsgrößenmaßstab erhoben wird[70]“, muß deswegen widersprochen werden.

Es ist vielmehr wichtiger, *verschiedene* und wesentliche *Merkmale* des Betriebes größenmäßig zu erfassen oder zu deuten. Die Betriebsgröße zerfällt dann in die „Größe“ der technischen Aggregate, der Beschäftigtengruppen, des Gesamtkapitals, des Good Will, in die Größe (Stärke) der Marktstellungen und in die Größe quantitativer und qualitativer Betriebsleistungen sowie in eine Vielzahl weiterer Größen.

Die Auswahl und Kombination der Merkmale richten sich nach der jeweiligen gesamtwirtschaftlichen oder einzelwirtschaftlichen Fragestellung[71]. Ein interessantes Beispiel für eine *„bewegliche“* Betriebsgrößenbestimmung, die von diesen Grundvoraussetzungen ausgeht, bietet Schnutenhaus in seinem Buch „Absatzpolitik und Unternehmungsführung“: Die Betriebsgröße wird dort als „Grundausgangs- und Ansatzpunkt“ für die Zielsetzung und den Verfahrenseinsatz der Unternehmungsführung dargestellt[72], sie wird — insbesondere zur größen-(bedeutungs-)gemäßen Einordnung des eigenen Betriebes in die Gesamtheit der beachtenswerten anderen Betriebe[73] — je nach dem zugrunde liegenden Aspekt durch verschiedene und wechselnde „Größen[74]“ und deren Verknüpfung gekennzeichnet. Solche Aspekte können u. a. die Untersuchung der Marktstellung[75], der „Wachstumsbeeinflussungsfaktoren der Betriebsgröße[76]“ und der „Verhaltensweisen der Betriebsgrößen[77]“ sein.

Diese Auslegung des Begriffes Betriebsgröße bedingt, daß die in diesem Kapitel dargestellte Möglichkeit der Betriebsgrößenmessung durch Wertschöpfungszahlen nur als *eine* Möglichkeit unter vielen Möglichkeiten gelten kann. Die alleinige oder mit anderen Merkmalsgrößen

---

[70] H. *Koch*, Betriebsgröße (HdSW), 255, S. 85.

[71] Vgl. dazu: E. *Schäfer*, Die Unternehmung I, 138, S. 125 („Wahl der Maßgröße“ ... „je nach dem Zweck der Messung“).

[72] Vgl. O. R. *Schnutenhaus*, Absatzpolitik, 150, S. 40.

[73] Vgl. ebenda, S. 370.

[74] Diese „Größen“ können sich beispielsweise auch auf den Anteil der Stammkunden am Kundengesamt oder auf die Zahl der leitenden Angestellten beziehen, vgl. O. R. *Schnutenhaus*, Absatzpolitik, 150, S. 80, 132, 371 ff., 493 ff.

[75] Vgl. O. R. *Schnutenhaus*, Absatzpolitik, 150, S. 78 ff., 379 ff.

[76] Vgl. ebenda, S. 98 ff.

[77] Vgl. ebenda, S. 378 ff. (383—384).

verbundene Anwendung von Wertschöpfungszahlen sowie der Vorteil dieser Meßzahlen gegenüber anderen Meßzahlen — insbesondere gegenüber Umsatzzahlen — kann folglich auch nur unter der einschränkenden Voraussetzung einer jeweils zu beachtenden Bedingungslage[78] verstanden werden: Diese Bedingungslage hätte bei der Betriebsgrößenmessung durch Wertschöpfungszahlen zu beinhalten, daß als Größe des Betriebes die Größe der betrieblichen Leistung erkennbar werden soll und daß der Zweck der Ermittlung durch die Eigenart von Wertschöpfungszahlen nicht oder nur unwesentlich gestört wird[79].

In der Literatur werden für statistische Berechnungen in erster Linie die Größen des Umsatzes, die Zahl der Beschäftigten und — weniger häufig, aber in der Reihenfolge weiterer Meßgrößen dann an erster Stelle stehend — die Größe des investierten Kapitals zur Kennzeichnung der Betriebsgröße verwendet[80].

Die *Umsatzzahlen* werden als Leistungsgrößen (Teilaspekt oder Merkmal des Betriebes ist in diesem Fall das Leistensergebnis) und auch ersatzweise als indirekter Maßstab für die Kapazität der Betriebe eingesetzt. Die zuletzt genannte Betrachtungsweise wird oft von den Autoren[81] vertreten, die die Betriebsgröße mit der „Größe der Kapazität" oder mit der „Leistungsbereitschaft" des Betriebes identifizieren, aber für eine diesbezügliche Größenmessung kaum einen Maßstab finden. In diesem Fall wird der tatsächliche Umsatz nur als eine Ersatzgröße für den bei „optimalem" Beschäftigungsgrad erzielbaren Umsatz angesehen[82]. Er ist dann bereits mit einem Fehler behaftet, der sich aus dem Schließen von der im Markt abgesetzten Leistungsmenge auf die „Kapazität" und aus der Bewertung dieser Leistungsmenge mit veränderlichen Preisen herleitet.

Unabhängig von dieser Differenzierung des Umsatzes zur Mitteilung der tatsächlichen Leistung oder als Ersatzgröße für die mögliche Leistung wird die Aussagefähigkeit von Umsatzzahlen über die Größe der betrieblichen Leistung durch die Nichtbeachtung der Leistens- oder *Erzeugungstiefe* in einem die Aussagefähigkeit stark vermindernden Maße beeinträchtigt. Gutenberg[83] und Fettel[84] weisen denn auch bei

---

[78] Vgl. dazu S. 103 („drei Fragen").

[79] Das ist die Eigenart, die aus der Wert-Preis-Gleichung resultiert. Die nachfolgenden Untersuchungsergebnisse werden im allgemeinen davon wenig beeinträchtigt oder nicht mehr, als die Aussagen über andere Geldwertgrößen wie über den Umsatz.

[80] Vgl. dazu C. *Ruberg*, Der Einzelhandelsbetrieb, 131, S. 33 und O. R. *Schnutenhaus*, Absatzpolitik, 150, S. 377, 77 ff.

[81] Vgl. Fußnoten 64—67.

[82] Vgl. R. *Seyffert*, Wirtschaftslehre, 160, S. 340; vgl. H. *Buddeberg*, Über die Vergleichbarkeit, 15, S. 55; vgl. E. *Hoppmann*, Optimale Betriebsgröße, 244, S. 179.

[83] Vgl. E. *Gutenberg*, Betriebsgröße (HdB), 224, Sp. 801.

[84] Vgl. J. *Fettel*, Die Betriebsgröße, 209, S. 68.

den Erörterungen über die Eignung der Ausstoßmenge als Leistungsmaßstab darauf hin, daß „die Produktmengen keine Rückschlüsse auf die Produktionstiefe des Betriebes zulassen[85]“.

Die Erzeugungstiefe läßt sich durch das Verhältnis der Eigenleistung zu den Fremdleistungen nachweisen[86]. Der Begriff Erzeugungstiefe kann also kaum anders als mit der Terminologie der Wertschöpfungsrechnung erklärt werden: Betriebe mit einem hohen Anteil der Wertschöpfung am Bruttoertrag haben eine große Erzeugungstiefe. Man kann das z. B. rechnerisch so fixieren: Ist die Nettoquote[87] 0,1, so ist die Erzeugungstiefe = 10; ist die Nettoquote 0,9, so ist die Erzeugungstiefe = 90. Hierbei entsprechen die Kennzahlen der Erzeugungstiefe der Reihenfolge einer Punktzahl von 1—100, sie geben damit die Prozentsätze der Wertschöpfung am Bruttoertrag wieder.

Die Größe zweier Betriebe — als Größe der Leistung — darf demzufolge trotz gleicher Umsatzzahlen bei divergierender Leistenstiefe nicht als übereinstimmend bezeichnet werden. Ein Übersehen dieser Zusammenhänge kann beispielsweise bei einer Beobachtung des Einflusses von Umsatzgrößenklassen auf die Kostenstruktur von Betrieben oder hinsichtlich der von Batzer und Laumer[88] getroffenen Feststellung, daß die Betriebsgrößen (= Umsatzgrößen) in den letzten Jahrzehnten gewachsen sind, zu fragwürdigen Ergebnissen führen. Wachsende Umsatzgrößen könnten nämlich — unter Berücksichtigung der Geldwertveränderung — bei zunehmender Spezialisierung der Wirtschaft und bei einem damit verbundenen, wachsenden Anteil der Vorleistungen am Umsatz ein nicht ganz zweckentsprechendes Bild der Betriebsgrößenzunahme vermitteln.

Bouffier folgert aus den Möglichkeiten zu solchen Fehlschlüssen, daß die Messung der betrieblichen (Umsatz-)Leistung keinesfalls „im Absatzpunkte“ erfolgen dürfe, daß aber leider eine Präzisierung erschwert wird, weil „in der gesamten Betriebswirtschaftslehre eine sinnvolle Maßgröße für diese zentrale Erscheinung“ (die Erzeugungstiefe) fehlt[89].

Eine solche Maßgröße scheint durch die Wertschöpfung gegeben zu sein. Die Wertschöpfung ist geeignet — als Ausdruck der von den Betrieben nach *Umfang* und *Tiefe* hervorgebrachten Eigenleistung — die Umsatzzahlen bei der Betriebsgrößenmessung zu ersetzen, wenn diese die Größe eines betrieblichen Leistens wiedergeben sollen, nicht dagegen, wenn der Umsatz ohne Berücksichtigung der Leistenstiefe nur

[85] E. *Gutenberg*, Betriebsgröße (HdB), 224, Sp. 801.
[86] Vgl. E. *Schäfer*, Die Unternehmung I, 138, S. 126.
[87] Die Nettoquote ist die Verhältniszahl: Wertschöpfung in DM zu Bruttoertrag in DM; vgl. S. 101, Fußnoten 57.
[88] Vgl. *Batzer* und *Laumer*, Der Großhandel, 8, S. 41.
[89] W. *Bouffier*, Betriebswirtschaftslehre, 197, S. 31.

als Marktdatum gewogen und verglichen werden soll, zum Beispiel um die Wettbewerbssituation von Anbietern zu erhellen[90].

Die *Wertschöpfung* entspricht auch rechnerisch sowie inhaltsmäßig genau der die *Betriebsgröße* erklärenden Formel von E. Schäfer: „Die Betriebsgröße wäre ... das Produkt aus Betriebsbreite und Betriebstiefe“[91]. Faßt man den Umsatz als extensive Größe auf (zur Kennzeichnung der Betriebsbreite) und die Nettoquote als eine Verhältniszahl, die den Grad der Betriebstiefe wiedergibt, so ergäbe sich für einen Handelsbetrieb bei einem Umsatz von 100 000 Preiseinheiten und einer errechneten Nettoquote von 0,4 ein Produkt von 40 000 Preiseinheiten. Die 40 000 Preiseinheiten sind dann die Wertschöpfung des Handelsbetriebes, diese wäre zugleich eine Maßzahl für seine Betriebsgröße.

Die Verwendung von Wertschöpfungszahlen als Maßstab für die Messung der Betriebsgröße wird in der Literatur gänzlich vernachlässigt[92], sie scheint nur in englischsprachigen Darstellungen stärker betont zu werden. Thorp[93] hebt den „value added by manufacture“ als „common denominator“ für die Größe aller Betriebe hervor und Benham führt zu den Meßzahlen für eine Betriebsgrößenmessung aus: „It is usually better to take the value added rather than the gross value, for the latter exaggerates the importance of establishments such as oil refineries which add only a small percentage to the value of the materials which they process[94].“

Eine derartige Betriebsgrößenmessung, die auf dem Nachweis der Nettoleistungsgrößen der Betriebe basiert, läßt sich im Handel mit der *Handelsspanne* als Ersatzgröße für die Wertschöpfung erleichtert durchführen. Da die Handelsspanne der Eigenleistung der Handelsbetriebe nahe kommt, wird von Kaeslin[95] und Theisen[96] — sie scheinen allerdings Eigenleistung und Handelsspanne gleichzusetzen — vorgeschlagen, nicht den Umsatz, sondern die Handelsspanne als Kennzeichen für die Größe und Bedeutung der Handelsbetriebe einzuführen. Man darf nur unter dem Vorbehalt zustimmen, daß die Handelsspanne immer nur als Näherungswert für die Wertschöpfung zu sehen ist, und daß sie ihre Aussagekraft verliert, wenn die Wertschöpfung eines Handelsbetriebes

---

[90] Vgl. O. R. *Schnutenhaus*, Absatzpolitik, 150, S. 78 ff., 370 ff.

[91] E. *Schäfer*, Die Unternehmung I, 138, S. 126.

[92] Kink und Lehmann streifen lediglich die Bedeutung der Wertschöpfung zur Erklärung der Erzeugungstiefe. Vgl. K. *Kink*, Wertschöpfungsprozeß, 68, S. 193. Vgl. M. R. *Lehmann*, Planvolles Rechnen, 83, S. 22—23; vgl. derselbe, Wirtschaftlichkeit, 264, S. 550—551.

[93] Vgl. *Thorp*, The Integration of Industrial Operations, S. 37 ff.; zitiert in: W. *Edelmann*, Die Betriebsgröße, 28, S. 29.

[94] F. *Benham*, Economics, 12, S. 121.

[95] Vgl. W. *Kaeslin*, Rechnungswesen Großhandel, 64, S. 25.

[96] Vgl. P. *Theisen*, Betriebsgröße im Einzelhandel, 320, S. 12.

wesentlich geringer ist als seine Handelsspanne, also wenn der Anteil der Vorleistungen an der Handelsspanne hoch ist.

Die gegenseitigen Beziehungen der Größen Umsatz, Handelsspanne und Wertschöpfung in ihrer Bedeutung für die Messung der Betriebsgröße sollen nachfolgend durch ein *Beispiel* skizziert werden:

Als *Prämissen* für das Beispiel wurden angenommen[97]:

1. Vier Großhandelsbetriebe einer Branche weisen größengleiche Umsätze auf.
2. Die Handelsspanne steigt absolut und relativ (auf den Umsatz bezogen) von Betrieb 1 bis Betrieb 4, und zwar auf Grund einer wachsenden Funktionsausübung, die beispielsweise auf einen zunehmenden Anteil der Direktverkäufe an Konsumenten zurückgehen kann.
3. Die Vorleistungen sinken von Betrieb 1 bis Betrieb 4 relativ (auf die Handelsspanne bezogen), sie bleiben absolut und im Verhältnis zum Umsatz konstant. Der sinkende Anteil der Vorleistungen könnte dadurch erklärt werden, daß mit wachsender Funktionsausübung (vgl. Prämisse 2) ein relativ größerer Teil der betrieblichen Teilleistungen nicht mehr durch Fremdleistungen, sondern durch Eigenleistungen erbracht wird. Z. B. führt der Betrieb nunmehr selbst Transporte durch oder er übernimmt die Ausführung seiner Werbemaßnahmen[98]:

Die Beziehungen zwischen Umsatz, Handelsspanne und Wertschöpfung bei der Betriebsgrößenmessung von vier Betrieben

	Betrieb 1	Betrieb 2	Betrieb 3	Betrieb 4
a) Umsatz	100	100	100	100
b) Wareneinsatz ..	84	82	80	78
c) Handelsspanne ..	16	18	20	22
d) Vorleistungen[a]) ..	7	7	7	7
e) Wertschöpfung ..	9	11	13	15

[a]) Sonstige Vorleistungen ohne von Dritten bezogene Waren.

Ergebnis und *Auswertung:* Aus diesem Beispiel, das durchaus praktischen Gegebenheiten gerecht wird, läßt sich entnehmen, daß die Handelsspannen (c) von Betrieb 1 bis zu Betrieb 4 um insgesamt 37,5 vH zunehmen. Die Wertschöpfung (e) des Betriebes 4 ist aber um rd. 67 vH höher als die des Betriebes 1. Sowohl der Schluß von den Umsätzen auf die Betriebsgröße (Größengleichheit der Betriebe) als auch der

---

[97] Hier sind nicht aufgeführt die stillschweigend vorausgesetzten Prämissen, die für die Wertschöpfungsrechnung als solche gelten.

[98] Vgl. W. *Heinrich*, Schlüssel zum Wirtschaftserfolg, 231, S. 42 ff. (zur Wahl der „Dosierung von Eigenleistung und Fremdbezug").

Schluß von der Handelsspanne auf die Betriebsgröße (Zunahme der Betriebsgröße von Betrieb 1 zu Betrieb 4 um 37,5 vH) würde in diesen Fällen eine Fehldeutung implizieren (wenngleich das letztere bereits eine verbesserte Aussage bringt). Man muß vielmehr annehmen, daß der Betriebsprozeß eine der Zunahme der Wertschöpfung proportionale Ausweitung erfahren hat und daß die an der Leistung der Betriebe zu messende Betriebsgröße hier nur durch die Wertschöpfung richtig ausgedrückt werden kann; dasselbe wird man feststellen müssen, wenn man vom Leistungsergebnis die „körperliche Größe" der Betriebe ablesen möchte: ist doch die Wertschöpfung der Inbegriff des diese Größe bestimmenden Einsatzes an „Betriebselementen"[99].

Nach einer *Änderung der Prämisse* 2 in eine neue Prämisse: „gleichbleibende Relation der Vorleistungen zu den Handelsspannen" können wir errechnen, daß jetzt die Angaben der Handelsspannen über die prozentuale Betriebsgrößenzunahme mit den entsprechenden Angaben der Wertschöpfungen übereinstimmen, nicht jedoch die Angaben der beiden Meßzahlen über die Veränderungen der absoluten Größe der Betriebe: Es gelten nunmehr folgende Ergebnisse:

$$c_1 = 16 \qquad d_1 = 7 \qquad e_1 = 9$$
$$c_4 = 22 \qquad d_4 = 9{,}6 \qquad e_4 = 12{,}4$$

Die Betriebsgrößenrelationen nach Handelsspannen und nach Wertschöpfungen betragen demnach

$$c_1 : c_4 = e_1 : e_4 = 16 : 22 = 9 : 12{,}4;$$

es sind gleichbleibende Relationen.

Die Einführung von Wertschöpfungszahlen als Ersatz der bisher verwendeten Umsatzzahlen in der Betriebsgrößenmessung oder von Handelsspannen als Näherungsgrößen würde viele Messungen präzisieren und die vergleichshemmende Wirkung der Schwächepunkte „Betriebsgröße", insbesondere „Erzeugungstiefe" in den Betriebsvergleichen einengen und vermindern[100].

Bei der Klassifizierung der Betriebsgrößen in Klein-, Mittel- und Großbetriebe müßte ebenfalls der unterschiedliche Anteil der Wertschöpfung am Umsatz in den einzelnen *Wirtschaftszweigen* berücksichtigt werden. Die „Small Business Administration" in den USA berücksichtigt diesen Aspekt, indem sie die Grenzen für das „Small Business" wie folgt festlegt: „Ein Großhandelsbetrieb gilt als ‚small', wenn sein Jahresumsatz 5 Millionen Dollar oder weniger beträgt"; für den Einzelhandel liegt die Grenze bei einer Million Dollar[101]. An diesem Bei-

[99] Siehe weiter unten.

[100] Zu diesen Schwächepunkten des Betriebsvergleiches vgl. O. R. *Schnutenhaus*, Das Schwächebild, 308, S. 172, 173; vgl. auch D. *Kalussis*, Der Betriebsvergleich im Handel, 65, S. 34.

[101] Vgl. G. D. *Frerichs*, Small-Business-Politik, 215, S. 445.

spiel erkennen wir, wie man gleichartige Betriebsgrößentypen selbst in unterschiedlichen Wirtschaftszweigen durch Umsatzgrößenklassen festzulegen vermag, wenn man — hier im Hinblick auf die Leistungen als Maßstab — die voneinander abweichende (durchschnittliche) Erzeugungstiefe der Wirtschaftszweige durch die Wahl verschieden hoher Umsatzgrößenklassen wieder ausgleicht[102].

Für die sich anbahnenden internationalen Betriebsvergleiche[103] werden diese Überlegungen von besonderer Bedeutung sein. Eine Betriebsgrößenmessung durch Umsatzzahlen, die wir auch im Ausland treffen, kann bei Vergleichen Anlaß zu beachtlichen Verwirrungen geben: Die Funktionen des Handels und damit seine Leistenstiefe sind in den Betrieben der verschiedenen Länder sehr kontrastreich ausgeprägt. Es wäre also eine Vielzahl von Strukturmerkmalen notwendig, um die jeweilige Leistensaggregation der unterschiedlichen Betriebe größenmäßig abzustecken. Gerade für diese Aufgabe bieten Wertschöpfungsgrößen die vereinfachende Möglichkeit, derartige Betriebsleistungen mit ihren Abstufungen und besonderen Dimensionen in einer einheitlichen oder dreigeteilten Wertgröße einzufangen und sie in dieser Hinsicht vergleichbar zu machen[104].

Die Dreiteilung der Wertschöpfungsgrößen (in Arbeitserträge, Kapitalerträge und Gemeinerträge) verweist uns noch auf ein anderes Gebiet der Betriebsgrößenmessung. Durch die Dreiteilung werden ja zugleich die Quellen der Leistung, nämlich Art und Umfang des sog. *Faktoreinsatzes* ersichtlich. Damit wird eine Verbindung aufgezeigt zu denjenigen Methoden der Messung von Betriebsgrößen, mit denen diese durch den „Umfang des Produktionsmitteleinsatzes[105]" oder durch die „Menge der verwendeten Produktionsfaktoren[106]" erklärt wird.

Im allgemeinen wird dabei für praktische Messungen der Gedanke bevorzugt, nicht den Einsatz aller Faktoren zu messen, sondern nur den des „repräsentativen" Faktors[107]. Dieser Faktoreinsatz bezieht sich je nach Art der Betriebe auf die Zahl der Arbeiter oder auf das investierte Kapital. Diese Betriebsgrößenmessung kann jedoch vor allem daran scheitern, daß durch zunehmende Substitution von Arbeit durch Kapital bei wachsender Betriebsgröße die Beschäftigtenzahl ihre Funktion als

---

102 Vgl. dazu auch die dementsprechende Klassifizierung durch R. *Seyffert*, Wirtschaftslehre, 160, S. 219.

103 Vgl. dazu: R. *Seyffert*, Der betriebswirtschaftliche Vergleich, 314, S. 375 ff.

104 Vgl. dazu M. R. *Lehmann*, Planvolles Rechnen, 83, S. 6 (Anwendung von Wertschöpfungszahlen in „allen Erzeugungsgebieten"); vgl. auch Th. N. *Beckman*, The Value Added Concept, 191, S. 93.

105 H. *Koch*, Betriebsgröße (HdSW), 255, S. 84.

106 E. *Hoppmann*, Binnenhandel, 61, S. 80.

107 Vgl. J. *Fettel*, Die Betriebsgröße, 209, S. 71; vgl. auch E. *Hoppmann*, Binnenhandel, 61, S. 80.

„Repräsentant" des Faktoreinsatzes verliert und daß sie nun keine Auskunft mehr über die Betriebsgröße zu geben vermag.

Um den Faktoreinsatz in seiner Gesamtheit zu erfassen, möchte Theisen bei Handelsbetrieben die Gesamtkosten als Maßgröße verwenden; er betrachtet die Gesamtkosten als einen „Ausdruck für alle im Betrieb wirkenden Faktoren[108]". Diese auch von E. Kosiol vertretene Ansicht wird von Kolb analysiert und als unhaltbar abgelehnt, „da die Uneinheitlichkeit der Gesamtkosten... eine der Betriebsgröße gleichlaufende Entwicklung nicht erkennen läßt[109]". Der entscheidende Grund für das negative Ergebnis der Kolbschen Analyse kann jedoch nur durch die (von Kolb nicht angewandte) Wertschöpfungsrechnung aufgedeckt werden. Theisen und Kosiol unterscheiden nämlich nicht zwischen den Kosten, die durch Aufwendungen für Vorleistungen entstehen, und den Kosten, die durch den Einsatz der zur Betriebsleistung beitragenden „Faktoren" entstehen. Lediglich die letztere Kostengruppe dürfte als betriebsgrößenbestimmend bezeichnet werden.

Nach Theisen hätte ein Betrieb mit hohen Vorleistungen und mit geringer Wertschöpfung dieselbe „Größe" wie ein Betrieb mit hoher Wertschöpfung und geringen Vorleistungen. Bei gleichen „Kosten[110]" ist aber trotzdem der Umfang des auf dem Einsatz der „Faktoren" basierenden betrieblichen Leistens und die hier nach diesem Einsatz zu beurteilende Betriebsgröße sehr verschieden. Die Wertschöpfung bietet sich in diesem Zusammenhang zwangsläufig als Repräsentativgröße für den gesamten Faktoreinsatz an, weil nur sie die Summe der Vergütungen für alle „Produktionsfaktoren" umfaßt. Wenn auch für diesen Zweck die Aussagefähigkeit der Wertschöpfung beeinträchtigt wird, da nicht die eingesetzten Faktoren direkt, sondern die diesen vom Markt zugebilligten Vergütungen einschließlich eines Gewinnes oder Verlustes ausgewiesen werden, so zeigt doch die Verbindung des Leistensaspektes (die Wertschöpfung als Leistensgröße) mit dem Aspekt des Faktoreinsatzes (die Wertschöpfung als Summe der Faktorvergütungen) eine interessante *Doppelseitigkeit* der Wertschöpfung. Für die Betriebsgrößenmessung birgt diese Doppelseitigkeit den Vorteil, daß man von einer *Leistungsgröße* gleichzeitig auch auf den Umfang und auf die *Größe* des die Leistung bewirkenden Betriebs*gebildes* schließen kann.

---

[108] P. *Theisen*, Betriebsgröße im Einzelhandel, 320, S. 5.

[109] A. *Kolb*, Betriebsgröße im Einzelhandel, 71, S. 28. Kolb bezieht sich auf E. *Kosiol*, Kalkulation und Kostengestaltung im Warenhandel, II, Stuttgart 1932, S. 45.

[110] Theisen versteht unter Gesamtkosten die „Handlungskosten... ohne Wareneinsatzkosten". Vgl. P. *Theisen*, Betriebsgröße im Einzelhandel, 320, S. 5.

Wertschöpfungszahlen für die Produktivitätsmessung

Die Verwendung von Wertschöpfungszahlen für die Produktivitätsmessung wird am besten in einer zweifachen *Unterteilung* gesehen: einmal hinsichtlich der Fragestellung: vermögen Wertschöpfungszahlen Auskünfte darüber zu geben, ob ein Betrieb volkswirtschaftlich „produktive" Leistungen erzeugt — und zum zweiten (das ist die dieses Kapitel beherrschende Fragestellung): lassen sich Wertschöpfungszahlen sinnvoll für die einzelbetriebliche, quantitative Produktivitätsmessung einsetzen, und zwar als Größen in solchen Verhältniszahlen, mit denen Aufschluß über die „Ergiebigkeit" oder den „Wirkungsgrad" einer Leistung gesucht wird.

Das in vielfältigen Bedeutungsnuancen schillernde Wort „produktiv" läßt sich begrifflich als „erzeugend, ergiebig[111]", als „nützlich[112]" verstehen. Geht man von einer *volkswirtschaftlichen* Betrachtung aus, so wird eine Aussage darüber erwartet, ob eine betriebliche Leistung für die Volkswirtschaft einen „Wert" hat[113] oder ob die Leistung einen der „Volkswohlgemäßheit[114]" entsprechenden Beitrag zur Bedarfsdeckung bewirkt. Auch wenn man die Berechtigung und Bedeutung dieses Themas anerkennt, so wird man es unerörtert lassen, da der nur normativ (wertbestimmend) zu erklärende Inhalt dieser „Volkswohlgemäßheit" im Sinne der Wertfreiheit der Wissenschaft außerhalb wissenschaftlicher Erkenntnissuche liegt und unbestimmbar bleibt[115]; bestenfalls kann die Entsprechung der Leistung mit wirtschaftspolitischen Zielen, die dann als gegebene Daten vorausgesetzt werden, Objekt einer wissenschaftlichen Analyse werden[116]. Die Möglichkeit, ein Werturteil über die volkswirtschaftliche „Produktivität" eines Betriebes abzugeben, die wir bereits bei der Besprechung eines Beispiels von E. Schäfer negiert hatten, wurde zwar von Wunderlich[117] mit dem Hinweis auf die „Kulturzwecke" der Wirtschaft bejaht[118], und sie wird neuerdings von Fricke auf der Basis einer von ihm entworfenen „säkular gültigen Wertordnung[119]" vertreten; aber auch die Wertordnung von Fricke bleibt letzten Endes eine schemenhafte Rahmenskizze, der es an konkreten Maßstäben für eine Messung der „produktiven" Leistung mangelt[120].

---

[111] F. *Henzel*, Produktivität (HdB), 237, Sp. 4479.

[112] R. *Seyffert*, Wirtschaftslehre, 160, S. 15.

[113] Vgl. R. *Fricke*, Produktivitätstheorie, 36, S. 15, 304.

[114] F. H. *Mueller*, Soziale Theorie, 106, S. 29.

[115] Vgl. M. *Weber*, Verhandlungen über die Produktivität, 325, S. 416 ff.

[116] Vgl. hierzu W. *Huppert*, Volkswirtschaftliche Produktivität, 247, S. 90, und E. H. *Sieber*, Betriebswirtschaftslehre, 161, S. 110 ff.

[117] Vgl. F. *Wunderlich*, Produktivität, 183, S. 354, vgl. auch S. 126 ff., 350 ff.

[118] Vgl. ebenda.

[119] R. *Fricke*, Produktivitätstheorie, 36, S. 241 (S. 360 ff.).

[120] Das zeigt eine inhaltlich so unbestimmte Aussage wie: „Die volkswirtschaftliche Gesamtproduktivität orientiert sich an einem im Zweifel nur

Erwähnenswert ist die zunehmende Bedeutung, die der Wertschöpfung als Beitrag der Betriebe zum Sozialprodukt *ersatzweise* für die im einzelnen nicht bestimmbare volkswirtschaftliche *Nützlichkeit* zugelegt wird. Da keine anderen Maßstäbe zur Verfügung stehen, beschränkt sich die Beobachtung der „produktiven" Tätigkeiten in der Volkswirtschaft vor allem auf die Beobachtung des Entstehens des materiellen Sozialproduktes und seines Wachstums[121]. Die möglichst hohe Einkommenserzeugung durch wirtschaftliche Betriebe und eine bestimmte Art der Verteilung dieser Einkommen werden bevorzugte wirtschaftspolitische Ziele. Unter diesem Aspekt können Wertschöpfungszahlen eine gewisse volkswirtschaftliche Produktivität der betrieblichen Leistungen ausdrücken; das wird unter anderem dadurch verdeutlicht, daß der Staat versucht, die (etwa konkursbedingte) Auflösung von Betrieben mit hoher Wertschöpfung, d. h. mit volkswirtschaftlich beachtenswerter Einkommenserzeugung, zur Erhaltung ihrer so verstandenen „Nützlichkeit" durch besondere Stützungsmaßnahmen zu verhindern.

Der Begriff Produktivität in einer engeren und für statistische *einzelbetriebliche* Messungen geeigneten Form wird als eine „Verhältnisvorstellung" definiert, die das Ergebnis eines betrieblichen Leistens („Produktionsergebnis") zu den für dieses Leisten eingesetzten Kräften („Produktivkräften") in Beziehung setzt[122]. Das Ergebnis wird auch mit „Output" oder „Ausbringung", die leistensbewirkenden Kräfte auch als „Input" oder „Einsatz" bezeichnet. Verhältnisveränderungen von Output zu Input sollen dann die Veränderungen der Effizienz oder der „Ergiebigkeit" des Wirkens anzeigen. Wir finden deswegen für einzelbetriebliche Messungen die Begriffe Produktivität und Ergiebigkeit[123] oder „productivity" und „efficiency[124]" gleichgesetzt.

Diese allgemeine und formale Begriffsbestimmung der Produktivität wird zumeist in mehrere, inhaltlich bestimmte Unterbegriffe aufgefächert: Die bekanntesten Unterbegriffe sind die technische Produktivität und die wirtschaftliche Produktivität.

Die *technische Produktivität* wird in der Literatur ziemlich übereinstimmend aufgefaßt, sie soll den Wirkungsgrad eines verfahrenstech-

---

denkbaren (!) und praktisch kaum faßbaren (!) säkularen volkswirtschaftlichen Gesamtoptimum, das nur als eine Kombination spezieller säkularer produktionswirtschaftlicher Optima und Teiloptima aufgefaßt werden kann." (Ausrufezeichen durch den Verfasser eingefügt) aus: R. *Fricke*, Produktivitätstheorie, 36, S. 368 (vgl. auch S. 20, 365 ff.).

[121] Zur Kritik der Vorstellung, hauptsächlich die nachhaltige Erhöhung des materiellen Sozialproduktes sei „produktiv", vgl. R. *Fricke*, Produktivitätstheorie, 36, S. 122 und E. E. *Nawroth*, Wirtschaftsphilosophie, 108, S. 315 ff.

[122] Die zitierten Ausdrücke dieses Satzes stammen aus: M. R. *Lehmann*, Produktivität der Arbeit, 263, S. 322.

[123] Vgl. M. R. *Lehmann*, Wirtschaftlichkeit, 264, S. 553, Fußnote 20.

[124] Vgl. E. *Hickmann*, Produktivität, 55, S. 15; vgl. Th. N. *Beckman*, Marketing, 10, S. 730 ff.

nisch beleuchteten Leistensablaufes erkennen lassen; für ihre Ermittlung werden Einsatz und Ausbringung mit Mengeneinheiten und nur ersatzweise mit Werteinheiten (in Form von Verrechnungswerten, die dann die Wirkung von Mengenveränderungen erkennen lassen sollen) gemessen[125]. Eine typische Produktivitätszahl dieser Art gibt z. B. die „arbeitstägliche Förderung (von Kohle) in kg je Mann unter Tage" an[126].

Die stark voneinander abweichenden Meinungen über die *wirtschaftliche Produktivität* haben lediglich einen gemeinsamen Ausgangspunkt:

Das Verhältnis von Ausbringung zu Einsatz soll neben den technischen auch die wirtschaftlichen Bedingungen berücksichtigen und damit den wirtschaftlichen „Wert" (Preis) der Daten, die in die Produktivitätszahlen eingehen[127].

Als Ausdruck der wirtschaftlichen Produktivität eines Betriebes wird oft die *Rentabilität* genannt[128]. Wir wollen stellvertretend für diese Auffassung die neueren Ausführungen von Fricke herausstellen und ihre Stichhaltigkeit unter einem von der Wertschöpfungsrechnung nahegelegten Blickwinkel untersuchen[129].

Fricke[130] spaltet die Produktivität in eine technische, in eine marktwirtschaftliche und in eine hauswirtschaftliche Produktivität. Die (markt)wirtschaftliche Produktivität soll durch die Rentabilität (Eigenkapitalrentabilität) gemessen werden[131]. Die für diese Produktivitätsmessung grundlegende Bedeutung des betrieblichen Gewinnes als Erfolg (Ausbringung) eines Leistens wird von Fricke in zweifacher Hinsicht erklärt: Zum ersten soll der Gewinn für den Gesamtbetrieb das „allein interessante Produktionsziel" sein[132] und die Relation des Ge-

[125] Vgl. R. *Fricke*, Produktivitätstheorie, 36, S. 312 ff.; vgl. F. *Ottel*, Produktivitäten, 287, S. 490 ff.; vgl. G. E. *Reuss*, Produktivitätsanalyse, 125, S. 5, 48 ff., 57.

[126] Vgl. H. H. *Bischoff*, Die Arbeitsproduktivität, 194, S. 139. (Berechnungsmethoden und Kennzahlen sind in den S. 127 ff dargestellt.)

[127] Vgl. W. *Huppert*, Volkswirtschaftliche Produktivität, 247, S. 87.

[128] Vgl. dazu die Darstellungen der folgenden und in den Fußnoten 130 und 135 genannten Autoren: F. *Ottel*, Produktivitäten, 287, S. 490 ff. („betriebswirtschaftliche Produktivität"). F. *Merkle*, Produktivität, 100, S. 8, 112 ff. („wirtschaftliche Produktivität"). — Wirtschaftliche Produktivität, Wirtschaftlichkeit und Rentabilität werden hierbei etwa gleichbedeutend verwandt, vgl. auch E. *Schmalenbach*, Dynamische Bilanz, 4. Aufl., 142, S. 93 ff., („der Gewinn als Ausdruck der Wirtschaftlichkeit") — in den letzten Auflagen fehlt dieses Kapitel.

[129] Trotz der unterschiedlichen Begründungen für die einzelnen Auffassungen ist das Herausnehmen einer Auffassung (Fricke) für unsere Untersuchung möglich, da sich bezüglich des Zusammenhanges von Gewinn und Wertschöpfung generell ähnliche Einwände ergeben.

[130] Vgl. R. *Fricke*, Produktivitätstheorie, 36, S. 50 ff.

[131] Als Gewinn wird von Fricke der gesamte betriebliche Gewinn einschließlich „Unternehmerlohn" (S. 321) und als Kapital das Eigenkapital angegeben (S. 260), die „Rentabilität" entspricht also der ‚Eigenkapitalrentabilität'.

[132] R. *Fricke*, Produktivitätstheorie, 36, S. 252.

winnes zum eingesetzten Kapital soll die Effizienz des betrieblichen Wirkens zeigen[133], — (einzelbetrieblicher Aspekt) — zum zweiten wird die Anerkennung der „Nützlichkeit" einer betrieblichen Leistung in einer Marktwirtschaft aus der Vorstellung abgeleitet, daß der „Gewinn ... bei allen Trägern der Marktwirtschaft die Prämie für marktwirtschaftlich richtiges Verhalten ist"[134] — (gesamtwirtschaftlicher Aspekt)[135] — „erzielt der Handel Gewinn, dann ist es die Honorierung seiner marktwirtschaftlichen Dienstleistungen[136]". „Um vom Gewinn zum Begriff der marktwirtschaftlichen Produktivität zu kommen, muß man diesen zum investierten Kapital in Beziehung setzen[137]."

Die hier von Fricke vorgetragene Interpretation der marktwirtschaftlichen Nützlichkeit der betrieblichen Leistungen (der Markt entscheidet) deckt sich in ihrer Begründung mit den formalen Grundlagen der betrieblichen Wertschöpfungsrechnung (Wert-Preis-Gleichung). Wir können uns folglich bei der folgenden Untersuchung und Kritik auf eine durch die Formel „marktwirtschaftlicher Wert = Preis" bedingte Gleichartigkeit der Berechnungen stützen, so daß die von Fricke verwendeten Gewinngrößen und die später diesen gegenüberzustellenden Wertschöpfungsgrößen vergleichbar werden.

Für die betriebswirtschaftliche Beurteilung der *Rentabilität* als Maßstab für die wirtschaftliche *Produktivität* ist es vorteilhaft, eine spezifisch unternehmerbezogene — d. h. hier auf den Kapitaleigner bezogene — Sicht und eine gesamtbetriebliche Sicht zu unterscheiden:

Wird die Rentabilität aus der *Sicht* des *Kapitaleigners* beurteilt, so ist sie eine Art der als „Verhältnisvorstellung" definierten Produktivität und dadurch geeignet, die „Ergiebigkeit" des eingesetzten Eigenkapitals durch das Verhältnis von Ergebnis (Eigenkapitalzuwachs) zu Einsatz (Eigenkapital) anzugeben. Die überragende Bedeutung der Rentabilität als einer in dieser Weise eng abgegrenzten Kennzahl[138] ergibt sich für den Betrieb aus dem Interesse, das die bezüglich des Gewinnes verfügungsberechtigten und den Betrieb hauptsächlich wegen der Gewinnerzielung unterhaltenden Kapitaleigner „ihrer" Rendite zuwenden. Diese Rendite erscheint den Kapitaleignern als der maßgebende Betriebserfolg[139].

133 Vgl. ebenda, S. 253, 324 (S. 255 ff.).
134 Ebenda, S. 252.
135 Vgl. dazu auch: Rentabilität zur Messung der „gemeinwirtschaftlichen Produktivität": F. *Henzel*, Produktivität, 236, S. 266, 270; K. *Hax*, Wirtschaftlichkeitsmessung, 229, S. 5 ff. und die Kritiken von E. *Sieber*, Betriebswirtschaftslehre, 161, S. 119 ff.
136 R. *Fricke*, Produktivitätstheorie, 36, S. 322.
137 Ebenda, S. 324.
138 Zur Berechnung und Auslegung der Rentabilität als betrieblicher Kennzahl vgl. B. *Hartmann*, Betriebsanalyse, 51, S. 80 ff., 113 ff.
139 Diese vereinfachende Darstellung müßte man eigentlich in mehrfacher Hinsicht differenzieren, vor allem nach kleineren Betrieben und nach größe-

Einen angreifbaren Bedeutungszuwachs erhält die Rentabilität jedoch dann, wenn — von Fricke und den anderen genannten Autoren — ihre Aussage über die Aussage der oben bezeichneten Kennzahl hinaus zur Feststellung der Produktivität des *gesamten Betriebes* ausgedehnt werden soll. Ottel hebt in einem solchen Sinne hervor, die „betriebswirtschaftliche Produktivität" (= Rentabilität!) berücksichtige „möglichst alle betrieblichen Zusammenhänge[140]". Eine so geartete Messung der Produktivität des ganzen betrieblichen Wirkens kann aber kaum zu brauchbaren Ergebnissen führen, weil der Gewinn für die Inhaber nicht identisch ist mit dem Erfolg des Betriebes und weil die Eigenart des Gewinnes als Residualgröße der Verteilung der Wertschöpfung übergangen wird: „Im marktwirtschaftlich-kapitalistischen System gehören Gewinne den Betriebsinhabern ... als ihr Produktionsentgelt. In diesem Sinne zeigen sie die Produktivität des Kapitals (Rentabilität) nicht des Betriebes, sie können also auch nicht den Maßstab der *betrieblichen* Leistung bilden[141]."

Wir gehen davon aus, daß die Wertschöpfung den Gesamtbetrag der Vergütungen (Einkommen) beinhaltet, den der Markt dem Betrieb für seine Eigenleistung zugesteht. Die Wertschöpfung ist demnach ein von einem Betrieb in seiner Gesamtheit erzielter und erst einmal als einheitliche Größe aufzufassender marktwirtschaftlicher Erfolg, und der *Gewinn* ist — wie wir gesehen haben — nur der Teil der Wertschöpfung, der nach der Verteilung der Wertschöpfung als Rest übrigbleibt.

Die Höhe des Gewinnes *verändert* sich mit den Unterschieden, die der *Verteilungsmodus* im Laufe der Zeit und von Betrieb zu Betrieb aufweist. Es kann wohl kaum bei gleichbleibender Wertschöpfung (Leistung als Output des Betriebes) und ebenfalls gleichbleibendem Einsatz aller leistensbewirkenden Faktoren (Input des Betriebes) von einem verkleinerten Gewinn des Inhabers, der auf eine andere Verteilung zurückgeht (z. B. auf eine Lohnerhöhung im Betriebe), auf einen geringeren Wirkungsgrad des gesamtbetrieblichen Leistens geschlossen werden oder auf einen geringeren marktwirtschaftlichen Erfolg des Betriebes. Dieser Schluß wird nur verständlich, wenn man subjektiv vom Kapitaleigner bzw. Inhaber aus den Erfolg eines Inhabers, den dieser in Höhe des Gewinnes verbucht, mit dem Erfolg des Gesamtbetriebes gleichsetzt („kleinbetriebliches Denken")[142].

---

ren Betrieben, bei letzteren erhält der Betrieb als selbständige und im Wachstum zu sichernde Einheit gegenüber den Kapitaleignern mehr Gewicht. Die Zurechnung und Verwendung des Gewinnes sowie die Rentabilität können jeweils vielfältige Bedeutungsunterschiede aufweisen.

[140] F. *Ottel*, Produktivitäten, 287, S. 490.

[141] W. *Huppert*, Volkswirtschaftliche Produktivität, 247, S. 88.

[142] Vgl. dazu Kapitel D 2 b.

Ein plastisches Beispiel für die Mängel einer Produktivitätsmessung mit Hilfe der Eigenkapitalrentabilität ergibt sich hinsichtlich des Einflusses der unterschiedlichen Finanzstruktur eines Betriebes auf die Rentabilität. Die Produktivität des Betriebes, der seine Leistungen mit höherem Einsatz an Fremdkapital erbringt, kann doch nicht geringer angesetzt werden als die eines anderen Betriebes mit geringerem Fremdkapitaleinsatz, nur weil — ceteris paribus[143] — der Gewinn des mehr Fremdkapitalzinsen zahlenden Betriebes kleiner ausgewiesen wird[144]. Die „Ergiebigkeit" des funktionell eingesetzten Wirkungsfaktors Kapital ist in beiden Betrieben gleich groß.

Könnte dieses Beispiel noch entkräftet werden durch den Einwand, anstelle der Eigenkapitalrentabilität könne die Gesamtkapitalrentabilität treten (Fricke mißt allerdings die marktwirtschaftliche Produktivität durch die Eigenkapitalrentabilität), so bleibt die Bedeutung des Arguments bei anderen Beispielen ungebrochen, nämlich dann, wenn — wiederum unter sonst unveränderten Voraussetzungen — eine Umverteilung der Wertschöpfung auf Grund eines bereits oben erwähnten, veränderten Anteiles der Arbeitserträge (durch unterschiedliche Tarifsätze oder Entlohnungsverfahren) oder auf Grund eines veränderten Anteiles der Gemeinerträge (durch unterschiedliche Steuerzahlungen[145]) zu Veränderungen des Gewinnes führt.

Der mögliche Einwand, solche unterschiedlichen Verteilungen der Wertschöpfung seien in einer auf den Konkurrenzmechanismus gegründeten Marktwirtschaft unwahrscheinlich oder nicht marktgerecht, würde die Voraussetzung einer idealtypischen Marktwirtschaft verlangen. Dieser Einwand ist zudem bereits aus methodischen Gründen hinfällig, da er sich nicht vereinbaren läßt mit der Prämissensetzung, die Fricke seinerseits für die Produktivitätsmessung mit Rentabilitätszahlen unterstellt (seine Grundlage ist die „säkulare" Erscheinungsform der Marktwirtschaft[146]). Merkle und Ottel benutzen sogar noch dann Rentabilitätszahlen zur Produktivitätsmessung, wenn einzelbetriebliche Machtstellungen in den Rahmen der Marktwirtschaft eingeschlossen werden[147].

---

143 Das bedeutet hier: gleiche Wertschöpfungen und gleiche „Faktoreinsätze" (also auch gleiches *Gesamtkapital).*

144 Dieses Beispiel führt G. Fischer an, um den Unterschied zwischen Rentabilität und Wirtschaftlichkeit zu demonstrieren, vgl. G. *Fischer,* Betriebswirtschaftslehre, 33, S. 453.

145 Die Umverteilung der Wertschöpfung durch Veränderungen der Gemeinerträge bringt der Produktivitätsmessung schwierige Fragen, denn meist möchte man zweckmäßigerweise den Einfluß der Wirkungskraft „Staat" und der Gemeinerträge eliminieren und sich auf die betriebliche Produktivität von Kapital und Arbeit beschränken. Diese Beschränkung versucht man durch einen Kunstgriff zu erreichen. Vgl. dazu S. 122.

146 Vgl. R. *Fricke,* Produktivitätstheorie, 36, S. 47 ff., 57 ff.

147 Vgl. F. *Merkle,* Produktivität, 100, S. 143 ff. und F. *Ottel,* Produktivitäten, 287, S. 493.

Zusammenfassend läßt sich erkennen, daß die bei Fricke zu findende, einseitige Einengung des Begriffes „Leistungsergebnis“ auf den Gewinn als „Unternehmereinkommen[148]“ keinen Schluß von diesem Gewinn und von der mit ihm gebildeten Eigenkapitalrentabilität auf die marktwirtschaftliche Leistung und auf die marktwirtschaftliche Produktivität des gesamten Betriebes zuläßt. Denn *selbst wenn* man das betriebliche Leistensergebnis nur mit dem Unternehmereinkommen gleichsetzt, bleibt der Kernsatz von Fricke: „Die erfolgreiche marktwirtschaftliche Produktion kommt in der Erhöhung des marktwirtschaftlichen Wertes des Eigenkapitals der Unternehmung zum Ausdruck[149]“ zur Ableitung der Produktivitätsmessung ungeeignet, weil die vorhandene Interdependenz des Gewinnes mit den anderen Ertragsarten der Wertschöpfung zu dauernden Störungen bei der empirischen Produktivitätsmessung führen muß. Diese Störungen sind zwangsläufig verbunden mit den betriebsindividuellen Einflüssen auf die Ertragsverteilung, die sich z. B. herleiten aus den Verschiedenheiten der Finanzstruktur, der Größe, der Rechtsform oder des Standortes der Betriebe.

Fricke versucht nun, ohne auf dieses Problem einzugehen, eine Teilkorrektur durchzuführen, indem er die Einbeziehung „der gesamten Lohnsumme[150]“ in die marktwirtschaftliche Produktivität erwägt[151]. Dieser Ansatz zur Korrektur wird aber aufgehoben durch die Überlegung, „da ... die Leistungen der Arbeitnehmerschaft in den Löhnen abgegolten werden und man sich auf den Standpunkt stellen kann, daß die Löhne in ausreichendem Umfang marktgerecht sind, wird das Problem der marktwirtschaftlichen Produktivität von dieser Seite nicht berührt[152]“. Diese „Lösung“ wird dem hier vorgetragenen Einspruch jedoch nicht gerecht, denn die *tatsächlichen* Unterschiede der Verteilung der Wertschöpfung — und zwar im zeitlichen Ablauf desselben Betriebes und bei einem zwischenbetrieblichen Vergleich — verzerren die Aussage des Gewinnes als Erfolgsgröße unabhängig davon, ob diese Verteilung marktgerecht ist. Ein *Beispiel* dazu können wir den Berechnungen von Köhler entnehmen, der die Entwicklung der Wertschöpfung der Ilseder Hütte und ihre Verteilung untersucht hat. Aus der auffallend starken Umverteilung der Wertschöpfung zu Lasten der Kapitaleigner (die ausgeschütteten und nicht ausgeschütteten „Unternehmensgewinne“ sanken von 35 vH der Wertschöpfung in der Zeit um 1875 bis auf 7 vH in der Zeit um 1955[153]) und zugunsten der Arbeiten-

[148] Vgl. R. *Fricke*, Produktivitätstheorie, 36, S. 379.

[149] Ebenda, S. 260.

[150] R. *Fricke*, Produktivitätstheorie, 36, S. 372.

[151] Es wird nicht erwähnt, auf welche Bezugsgrundlage (Nenner des Produktivitätsverhältnisses bzw. des Rentabilitätsverhältnisses) diese erweiterte Erfolgsgröße bezogen werden soll.

[152] R. *Fricke*, Produktivitätstheorie, 36, S. 381.

[153] Vgl. H. W. *Köhler*, Einkommensverteilung, 70, S. 118.

den und des Staates können wir keinesfalls, nur isoliert die Veränderungen der Gewinne beobachtend, eine sinkende marktwirtschaftliche Produktivität des Betriebes herauslesen, hat sich doch zugleich die betriebliche Eigenleistung (Wertschöpfung) dauernd erhöht, und zwar, bezogen auf den Arbeits- und Mitteleinsatz, überproportional[154].

Die Frage nach einer aussagefähigeren Erfolgsgröße, als es der Gewinn ist, um die gesamtbetriebliche Leistung als „Ausbringung" in die Produktivitätsformeln einsetzen zu können, wird von Beckman mit dem Hinweis auf die *Wertschöpfung* beantwortet[155]. Beckman bezeichnet den „value added by distribution" als beste Outputgröße für die Produktivitätsmessung im Handel. Der „value added[156]" ermöglicht vor allem einen vorteilhaften Ersatz der Umsatzgrößen, aus deren häufigen Verwendung bei der Produktivitätsmessung gerade im Handel manche Schwächen der Produktivitätsmessung resultieren.

Als erstes ist darauf aufmerksam zu machen, daß eine Produktivität, die Wertschöpfungszahlen (Arbeitserträge, Kapitalerträge und Gemeinerträge) als betriebliche Ausbringung zu den gesamten eingesetzten, leistensbewirkenden Kräften (Arbeit, Kapital und Staat — zur rechnerischen Erfassung vgl. S. 121 ff.) in Beziehung setzt, keine Rückschlüsse auf die Gewinnerzielung im Betriebsprozeß zuläßt. Es besteht aber eine enge Verbundenheit zwischen Gewinnerzielung und Produktivität, denn bei steigender Produktivität und gleichbleibender Verteilung — bezogen auf den Ertrag bei niedrigerer Produktivität — kommt das Mehrergebnis der verbesserten Produktivität dem Betriebsinhaber als Gewinn oder als Verlustminderung zugute.

Man wird im Bereich der betrieblichen Leistenskontrollen bei der Anwendung von nur wertschöpfungsbezogenen Produktivitätszahlen oder von nur Rentabilitätszahlen immer einseitige Auskünfte erhalten; die Notwendigkeit oder das Verlangen der Betriebsführung, Kenntnisse über die Rentabilität und *zugleich* über die Produktivität zu erhalten (Terry[157]), erfordert eine gleichzeitige Verfolgung und Überwachung des betrieblichen Leistens mittels Rentabilitäts- und mittels Produktivitätszahlen.

Eine Kombination dieser beiden Kennzahlen wird besonders von Drucker hervorgehoben: Produktivität und Ertragsfähigkeit sind *Ziele* „für Leistung und Ergebnis" des Betriebes[158]. Die Ausbringung für die

---

154 Vgl. H. W. *Köhler*, Einkommensverteilung, 70, S. 86 ff., 98 ff., 118 ff.

155 Vgl. Th. N. *Beckmann*, Marketing, 10, S. 735. („value added... as a measure of marketing output").

156 Wertschöpfung als Bruttowertschöpfung, vgl. dazu S. 23.

157 Unmittelbare Ziele des Management sind nach G. R. Terry: 1. „Erreichung eines Geschäftsgewinns", 2. „Erzielung eines Höchstvolumens (output) in der Produktivität" aus: Principles of Management, Chicago 1953, S. 52; zitiert in: *Junckerstorff/Gast*, Management, 63, S. 52.

158 Vgl. P. F. *Drucker*, Management, 27, S. 83.

Produktivität wird dabei ebenfalls mit dem „value contributed" (= Wertschöpfung[159]) und die Ertragsfähigkeit mit einer Rentabilitätszahl festgestellt. Das Bestreben der Betriebe soll sich danach sowohl auf die Erhöhung der wertschöpfungsbezogenen Produktivität als auch auf die Erhöhung des „einbehaltenen Gewinnes" richten[160].

Die Erfassung der wirtschaftlichen *Produktivität* ist für den *Handel* um so vordringlicher, als die Anwendung technischer Produktivitätsgrößen in Anbetracht der marktorientierten Handelstätigkeit auf ganz wenige innerbetriebliche Leistensbereiche eingeengt ist. „Der Handelsbetrieb weist im Verhältnis zu den Produktionsbetrieben kein autogenes inneres Leben auf ... unter Wirtschaftlichkeit eines Handelsbetriebes versteht man vor allem eine „marktorientierte Wirtschaftlichkeit[161]". Wegen der Schwierigkeiten, die sich dem Messen einer wirtschaftlichen Gesamtproduktivität im Handel entgegenstellen[162], werden trotzdem bei handelsbetrieblichen Leistenskontrollen öfters technische Produktivitätszahlen als „partielle Produktivitäten" eingesetzt[163] (z. B. Zahl der bearbeiteten Rechnungen oder Zahl der Buchungen je Arbeitsstunde eines Angestellten).

Die Möglichkeiten zur Bestimmung der *wirtschaftlichen* Gesamtproduktivität von Handelsbetrieben werden ausführlich von Beckman erörtert. Beckman lehnt für die Produktivitätsmessung die Vorstellung ab, die eine Produktivitätssteigerung an eine Kostensenkung nach dem Motto „the lower the cost, the greater the productivity[164]" bindet, weiterhin wird als unbrauchbar verworfen die Messung der *Ausbringung* durch eine Erfassung der „quantity of goods marketed[165]" oder der „units of functional output[166]". Auch die zur Leistungsmessung möglicherweise heranzuziehenden wertmäßigen Umsatzgrößen geben nur Auskünfte über die Größe des die Fremdleistungen noch mitenthaltenden Absatzstromes, sie geben keine Auskünfte über den Inhalt bzw. die Tiefe und über den marktwirtschaftlichen Erfolg der betrieblichen Eigenleistung[167].

Ähnliches gilt für die Handelsspanne, die sich vom Umsatz ja nur um die Differenz des Wareneinsatzes unterscheidet und die deswegen kaum

---

159 Vgl. ebenda, S. 94, siehe auch S. 93: Der „value contributed" ist ein „erst in den letzten Jahren" gefundener Begriff, „der uns instand setzt, zu definieren, was wir messen müssen"!

160 Vgl. P. F. *Drucker*, Management, 27, S. 95.

161 D. *Kalussis*, Der Betriebsvergleich, 65, S. 115.

162 Vgl. dazu *Batzer-Laumer*, Der Großhandel, 8, S. 89 und H. *Bachmann*, Entwicklung Einzelhandel, 6, S. 12, 16.

163 Vgl. B. *Tietz*, Produktivitäten in Handelsbetrieben, 321, S. 390 ff.

164 Th. N. *Beckman*, Marketing, 10, S. 732.

165 Th. N. *Beckman*, Marketing, 10, S. 733.

166 Ebenda, S. 734.

167 Vgl. dazu auch S. 94 ff.

(wie Buddeberg andeutet) als „Ausdruck der betrieblichen Funktionsausübung[168]" gelten kann, um als solcher in die „Wirtschaftlichkeitsmessung" einbezogen zu werden[169].

Die *Wertschöpfung* hat gegenüber diesen Leistungsgrößen den Vorteil, als Ausbringung ganz speziell das vom Markt honorierte Ergebnis des eigenen betrieblichen Leistens zu messen, und zwar güterseitig durch die vom Betrieb bewirkte Distributionsleistung und einkommensseitig durch das allen Leistensbeteiligten und nicht nur dem Kapitaleigner zufließende Geldeinkommen. Somit wird in den Zähler des Produktivitätsverhältnisses in doppelter Hinsicht der marktwirtschaftliche Erfolg des ganzheitlichen Betriebes aufgenommen: „value added measures ... (as a measure of output) the creation of economic values within the marketing sector of the economy or within any enterprise in this sector[170]".

Ihre Aufgabe, Maßstab der handelsbetrieblichen Ausbringung zu sein, kann die Wertschöpfung nur erfüllen, wenn sich alle während und durch den Leistensprozeß ergebenden finanzwirtschaftlichen und marktbedingten Einflüsse auf ihren Inhalt auswirken. Demzufolge hebt sich ihr Berechnungsverfahren nicht nur von dem Vorgehen Lehmanns ab (der die Wertschöpfung lediglich als Ausbringung des erzeugungswirtschaftlichen Bereiches berechnet), sondern auch von all denjenigen Methoden[171], durch die die Auswirkungen von Preisschwankungen von dem Leistensergebnis eines Betriebes weitgehend ferngehalten werden sollen.

Im Nenner des — im Zähler die Wertschöpfung enthaltenden — Produktivitätsverhältnisses wäre als *Einsatz* erst einmal theoretisch die Gesamtheit der leistensbewirkenden Faktoren (Arbeit, Kapital und Staat) auszuweisen. Wir erhalten dann ein als *„Vollproduktivität*[172]*"* bekanntes Verhältnis: „gesamte Ausbringung : gesamter Faktoreinsatz". Bezüglich der durch diese Produktivät hergestellten Beziehun-

---

168 H. *Buddeberg*, Über die Vergleichbarkeit, 15, S. 201. Zum Unterschied von Wertschöpfung und Handelsspanne vgl. Kap. B 4.

169 Um die Fehlerquelle zu umgehen, die dadurch entsteht, daß noch Fremdleistungen in der Handelsspanne (als Output) enthalten sind, wählt Schulz-Mehrin bei der Ermittlung von Produktivitätszahlen einen Umweg: Er setzt im Zähler die „Produktionsleistung abzüglich Einsatzmaterial" ein — die der Handelsspanne entspricht — und kompensiert dann die meisten der dadurch im Zähler noch mitausgewiesenen Fremdleistungen durch den Einsatz des Postens „Kosten der fremden Dienstleistungen" im Nenner. Vgl. O. *Schulz-Mehrin*, Kennzahlen, 153, S. 22.

170 Th. N. *Beckman*, Marketing, 10, S. 735; vgl. noch Th. N. *Beckman*, Value Added Concept, 191, S. 94 und derselbe, Measurement of Output, 193, S. 8.

171 Vgl. K. *Kink*, Wertschöpfungsprozeß, 68, S. 151 (Position 1 c); vgl. A. *Schnettler*, Betriebsanalyse, 147, S. 360.

172 Vgl. auch H. *Krieghoff*, Produktivitätssteigerung, 75, S. 78 („Totalproduktivität").

gen zwischen dem betrieblichen Leistensergebnis und den eingesetzten Wirkungskräften hat man sich insbesondere die Einheitlichkeit der im einzelnen auf die Faktoren nicht zurechenbaren betrieblichen Leistung zu vergegenwärtigen: Unter diesem Blickwinkel gelten auch die nicht unmittelbar vom betrieblichen Wirken abhängigen Konjunkturgewinne und alle Differentialgewinne oder -verluste als unauflösbar verknüpft mit dem Ergebnis des marktwirtschaftlichen Tätigwerdens eines Betriebes. Dabei zeigt sich deutlich der Unterschied zur technischen Produktivität, die ihr Resultat von den Ausstrahlungen aller — von der wirtschaftlichen Umwelt bedingten — Wertdaten abschirmen möchte.

Lehmann[173] versucht, den Faktoreinsatz für die Vollproduktivität näherungsweise durch das eingesetzte Kapital und durch die eingesetzte Arbeit festzulegen. Dabei wird das Kapital durch eine der Berechnungsperiode entsprechende Verzinsung, also durch einen Zinsbetrag, repräsentiert und die eingesetzte Arbeit durch die gezahlten Arbeitsvergütungen („Gleiche Dimension" der Nennergrößen)[174].

Das stillschweigende Weglassen der *Gemeinerträge* im Input der Vollproduktivität ist nicht ganz folgerichtig, weil Lehmann vorher den Einsatz des Staates als direkten Mitwirkenden an der betrieblichen Leistungserbringung betont hat und weil er auch in der Produktivitätsmessung alle Steuern und Abgaben als Bestandteil der betrieblichen Eigenleistung (Output) ansieht.

Wenn man sich aus *praktischen* Überlegungen auf die Beobachtung der betrieblichen Produktivität von Arbeit und Kapital beschränken möchte, dann wird hinsichtlich der Gemeinerträge die verfahrenstechnisch mögliche — und nur so zu verstehende — *Annahme* zu empfehlen sein, daß der nicht meßbare Einsatz des staatlichen Mitwirkens im weitesten Sinne durch die vom Betrieb aufgebrachten indirekten Steuern und Abgaben verkörpert und gewissermaßen abgegolten wird. Danach würden sich die betreffenden in der Ausbringung (Wertschöpfung) und im Faktoreinsatz enthaltenen Gemeinerträge gegenseitig kürzen lassen. Auf diese Weise wird wenigstens teilweise (!) vermieden, Produktivitätsänderungen auf Grund veränderter Steuererhebungen und der daraus resultierenden Preisbeeinflussungen vorzutäuschen, nämlich in den Fällen, in denen indirekte Steuern verändert und vom Betrieb über den Preis weitergeleitet werden. Gestiegene Steuern würden sonst die Wertschöpfung erhöhen, ohne daß der Effekt des nach der gemachten Annahme möglichst isoliert zu ermittelnden betrieblichen Wirkens der beiden Faktoren Kapital und Arbeit gestiegen wäre. In der von

---

[173] Vgl. M. R. *Lehmann*, Wirtschaftlichkeit, 264, S. 542, 552 ff.; vgl. derselbe, Wertschöpfungsrechnung, 84, S. 66 ff.

[174] Vgl. M. R. *Lehmann*, Wertschöpfungsrechnung, 84, S. 67.

Lehmann berechneten Vollproduktivität wird folglich bei diesem Sachverhalt der Zähler größer und das ermittelte bessere Leistensergebnis wird ungerechtfertigterweise lediglich dem Einsatz von Kapital und Arbeit zugerechnet[175].

Werden die genannten Steuern nicht überwälzt, so wird das Betriebsergebnis bei gestiegenen Steuern vermindert. Das wäre ein Effekt, der, wiederum im Hinblick auf die einschränkende Prämisse, das Leistensergebnis nur auf Kapital und Arbeit zu beziehen, vom Betrieb aus wirtschaftlich (nicht technisch) auch als geringere Betriebsleistung gedeutet werden könnte. Wegen der Interdependenz der Ertragsarten und der noch in der Wertschöpfung enthaltenen direkten Steuern verursacht selbstverständlich auch ein solches Verfahren Unzulänglichkeiten, es ist aber zweckgerechter als eine Produktivitätsmessung, die diese Zusammenhänge vernachlässigt. Interessanterweise entspricht das hier vorgeschlagene Verfahren im Endergebnis der von Schnettler angewandten Rechnungsweise (dort wird als Zähler des Produktivitätsverhältnisses die Wertschöpfung zu Faktorkosten eingesetzt)[176].

Statt der Vollproduktivität wird als „praktisch benötigter Zweckbegriff[177]" fast immer die sog. *Arbeitsproduktivität* angegeben, sie kann wesentlich einfacher ermittelt werden und wird gegenwärtig fast ausschließlich bei gesamtwirtschaftlichen und bei internationalen Produktivitätsvergleichen angegeben[178]. Der Ausbringung (Zähler) wird als Faktoreinsatz (Nenner) nur die eingesetzte Arbeit gegenübergestellt (z. B. Wertschöpfung je beschäftigte Person oder Wertschöpfung zu Arbeitsvergütungen). Die Arbeitsproduktivität ist eine „Einfaktorproduktivität", die besser als „arbeitsbezogene Produktivität[179]" bezeichnet würde, weil Begriff und Berechnung sonst leicht den Anschein erwecken könnten, ein mit ihr festgestellter Leistungszuwachs werde nur durch den Faktor Arbeit verursacht und könne allein ihm zugerechnet werden.

Die Arbeitsproduktivität ist eine Kennzahl, die als Umsatz pro Arbeitskraft[180] oder — zweckentsprechender — als Wertschöpfung pro Arbeitskraft[181] bestimmt wird und oft für Leistenskontrollen im *Handel* in Anspruch genommen wird.

---

[175] Vgl. M. R. *Lehmann*, Wirtschaftlichkeit, 264, S. 614.

[176] Vgl. A. *Schnettler*, Betriebsanalyse, 147, S. 361 ff. Volkswirtschaftliche Produktivitätsmessungen gehen denselben Weg: vgl. K. *Krieghoff*, Produktivitätssteigerung, 75, S. 121 ff. und G. *Fürst*, Produktivitätsmessung, 218, S. 18 ff.

[177] M. R. *Lehmann*, Produktivität der Arbeit, 263, S. 324.

[178] Vgl. *Mathieu-Gnielinski*, Produktivität in neuerer Sicht, 95, S. 9 ff., 28 ff.

[179] Nach G. R. *Reuss*, Produktivitätsanalyse, 125, S. 9.

[180] Vgl. W. I. *Smirnow*, Betriebsanalyse im Handel, 162, S. 87; vgl. *Batzer-Laumer*, Der Großhandel, 8, S. 89.

[181] Vgl. M. R. *Lehmann*, Produktivität der Arbeit, 263, S. 388 ff. und die Kennzahlensystematik des handelswissenschaftlichen Instituts der Handels-

Als Verhältnis der Wertschöpfung zur eingesetzten Arbeit im Betriebe gibt die Arbeitsproduktivität in einzelwirtschaftlicher Hinsicht ganz allgemein an, mit welchem Einsatz an Arbeitskräften die betriebliche Eigenleistung erbracht worden ist. Sie läßt dabei gewisse Einblicke in die Entwicklung der mit Hilfe der Gegebenheiten des betrieblichen Aufbaues und Ablaufes und der betrieblichen Organisation erreichten Wirkung des Arbeitseinsatzes zu. Wenn das Verhältnis der eingesetzten Arbeit zum eingesetzten Kapital im Betrieb vergleichbar geblieben ist, können durch die Arbeitsproduktivität die Veränderungen des gesamtbetrieblichen Einkommens derart auf die Arbeitskräfte bezogen werden, daß das Mehreinkommen je Arbeitskraft zur Ausgangsgröße einer an die Steigerung der Arbeitsproduktivität gekoppelten Wertschöpfungsbeteiligung der Arbeitnehmer gewählt wird (Ruckerplan)[182].

In gesamtwirtschaftlicher Hinsicht bringt die Arbeitsproduktivität „den elementaren Tatbestand zum Ausdruck, daß das (Real-)Einkommen pro Kopf der werktätigen Bevölkerung gestiegen ist, und zwar unabhängig davon, ob und inwieweit der Einkommenszuwachs zur Erhöhung des Arbeitseinkommens oder zur Ausweitung des Kapitalstocks benutzt worden ist“[183].

Die Arbeitsproduktivität kann ferner für *Vergleiche* des *Produktivitätszuwachses* zwischen Handel und Industrie ausgewertet werden; bekanntgeworden ist eine von Barger in den USA ausgeführte Untersuchung, bei der die Produktivitätsergebnisse mit Hilfe des „value added“ (pro Beschäftigten) gesucht wurden[184]. Das von Barger festgestellte Zurückbleiben der Arbeitsproduktivität im Handel[185] wird als vielbeachtete Erscheinung insbesondere zurückgeführt auf die mangelnde Möglichkeit des Handels zur Ausnutzung des „technischen Fortschritts“, der sich „vornehmlich im Bereich des Anlagekapitals[186]“ vollzieht. Das größere Leistensergebnis pro Arbeitskraft in der Industrie wird daher hauptsächlich durch die größere Kapitalintensität der industriellen Leistensstruktur erklärt.

---

hochschule Kopenhagen; dargestellt in: M. *Eigner*, Wirtschaftlichkeitssteigerung, 207, S. 264; vgl. weiterhin C. *Krömke*, Der Betriebsvergleich, 76, S. 94 (Verwendung von Nettoproduktionswerten bei der Errechnung der Arbeitsproduktivität durch das Ministerium für Allgemeinen Maschinenbau in der DDR).

[182] Vgl. dazu Kap. D 2 c.

[183] H. *Krieghoff*, Produktivitätssteigerung, 75, S. 98; vgl. dazu auch W. *Huppert*, Volkswirtschaftliche Produktivität, 247, S. 98 ff., 106 ff.

[184] Vgl. H. *Barger*, Distribution's Place in the American Economy since 1869, Princeton 1955, S. 37—52, dargestellt in: R. *Nieschlag*, Binnenhandel, 112, S. 36—37.

[185] Vgl. noch E. *Hoppmann*, Binnenhandel, 61, S. 48 ff. und Th. N. *Beckman*, Marketing, 10, S. 736.

[186] H. *Krieghoff*, Produktivitätssteigerung, 75, S. 90.

Die nachfolgend wiedergegebene *Literatur*auswahl kann Einzelheiten zur Produktivitätsmessung mit Wertschöpfungszahlen und zur Auffassung der Arbeitsproduktivität vermitteln[187]. Der hier gebotene Überblick konnte nur Anregungen und Probleme aufzeigen, die durch das Wertschöpfungsdenken und durch die Anwendung von Wertschöpfungszahlen in die Produktivitätsmessung gebracht werden.

[187] Zur Produktivitätsmessung mit Wertschöpfungszahlen vgl. M. R. *Lehmann,* Wertschöpfungsrechnung, 84, S. 25 ff.; derselbe, Wirtschaftlichkeit, 264, S. 549 ff.; L. L. *Illetschko,* Grundfragen, 62, S. 11; R. O. *Gockel,* Wertschöpfungsrechnung, 41, S. 34 ff., 48 ff.; G. *Fürst,* Produktivitätsmessung, 218, S. 20 ff. (volkswirtschaftlich); *Esenwein-Rothe,* Wirtschaftsstatistik, 30, S. 164 (volkswirtschaftlich); A. *Schnettler,* Betriebsanalyse, 147, S. 360, 396 ff.

D. Das Wertschöpfungsdenken

1. Inhalt und Bedeutung des Wertschöpfungsdenkens

Die Durchleuchtung des Begriffes Wertschöpfung und die Durchführung der Wertschöpfungsrechnung legen uns nunmehr eine spezifische Beurteilung des betrieblichen Leistens und der Leistensergebnisse nahe. Das Spezifische der Beurteilung gründet sich auf ein Denken, das hier als Wertschöpfungsdenken bezeichnet wird: Der Begriff „Wertschöpfung" setzt sich im Denken als ein wesentliches Kriterium betriebswirtschaftlicher Analysen fest und trägt als solches, als „mitbewußter" *Denkinhalt* (Rohracher[1]) zu einer bestimmten „Einstellung" der Wirtschaftssubjekte bei.

Diese Einstellung leitet sich im positiven Falle primär von dem Denkinhalt ab, daß der Betrieb als ein Ganzes und daß das betriebliche Einkommen als ein gemeinsames Entgelt für alle funktionell an der Leistung beteiligten Wirkungskräfte aufzufassen sei. Da der einstellungsmäßige Denkinhalt von den persönlichen Erfahrungen der Wirtschaftssubjekte geprägt wird, ist er weitgehend von den Einflüssen der gesellschaftlichen Umwelt abhängig[2], insbesondere von Einflüssen der engeren betrieblichen Umwelt, die für diese Arbeit als gegenpoliges Spannungsfeld zwischen Kleinbetrieben und Großbetrieben gesehen wird (vgl. Kapitel D 2 b und c).

Die Vielzahl ineinander verwobener Denkinhalte und ihre im einzelnen nuancierten Erscheinungsformen bedingen allerdings eine vereinfachende *Typisierung*.

Bezüglich des Wertschöpfungsdenkens scheint uns in den Betrieben bei einer typisierenden Betrachtung eine ziemlich deutlich konturierte Einstellung erkennbar, eine Einstellung, die sich auch hinsichtlich ihrer handlungssteuernden Folgen aus den Handlungen der Wirtschaftssubjekte herauslesen läßt, und die in der Literatur im Zusammenhang mit der Wirtschaftsgesinnung[3] oder mit den Werthaltungen[4] der Wirtschaftenden beschrieben wird.

---

[1] H. *Rohracher*, Psychologie, 129, S. 327.

[2] Ebenda, S. 331; vgl. auch I. A. C. *Brown*, Betriebspsychologie, 14, S. 104 ff. (114).

[3] Vgl. W. *Sombart*, Kapitalismus, I 1, 163, S. 13 ff.

[4] Vgl. G. *Weisser*, Wirtschaft, 329, S. 1073 ff. und H. *Becker*, Soziologie, 9, S. 39 ff.

Die nachfolgenden Ausführungen werden — nach einer Skizzierung dessen, was die Literatur (expressis verbis oder dem Sinne nach) über ein solches Wertschöpfungsdenken ausgeführt hat — den Inhalt des Wertschöpfungsdenkens in bestimmter Weise präzisieren und damit den Ausgangspunkt festlegen für eine neuartige Deutung des Verhaltens der Wirtschaftssubjekte in Klein- und Großbetrieben.

Ein dem Wertschöpfungsdenken ähnliches Denken kennzeichnet die Lehre von *Nicklisch*. Das Ergebnis des Betriebsprozesses ist der „Gesamtertrag[5]“, der das Äquivalent für die Eigenleistung der „Betriebsgemeinschaft[6]“ ist und die Summe der an den Unternehmer bzw. an den Kapitaleigner sowie an alle übrigen Mitglieder der Betriebsgemeinschaft zu verteilenden Erträge umfaßt (Ertragsverteilungsprozeß als „Ergänzung des Ertragserzielungsprozesses[7]“).

Im Gegensatz zu der heute verbreiteten Auffassung vom Betrieb als „Mittel der Gewinnerzielung“ und vom Arbeitslohn als marktbestimmten Kostenpreis hat Nicklisch frühzeitig die Forderung gestellt, aus dem Bewußtsein „vom organischen Gestaltwirken des Menschen[8]“ den Betrieb als zweckhaftes Zusammenwirken aller personalen Träger der Produktionsfaktoren zu betrachten und nicht nur den unternehmerischen Gewinn, sondern das gesamtbetriebliche Einkommen als Erfolg des Betriebes aufzufassen. Die Ausgaben für Löhne, Gehälter u. a. verursachen nach Nicklisch keine „Kosten[9]“, sie sind „Arbeitserträge“ und vorausgezahlte Anteile am „Betriebsertrag“.

Diese Erklärung des Gesamtertrages und seiner Verteilung an die Betriebsmitglieder wurzelt in einer Einstellung, die in den wichtigsten Zügen dem Wertschöpfungsdenken gleicht und die „über ein Jahrzehnt... von der Mehrzahl der Wissenschaftler als zu theoretisch konstruiert“ abgelehnt wurde „und die gerade heute... sich als... Richtschnur in den Fragen der Mitbestimmung und Beteiligung der Betriebsangehörigen“ bewährt[10].

In jüngerer Zeit haben einige Autoren Folgerungen aus der Auslegung des Wertschöpfungsbegriffes gezogen, die im Kern mit den Vorstellungen von Nicklisch übereinstimmen. Lehmann erblickt in der Wertschöpfungsrechnung „eine Rechnungsart... die dazu bestimmt ist, im Rahmen der *Betriebssoziallehre* der Zukunft eine besondere Rolle zu

[5] Vgl. H. *Nicklisch*, Die Betriebswirtschaft, 110, S. 527, 516. Der „Gesamtertrag“ ist die Differenz von den „Erlösen“ zuzüglich dem Wert der Bestandsveränderungen an Halb- und Fertigfabrikaten und den „Kosten“. Die Kosten sind periodizierte „Ausgaben für alles von draußen Beschaffte“.

[6] Vgl. H. *Nicklisch*, Die Betriebswirtschaft, 110, S. 294 ff.

[7] H. *Nicklisch*, Ertragsverteilungsprozeß (HdB), 280, Sp. 1611.

[8] F. *Schönpflug*, Betriebswirtschaftslehre, 152, S. 214 (zur normativen Grundhaltung von Nicklisch).

[9] Vgl. Fußnote 5.

[10] R. *Seyffert*, Über Begriff, Aufgaben und Entwicklung, 158, S. 53.

spielen"[11]: Der Schwerpunkt der aus der Wertschöpfungsrechnung und dem Wertschöpfungsdenken[12] entspringenden sozialwissenschaftlichen Erkenntnisse soll auch hier in der Feststellung und Deutung eines gesamtbetrieblichen Ertrages (der Wertschöpfung) und seiner Verteilung liegen. Die Wertschöpfung weist die vereinten (und weiter als bei Nicklisch gefaßten) Ertragsanteile[13] der „Sozialpartner" als Vergütungen für ihre im Prinzip ranggleichen Leistungsbeiträge aus[14]. Damit wird die Rolle der „Betriebsgemeinschaft" wiederbelebt und es soll der „Leitsatz" der Betriebssoziallehre angeregt werden: „Der produzierende Mensch (wird) als Zweck gesetzt[15]."

Stöbe schildert den vermeintlichen Einfluß des Wertschöpfungsdenkens auf das betriebliche Verhalten in einer sehr weitreichenden, mehr normativ anmutenden Formulierung: „In dem Begriff Wertschöpfung ist die Antinomie zwischen Arbeitsvergütungen und Gewinn aufgehoben, denn durch ihre Zusammenfassung in einer Wertgröße wird das Streben der am Produktionsprozeß Beteiligten auf deren Förderung hingelenkt, statt auf eine Vermehrung des einen Wertes zu Lasten des anderen[16]." Gleichartige Auswirkungen des Wertschöpfungsdenkens auf das Verhältnis der Sozialpartner werden auch von anderen Schülern Lehmanns betont, und zwar ohne eine — wie sich herausstellen wird — notwendige Beschränkung der Aussagen auf gewisse Betriebsgrößen[17].

Beckman unterstreicht im Rahmen des Wertschöpfungsdenkens mehr die Wichtigkeit der Übertragung des Begriffes „value added" auf das Gebiet des Handels, war doch der Blick bisher ausschließlich auf den „value added by manufacturing" gerichtet[18]. Er richtet dabei sein Interesse bevorzugt auf die Überlegung, daß der „Staat" als Produktionsfaktor und Sozialpartner am Wertschöpfungsprozeß und an der Verteilung der Wertschöpfung (hier im Sinne der Bruttowertschöpfung) beteiligt sei, er bedauert, daß dieser Gedanke, der auch in deutschen Abhandlungen trotz der Einbeziehung der Gemeinerträge in die Wertschöpfung vernachlässigt wird, noch keinen Eingang in das allgemeine Denken gefunden hat[19]: „It is high time, that our thinking about factors of production be changed to conform to realism[20]."

---

[11] M. R. *Lehmann*, Sozialwissenschaft, 265, S. 43.
[12] Auch Lehmann verwendet den Begriff „Wertschöpfungsdenken". Vgl. M. R. Lehmann, Wertschöpfungsrechnung, 84, S. 99.
[13] Vgl. dazu Kap. B 1.
[14] Vgl. M. R. *Lehmann*, Sozialwissenschaft, 265, S. 39 ff., 43.
[15] Ebenda, S. 43.
[16] F. *Stöbe*, Ergebnisbeteiligung, 168, S. 87.
[17] Vgl. R. O. *Gockel*, Wertschöpfungsrechnung, 41, S. 59 ff. und H. *Rentsch*, Betriebliche Wertschöpfung, 124, S. 5 ff., 148 ff.
[18] Vgl. Th. N. *Beckman*, Value Added by Distribution, 192, S. 43 ff.
[19] Vgl. Th. N. *Beckman*, Value Added Concept, 191, S. 98—99.
[20] Zitiert aus einem Brief von Th. N. Beckman an den Verfasser (6. 4. 1962)

Diese Literaturangaben folgten einigen Spuren, die das Wertschöpfungsdenken in wirtschaftswissenschaftlichen Untersuchungen hinterlassen hat. Das Wertschöpfungsdenken wird sich — dem Doppelgesicht der Wertschöpfung entsprechend — entweder stärker auf das güterbezogene Leistensergebnis eines Betriebes oder auf die vom Betrieb hervorgebrachte *Einkommenssumme* konzentrieren. Die jeweilige Vielfalt der sich ergebenden möglichen Konsequenzen soll in der nachfolgenden Darstellung reduziert werden durch die Einengung des „Kriteriums" Wertschöpfung auf den einkommensmäßigen Aspekt[21], zugleich können dadurch besonders beachtenswerte Ausstrahlungen des Wertschöpfungsdenkens sichtbar gemacht werden.

Die Basis des Wertschöpfungsdenkens ist — wie bereits erwähnt — die Vorstellung, daß dem Betrieb als Institution[22] für seine marktwirtschaftlich definierbare Leistung ein einheitliches Gesamteinkommen zufließt, das an die Leistensbeteiligten verteilt werden soll. Die *Fragestellung* heißt jetzt: Welche Wirkung hat dieses „Schauen" eines gesamtbetrieblichen Einkommens und seine Dreiteilung in Arbeitserträge, Kapitalerträge und Gemeinerträge auf das gegenwärtige wirtschaftswissenschaftliche und wirtschaftspraktische Denken.

Zunächst ist beachtenswert, daß der Betrieb als selbständige Institution Einkommen bezieht. Eine historische Voraussetzung für diese Auffassung ist die mit dem aufkommenden „Kapitalismus" verbundene *„Verselbständigung"* der *Betriebe*. Sombart bezeichnet die „Verselbständigung des Geschäfts" als typische Erscheinung des „Kapitalismus", sie ist das „Emporheben eines selbständigen Wirtschaftsorganismus über die einzelnen wirtschaftenden Menschen hinaus, ... die Zusammenfassung aller ... sich vollziehenden geschäftlichen Vorgänge ... zu einer ... Einheit, die ... selbst als der Träger der einzelnen Wirtschaftsakte erscheint und ein eigenes, das Leben der Individuen überdauerndes Leben führt"[23]. Gerade bei größeren Gebilden wird das Eigenleben der Betriebe durch die „Mechanisierung[24]" der interpersonalen Beziehungen mit verursacht und gefördert. Das Eigenleben wird ferner durch die „Entpersönlichung der Leitung[25]" ausgeprägt und durch die Rechtsform der Kapitalgesellschaft, insbesondere der AG, formal gestützt.

---

[21] Der güterseitige Aspekt wurde ausführlich im Zusammenhang mit der Wertschöpfung des Handels kommentiert —vgl. Kap. B 4 (auch B 2).

[22] Vgl. dazu: „Institutionelle Wertschöpfung" — S. 48.

[23] W. *Sombart*, Eigenart des Kapitalismus, 318, S. 10, vgl. auch H. *Ford*, Mein Leben, 34, S. 309.

[24] Die „Mechanisierung" der gesellschaftlichen Beziehungen wird durch Sombart unter anderem mit der „Versachlichung" und „Entpersönlichung" erklärt. Vgl. W. *Sombart*, Kapitalismus, II 2, 163, S. 1076 ff. und W. *Sombart*, Eigenart des Kapitalismus, 318, S. 25.

[25] Vgl. dazu auch Kap. D 2 a.

In diesen verselbständigten — typisch „kapitalistischen" — Betrieben vollzieht sich der Anschauung von Sombart zufolge eine „Objektivation des Gewinnstrebens[26]": Als einziges Kennzeichen der erfolgreichen Leistung gilt der Gewinn. Die betriebliche Erfolgsanalyse ordnet die Arbeiter lediglich als „Objekte" des Wirtschaftens, als Träger der „Ware Arbeitskraft[27]" ein und den Lohn als erfolgsvermindernden und generell möglichst niedrig zu haltenden Aufwand. Die Besteuerung erscheint bei dieser Sicht als eine vom Staat ausgehende Beeinträchtigung des betrieblichen Erfolges, d. h. es liegt „fast unvermeidlich in ihrer Natur, daß sie den Produktionsprozeß schädigt[28]". Die durch den Steuerwiderstand hervorgerufenen Reibungen zwischen Staat und Betrieben sind demzufolge ein „Grundübel" des Kapitalismus[29].

Diese Skizze der „kapitalistischen Grundkonzeption" läßt zwar bereits die für das Wertschöpfungsdenken vorauszusetzende Verselbständigung der Betriebe zu einer eigenständigen Institution erkennen, aber zugleich noch eine Einstellung zu Arbeit und Staat, für die die Wertschöpfung im Sinne einer betrieblichen Erfolgsgröße und eines betrieblichen Gesamteinkommens als wesensfremde und unsinnige Konstruktion erscheinen muß.

Erst eine in den letzten Jahrzehnten sich durchsetzende Wandlung der Wirtschaftsgesinnung[30] ermöglichte das Vordringen eines dem Wertschöpfungsdenken sich annähernden Denkens: Die verselbständigten Betriebe, vor allem große Mittelbetriebe und Großbetriebe, stellen sich in unserer Zeit als „soziale Gebilde" und als „öffentliche Institutionen[31]" dar, die dem Eigentümer hinsichtlich seiner persönlichen Absichten zur Gewinnerzielung und zur Gewinnverwendung Beschränkungen auferlegen bzw. auferlegen sollen. Der Betrieb als „organisierte Wesenheit" (Ford) steht unter dem *Leitstern* eigenständigen Gedeihens[32] und eines betrieblichen Wohlstandes, der aus dem Zusammenwirken aller funktio-

---

[26] W. *Sombart*, Eigenart des Kapitalismus, 318, S. 11.

[27] Die „Arbeit als Ware" — eine vor allem durch Karl Marx in die Literatur eingeführte Formulierung — vgl. K. *Kautsky*, Karl Marx, 67, S. 59 ff. Erst kürzlich hat Fettel unterstrichen, daß die Arbeit für die „unternehmerische Rechnung" wie eine Ware, die anderen einzukaufenden Waren gleichzustellen ist, aufgefaßt werden sollte. Vgl. J. *Fettel*, Der Faktor Arbeit, 210, S. 618.

[28] J. A. *Schumpeter*, Kapitalismus, 154, S. 317.

[29] Nach J. A. *Schumpeter*, Kapitalismus, 154, S. 316 ff.

[30] Das heutige System trägt Bezeichnungen, aus denen sein sozialerer Charakter hervorgehen soll. Das Merkmal „kapitalistisch" wird der oben dargestellten Wirtschaftsgesinnung im Sinne von Sombart vorbehalten. Vgl. P. A. *Samuelson*, Volkswirtschaftslehre, 136, S. 36 („kapitalistisches Mischsystem"). Vgl. K. *Mellerowicz*, Betriebswirtschaftslehre, 99, S. 116, 163 („sozialorientierter Neukapitalismus").

[31] Vgl. K. F. *Diedrich*, Betriebsgestaltung, 25, S. 27 und K. *Pöhner*, Der moderne Unternehmer, 290, S. 91.

[32] Vgl. H. *Ford*, Das große Heute, 35, S. 47—48.

nell am Betriebsprozeß Beteiligten geboren wird; die gesicherte und befriedigende Einkommenserzielung *aller* „Sozialpartner" wird zu einem der Nur-Gewinnerzielung für die Kapitaleigner vorrangigen Ziel.

Kink stellt folgerichtig „die Problematik des rein subjektiven Einkommensbegriffes" und die Notwendigkeit einer Erfassung der ganzen Betriebswirtschaft als eines „Einkommenssubjektes" — im Gegensatz zur Betriebswirtschaft als eines „Ertragserzielungsobjektes" — zur Diskussion[33].

Das Wesentliche dieser gedanklichen Entwicklung ist das Bewußtsein, daß die im Betrieb zur Kooperation vereinigten Sozialpartner ihre einzelnen *Einkommen* von einem gemeinsamen Gesamteinkommen des Betriebes *ableiten*. Die von Achinger stammende Formulierung der Arbeitnehmereinkommen „als Funktion des Kollektivs[34]" kann sinnvoll erweitert werden auch auf die Einkommen der Arbeitgeber bzw. Kapitaleigner und des Staates. Achinger weist begründend auf das bei allen Leistensbeteiligten „durchaus vorhandene" Gefühl hin, „daß der einzelne Erfolgs- und Lohnanteil das Produkt einer fast unübersehbaren Kooperation sei": Der Arbeitende widmet deswegen den Abzügen von seinen Einkünften (soziale Abgaben und Steuern) nur wenig Interesse, noch weniger ist zu erwarten, daß er diesen Abzügen Widerstand entgegensetzt[35].

Die immer wieder erklärungsbedürftig erscheinende Aufgabe, den *„Erfolg"* des ganzen *Betriebes* zu messen[36], findet bei diesen gedanklichen Ansätzen den Weg zu einer Lösung. Auf die Frage der gesamtbetrieblichen Erfolgsanalyse, „wie weit der institutionelle Sinn des Gebildes verwirklicht ist[37]", vermittelt nämlich die Wertschöpfung als Summe der insgesamt für den Betrieb erzeugten Einkommen eine sehr viel aussagekräftigere Antwort als der — den Kapitaleignern zufließende — Gewinn. Damit wird zwar nur eine Komponente des in einer komplexen Zielsetzung der betrieblichen Institutionen wurzelnden „Sinns" getroffen. Diese Komponente und Antwort gewinnt jedoch zusätzliches Gewicht, weil die Wertschöpfung zugleich die volkswirtschaftlich entscheidende Leistung der Betriebe sichtbar macht.

Die Veranschaulichung des ganzheitlichen Betriebsertrages lenkt die Aufmerksamkeit wiederum zwangsläufig auf die *Verteilungsfragen*. Die Unmöglichkeit, den Gesamterfolg den einzelnen Erfolgsbeteiligten unmittelbar zuzurechnen, widerspricht eindeutigen oder auch nur an-

---

[33] Vgl. K. *Kink*, Wertschöpfungsprozeß, 68, S. 160.
[34] H. *Achinger*, Sozialpolitik, 1, S. 35.
[35] Vgl. ebenda, S. 36; vgl. dazu auch H. *Ford*, Mein Leben, 34, S. 87.
[36] Vgl. G. *Weisser*, Wirtschaft, 329, S. 993 („Die Technik der [wirtschaftlichen] Erfolgsmessung steht noch ganz am Anfang") siehe: „Exkurs über die Möglichkeit der Messung wirtschaftlicher Erfolge", S. 993 ff.
[37] G. *Weisser*, Wirtschaft, 329, S. 494.

nähernd auf Genauigkeit Anspruch erhebenden Erfolgsaufspaltungen[38]. Weder ist für die Arbeiter die Verwirklichung des alten Postulates des „Rechts auf vollen Arbeitsertrag" auch nur ungefähr durch eine theoretische Feststellung ihres Ertragsanteiles vollziehbar[39] noch kann der Staat seine Forderungen (im allgemeinen) auf einen quantitativ erfaßbaren Zusammenhang zwischen seiner Mitwirkung und dem Ergebnis der betrieblichen Leistung stützen, und auch der Unternehmer und Kapitaleigner kann keineswegs bestimmte Erträge — etwa den Erfolg gestiegener Produktivität — mit unbezweifelbaren Recht beanspruchen (wie Ammon[40], Kokkalis[41] und andere Autoren fordern[42]).

Die Ansprüche des Unternehmers auf einen Erfolgszuwachs auf Grund gestiegener Produktivität durch den technischen Fortschritt ist schon allein deswegen nicht schlüssig, weil die geistigen Grundlagen des Fortschritts oft erst vom Staat (in erster Linie durch die Wissenschaft) geschaffen werden[43].

Festzuhalten ist, daß die von der Theorie der sozialen Marktwirtschaft propagierte Verteilung durch den Marktmechanismus nicht als problemfreie Lösung des Verteilungsproblemes anzusehen ist: „Was der Markt zuteilt, ergibt nicht die Norm, sondern das ungelöste Problem heutiger Verteilungspolitik[44]".

Wie bedeutsam das Vermitteln von Einsichten in die Entstehung und Verteilung der Wertschöpfung ist, wird ganz speziell in der Betriebswirtschaftslehre aus den unmittelbaren *Folgerungen* für die Betriebsführung etwa hinsichtlich folgender Fragen offensichtlich: Sollen die Arbeitnehmer am betrieblichen Gesamtertrag im Sinne der Wertschöpfung beteiligt werden? (Rucker-Plan in den USA[45]) — Sollen Lohnerhöhungen als Änderung der Ertragsverteilung (preisneutrale Auswirkung) oder als Kostensteigerung, die auf die Preise abzuwälzen ist, beurteilt werden? Soll die Beurteilung der Ertragsfähigkeit eines Unternehmens und in Abhängigkeit davon die Beurteilung des Unternehmungswertes nach dem Gewinn — also nach einem von der jeweiligen

---

[38] „Es läßt sich nicht mehr ermitteln, wie groß der Beitrag des Einzelnen zur Gesamtleistung ist". G. *Weisser*, Wirtschaft, 329, S. 1056 Vgl. auch B. *Moll*, Gerechtigkeit, 105, S. 29 und E. *Böhler*, Nationalökonomie, 13, S. 258.

[39] Vgl. G. *Weisser*, Wirtschaft, 329, S. 1056 und F. A. *Hayek*, Knechtschaft, 53, S. 146.

[40] Vgl. A. *Ammon*, Nationalökonomie, 4, S. 237.

[41] „Alle Fortschritte (sind) auf den Dispositionsfaktor zurückzuführen." A. *Kokkalis*, Die Theorie der Arbeit, Jena 1942 ohne Seitenangabe zitiert in: A. *Ammon*, Arbeit, 185, S. 64.

[42] Vgl. H. *Fülster*, Umverteilung Volkseinkommen, 216, S. 244 ff.

[43] Vgl. S. 37 f. und K. *Rössle*, Betriebswirtschaftslehre, 130, S. 134.

[44] G. *Weisser*, *Wirtschaft, 329, S. 1056.*

[45] Vgl. A. W. *Rucker*, Steigende Produktivität, 132, S. 9, 53 ff. vgl. dazu auch Kap. D 2 c.

Ertragsverteilung abhängigen Partialerfolg — oder nach dem Gesamterfolg (nach der Wertschöpfung) ausgerichtet werden[46]?

Gedanken zur betrieblichen Verteilung und zu einer wertschöpfungsgemäßen *Dreiteilung* der *Erträge* (hier zunächst einmal als Gewinne) werden schon in den Werken Fords entwickelt. Die Gewinne „gehören" drei Parteien: „Erstens dem Unternehmen ... zweitens den Arbeitern ... drittens, bis zu einem gewissen Grade, auch der Allgemeinheit[47]". Nachdrücklich wird also auch der Staat (im weiteren Sinne die Allgemeinheit) in die ertragsberechtigte „Partnerschaft" einbezogen. Vergleichbare Anregungen werden uns noch von anderer Seite gegeben[48], vor allem von Bühler, der die „Arbeit der Volksgemeinschaft" als dritte Wurzel der Gewinne berücksichtigt sehen möchte[49].

Wenn Ford einen Teil des Gewinnes „dem Unternehmen" zuschreibt, dann soll dadurch das „natürliche Wachstum" des verselbständigten Unternehmens gestattet werden[50]: Unabhängig von der personellen Verteilung müssen dem Betrieb Ertragsteile zur Erneuerung und Erweiterung seines Kapitals zur Verfügung gestellt werden (Sicherung der Kapitalfunktion)[51]. Diese Darstellung läßt sich verknüpfen mit einer neuen Konzeption von *Schnutenhaus:* Ein Teil des Gewinnes muß als betriebsstrukturgebundener Gewinn für den Betrieb als solchen von der Ertragsverteilung zurückgehalten werden. Dieser Gewinnteil soll der Sicherung einer geplanten Expansion des Betriebes dienen, er ist deshalb gar nicht Gewinn, freier Überschuß, er besteht vielmehr aus noch nicht entstandenen, zur späteren Ausgabe vorgesehenen und notwendigen „expansionsbezogenen" Strukturkosten[52].

Solchen Gedankengängen liegt die bemerkenswerte Vorstellung einer verselbständigten *Betriebseinheit* zugrunde, die bei der Verteilung des Ertrages gesondert zu berücksichtigende Ansprüche stellt. Eine weitere, in dieser Hinsicht beziehungsreiche Aufteilung der „Verdienstspanne", die in ihrer Gliederung bereits eine starke Annäherung an die

---

[46] Vgl. M. R. *Lehmann,* Wertschöpfung und Ertragswert, 259, S. 309 ff.

[47] H. *Ford,* Mein Leben, 34, S. 102/103.

[48] Vgl. A. *Hellwig,* Beteiligung, 234, S. 33, vgl. J. *Hünermann,* Freiheit im Wirtschaftsleben, 246, S. 37 ff.

[49] Vgl. Th. *Bühler,* „Über die Stabilität der Akkordsätze", in: Deutsche Sozialwirtschaft, 1940, S. 346—347; zitiert in: R. *Henzler,* Leistung und Lohn, 238, S. 99.

[50] Vgl. H. *Ford,* Das große Heute, 35, S. 48. Die Kapitaleigner sollen nach Ford nur Verwalter und Treuhänder des Kapitals sein. Das Kapital ist für das Wohl der Gemeinschaft einzusetzen. Siehe auch: H. *Ford,* Mein Leben, 34, S. 11.

[51] Vgl. dazu: W. *Theimer,* Der Marxismus, 171, S. 105.

[52] Vgl. O. R. *Schnutenhaus,* Die Fixkostenrechnung, 311, S. 140, 143. Diese Erwägungen sind folgenreich sowohl für die Verteilung des Ertrages als auch für die Besteuerung der Gewinne und für die kalkulationsbezogene Gewinnanalyse.

Struktur der Wertschöpfung zeigt, vertritt Bredt[53]. Die Verdienstspanne soll sich aufspalten 1. in den Verdienst für „Betriebsführung und Arbeitseinsatz" (analog den Arbeitserträgen einschließlich Unternehmerlohn in der Wertschöpfungsrechnung) — 2. in den Verdienst für Haftung und Kapitaleinsatz (analog den Kapitalerträgen) und 3. in den „eigentlichen Betriebsverdienst". Letzterer ermöglicht die Entwicklung der als selbständig zu begreifenden und von den Eigentümeransprüchen losgelösten „betrieblichen Körperschaft" und weiterhin „die Erfüllung der öffentlichen Betriebsverpflichtungen" (das sind Steuern und Spenden — dieser letzte Verdienstteil entspricht also teilweise den Gemeinerträgen).

Die Weiterbildung der Idee von der ursprünglichen Einheitlichkeit der betrieblichen Ertragsbildung und von der Ableitung aller einzelnen Einkommen von einem Gesamtertrag soll den an der betrieblichen Kooperation Beteiligten ihr gemeinsames Anliegen zum Bewußtsein bringen. Dieses Anliegen gipfelt in der von Rathenau gewünschten Entwicklung einer „Gemeinschaft der Verantwortungen"[54], die andeutungsweise auch in der Verfassung von Rheinland-Pfalz gefordert wird[55]. Aus dieser Gemeinschaft soll im Betriebe das Streben der Beteiligten erwachsen, das Betriebsergebnis — zunächst einmal unabhängig von seiner späteren Verteilung — in vereinter Anstrengung zu steigern[56]. Eine solche Gemeinschaft soll die Willensäußerungen der Arbeitenden und der Kapitaleigner (hinzuzufügen wäre: auch des Staates) aufeinander abstimmen und auf die gemeinsame Zielerreichung ausrichten, vor allem aber die Ansprüche der einzelnen hinter die von der Gemeinschaft und ihren Erfolg gesetzten Schranken zurückweisen.

Nicht zu übersehen ist hierbei, daß die Verteilung des gemeinsam erzielten Betriebsertrages zu einer Konkurrenz und zu einem Widerstreben der Einzelinteressen führen muß. Jede der wertschöpfungsbeteiligten Gruppen kann ihren Anteil nur zu Lasten der übrigen zu erhöhen versuchen. Zudem kann die Trennung des Kapitaleigentums von der Führung des Betriebes auch einen Gegensatz der Interessen des von der Betriebsführung vertretenen „verselbständigten Betriebes" als einer entwicklungsbedürftigen Einheit mit den Interessen der „außen-" stehenden und möglicherweise in erster Linie nach ausgeschüttetem Kapitalertrag strebenden Kapitaleigner verursachen[57].

---

[53] Vgl. O. *Bredt*, Die Verdienstspanne, 199, S. 46—47.

[54] W. *Rathenau*, Der neue Staat, 123, S. 59.

[55] „Alle in der Wirtschaft tätigen Menschen sollen in gemeinschaftlicher Verantwortung an der Lösung der wirtschafts- und sozialpolitischen Aufgaben mitwirken ..." — Artikel 67 der Verfassung von Rheinland-Pfalz.

[56] Vgl. dazu: G. *Weisser*, Wirtschaft, 329, S. 1089 (Hinweis auf „Neue Unternehmertypen, die den Gedanken gemeinsamer Selbstverantwortung verwirklichen").

[57] Vgl. K. *Hax*, Gewinnvorstellungen, 230, S. 209 ff.

Köhler bezeichnet den Ablauf des betrieblichen Geschehens wegen dieser mehrheitlichen Interessenbeziehungen zwischen Leistenspartnern als *„pluralistisch* orientierte Wertschöpfungsveranstaltung“[58]: „Aus diesem pluralistischen Spannungsverhältnis ergibt sich aber auch das gemeinsame Interesse aller Wertschöpfungsbeteiligten an einer ständig wachsenden Wertschöpfung und damit an einem ständigen Wachstum des Unternehmens selbst[59].“

Ein so gestaltetes *Wertschöpfungsdenken* scheint in den Großbetrieben seinen *Anfang* zu finden[60] und mit seinen Grundzügen in den wirtschaftspolitischen Diskussionen, insbesondere zwischen Gewerkschaften und Arbeitgeberverbänden, immer mehr in den Vordergrund zu treten. Positive Impulse gehen in erster Linie von der zunehmenden „Rationalisierung“ des Wirtschaftsprozesses, von der Durchforschung der funktionalen Elemente des betrieblichen Leistensgefüges, von der sozialwissenschaftlichen Fundierung der Betriebswirtschaftslehre sowie von der Umstrukturierung des sog. Unternehmertums (Managertum) aus[61].

Als ausgeprägtes Beispiel für diese Entwicklung kann das Verhalten von *Managern* in Großbetrieben gelten, das in der Literatur in einer nicht eindeutig auseinanderzuhaltenden Vermischung teils als tatsächliches Verhalten, teils als Norm dargestellt wird und das hier in einem Vorgriff auf die Untersuchung des großbetrieblichen Wertschöpfungsdenkens in einigen Punkten wiedergegeben sei:

Der großbetriebliche Manager vermag eher als der Eigentümerunternehmer, der den Einsatz seines eigenen Kapitals selbst überwacht und dazu neigt, das Betriebsgeschehen und den Betriebserfolg von seiner zentralen Stellung aus stärker auf seine Person zu beziehen und demgemäß ichbezogener zu beurteilen[62], eine Rolle zu übernehmen, die ihm als „Treuhänder... für die Aktionäre, für die Öffentlichkeit und auch für die Arbeiter und Angestellten“[63] zugewiesen wird. In den USA wird demgemäß auch die vielen Entscheidungen vorgeschaltete Frage nach dem „common sense“ zu einem auffallenden Merkmal des großbetrieblichen Geschehens[64]. Der Manager vertritt nicht nur (oder soll nicht nur vertreten) die Interessen der von ihm geführten Belegschaft und der Kapitaleigner, sondern er wird in zunehmendem Maße auch

---

58 H. W. *Köhler*, Einkommensverteilung im Unternehmen, 70, S. 119.

59 H. W. *Köhler*, Einkommensverteilung im Unternehmen, 70, S. 120.

60 Vgl. Kapitel D 2 c.

61 Einzelheiten dazu vgl. Kap. D 2 c.

62 Vgl. K. J. *Gantzel*, Begriff der mittelständischen Unternehmung, 38, S. 262, 281, („personale Wirtschaftsweise“) — vgl. auch Kap. D. 2 b.

63 E. W. *Burgess*, Betriebsführung, 200, S. 13.

64 Vgl. A. *Lauterbach*, Mensch, Motive, Geld, 81, S. 99 ff. vgl. J. S. *Gray*, Common Sense, 44, S. 3 ff., 54, vgl. E. F. L. *Brech*, Management, 198, S. 19, („the social objective“).

den Anforderungen gerecht, die aus den Verpflichtungen des Großbetriebes als „öffentlicher Institution“ gegenüber dem Gemeinwohl erwachsen.

Als Zeichen eines solchen Denkens der Manager könnte auch die immer ausführlichere Publikation betrieblicher Daten in den USA gewertet werden[65], ganz besonders aber die von Schokking getroffene Feststellung, daß „die Manager in zunehmendem Maße ihre Handlungen nach den gleichen Zielsetzungen (ausrichten), die im öffentlichen Bereich von der politischen Führung in Übereinstimmung mit den vorherrschenden Ideen über die Konkretisierung des Gemeinwohls ... angestrebt werden“[66]. Unabhängig von der genauen inhaltlichen Fixierung des Gemeinwohles ist es deswegen besonders aufschlußreich, daß Lehmann in der Zeit nationalsozialistischer Herrschaft — in der für das Motiv „Gemeinnutz geht vor Eigennutz“ geworben wurde[67] — die Wertschöpfungsrechnung zur Durchsetzung dieser Maxime im allgemeinen Wirtschaftsdenken einsetzen wollte. Die Wertschöpfung als „volkswirtschaftlich entscheidende Leistung der Betriebe“ und ihre Verteilung sollte im Rahmen einer dem Gemeinnutz verbundenen betrieblichen Erfolgsrechnung stärker in den Vordergrund gerückt werden[68].

Diese anfänglichen Elemente eines Wertschöpfungsdenkens verbinden sich, zusammen mit neuen Einstellungen der Kapitaleigner, der Arbeiter und der Träger staatlicher Funktionen zu *Entwicklungslinien,* deren unterschiedlicher Verlauf in Kleinbetrieben und in Großbetrieben in den beiden nächsten Kapiteln nachgespürt wird. Der Besitzer eines Kleinbetriebes und die um ihn vereinte, meist aus Familienmitgliedern bestehende Arbeitsgruppe neigen zu einer anderen Deutung des betrieblichen Erfolges und der Wertschöpfung als die Wirtschaftssubjekte in den rationalisierteren Großbetrieben. Das unterschiedliche Wertschöpfungsdenken wird sich als eines der „differentia spezifica“ der Betriebsgrößentypen erweisen, es erklärt Besonderheiten des einzelbetrieblichen Verhaltens und der volkswirtschaftlichen Beurteilung der Betriebe.

2. Das unterschiedliche Wertschöpfungsdenken in den Betriebsgrößentypen

a) Vorbemerkung: Kennzeichnung der Betriebsgrößentypen

Die Bedeutung und Messung von *quantitativen* Merkmalen für die Bestimmung der Betriebsgrößen — auch mit Hilfe von Wertschöp-

---

[65] Vgl. K. *Pöhner,* Der moderne Unternehmer, 290, S. 106, vgl. J. S. *Gray,* Common Sense, 44, S. 11.

[66] J. J. *Schokking,* Führung, 312, S. 582, siehe auch V. *Jungfer,* Unternehmerbegriff, 251, S. 125.

[67] Vgl. R. *Sellien,* Betriebswirtschaftslehre, 156, S. 31.

[68] Vgl. M. R. *Lehmann,* Planvolles Rechnen, 83, S. V, 2, 64.

fungsgrößen — wurden auf Seite 107 ff. dargestellt. Eine gruppenmäßige Einteilung der Betriebsgrößen in „kleine", „mittlere" und „große" läßt sich durch eine solche Messung von quantitativen Merkmalen oder durch eine gestufte, d. h. in Klassen geordnete, Gruppierung dieser Merkmale kaum durchführen. Es wäre eine Frage des zweckbedingten Ermessens sowie der Betriebsgrößenrelationen, was ein Kleinbetrieb oder was ein Großbetrieb ist.

Wenn angegeben wird, daß — in vereinfachender Unterteilung — ein Betrieb mit einer halb beschäftigten Person als Zwergbetrieb und ein Betrieb mit ein bis fünf Beschäftigten als Kleinbetrieb anzusehen sei[69], so könnte auf die Frage nach dem „Warum" gerade dieser Abgrenzung keine befriedigende Antwort gegeben werden, denn genausogut ließe sich ein Betrieb mit bis zu neun beschäftigten Personen als Kleinbetrieb auffassen[70].

Erst eine ergänzende Gruppenbildung mit *qualitativen* Merkmalen, die eine Ähnlichkeit oder gar Einheitlichkeit einer Gruppe von Betriebsgrößen bezüglich des im Leistensablauf sich spiegelnden Verhaltens der Wirtschaftssubjekte und bezüglich der betrieblichen Struktur wiedergeben, ermöglicht eine stabilere und sinnvollere Typologie von Betriebsgrößen. Es wird damit versucht, das Wesen, also das Besondere, von „klein" und „groß" zu erfassen. Die in der Literatur anzutreffende Aufgliederung in Klein-, Mittel- und Großbetriebe ist dementsprechend meist im Sinne von Typen eingeführt worden, die nicht durch ein Vielfaches von quantitativen Bestimmungsgrößen erklärbar sind, sondern die sich durch eine Ähnlichkeit oder Gleichheit qualitativer Merkmale auszeichnen und die für alle Wirtschaftszweige im Prinzip gleiche Gültigkeit haben[71].

Die *Statistik* bemüht sich, einen für empirische Erhebungen schnell und leicht handzuhabenden Rahmen zu schaffen und in diesen Rahmen die drei Gruppen von Betriebsgrößentypen (klein, mittel, groß) mit Hilfe einer Auswahl von einfach feststellbaren, quantitativen Merkmalen einzupassen[72]. Mit diesen quantitativen Merkmalen sollen dann möglichst diejenigen qualitativen Merkmale einigermaßen korrelieren,

---

[69] Vgl. K. *Rössle*, Betriebswirtschaftslehre, 130, S. 66.

[70] Zur Relativität der Begriffe „klein" und „groß" in der Betriebsgrößenmessung vgl. R. *Nieschlag*, Betriebsgröße, 283, S. 312 ff.; M. *Lohmann*, Situation der Mittelbetriebe, 268, S. 29 ff.; W. Edelmann, Die Betriebsgröße, 28, S. 37. „Innerhalb der Betriebsgrößenforschung und Statistik besteht heute keine Einheitlichkeit darüber, wie die Grenzen zwischen Klein-, Mittel- und Großbetrieb gezogen werden sollen. Sehr abweichende Klasseneinteilungen werden getroffen" (Edelmann in dem Kapitel: „Quantitative Klassenbildung" — S. 37).

[71] Vgl. J. P. de *Crayencour*, Der Mittelstand, 203, S. 122 und W. Edelmann, Die Betriebsgröße, 28, S. 35.

[72] Solche Merkmale sind in erster Linie die Anzahl der Beschäftigten sowie Umsatzgrößen und Kapitalsummen.

von denen man annimmt, daß sie die Eigenart der Betriebsgrößentypen charakterisieren[73]. Die im Einzelfall festgestellte Kleinheit quantitativer Merkmalsgrößen eines „Kleinbetriebes" kann jedoch bei einem solchen — hilfsweisen — Vorgehen in einem ziemlich unbestimmten Verhältnis zu den für den „typischen" Kleinbetrieb geltenden qualitativen Merkmalen stehen.

Zur *Erklärung* dieses Sachverhaltes könnten wir jeweils auf eine der beiden Gruppen von Einzelhandelsbetrieben, die statistisch als Kleinbetriebe durch das Merkmal „bis zu fünf Beschäftigten" (Umsatz etwa bis 150 000 DM) oder als Großbetriebe durch das Merkmal „mehr als 50 Beschäftigte" (Umsatz über 1,5 Mill. DM) ausgewiesen werden[74], diejenigen Merkmale beziehen, die nachfolgend als qualitative Merkmale dieser Betriebsgrößentypen angegeben werden; wir würden dabei feststellen, daß die qualitativen Merkmale der Typen durchaus nicht auf alle Betriebe der statistisch ermittelten Gruppe zutreffen.

Die folgende Zusammenstellung von Merkmalen soll im Hinblick auf ihre Auswertbarkeit für das Herausfinden des Wertschöpfungsdenkens in den Betriebsgrößentypen erfolgen. Ein erstes ausführliches und dafür geeignetes Verzeichnis von Merkmalen für Klein- und Großbetriebe finden wir in der Handelsbetriebslehre von Schär. Der Mittelbetrieb wird dabei nicht als selbständiger Typ aufgeführt.

Der *Kleinbetrieb* „verfügt über ein verhältnismäßig kleines Eigenkapital und erhält Fremdkapital nur schwer", er hängt „von den persönlichen Qualitäten des Inhabers ab". Der Kapitaleigner (Inhaber) ist zugleich an allen Arbeiten wesentlich beteiligt (Leitung und Ausführung), er wird nur von wenigen fremden Arbeitskräften unterstützt. Der „Betriebsertrag ist im wesentlichen Arbeitslohn des Unternehmers"[75].

Entsprechende oder nur geringfügig abgewandelte Merkmale werden auch in der neueren Literatur aufgezählt. Besonders unterstrichen wird die Bezogenheit des gesamten betrieblichen Geschehens auf die Persönlichkeit des Inhabers[76]. „Die Existenz dieser (kleinen) Betriebswirtschaften ist gewissermaßen in der Person des Inhabers verankert[77]." Die persönliche Überschaubarkeit des Betriebes führt zu einem unmittelbaren Kontakt aller Arbeitenden mit dem kleinbetrieblichen Unternehmer. Die oft festzustellende mangelnde „Ökonomisierung"[78]

---

[73] Vgl. dazu: E. *Hoppmann*, Binnenhandel, 61, S. 80 ff.
[74] Vgl. C. *Ruberg*, Der Einzelhandelsbetrieb, 131, S. 33.
[75] Der Absatz wurde wörtlich und sinngemäß übernommen aus: J. F. *Schär*, Handelsbetriebslehre, 139, S. 239.
[76] Vgl. R. *Seyffert*, Wirtschaftslehre, 160, S. 57. Vgl. A. *Gutersohn*, Das Gewerbe, 46, S. 215.
[77] K. *Rössle*, Betriebswirtschaftslehre, 130, S. 43.
[78] R. *Seyffert*, Wirtschaftslehre, 160, S. 354.

(Rationalisierung) des Arbeitsablaufes ist eine Folge der spezifischen und später noch zu erklärenden Einstellung der Inhaber und der Tatsache, daß manchmal „eine rationelle Ausnutzung der Betriebsfaktoren ... nicht möglich ist“[79].

Das kleinbetriebliche Kapital ist im Vergleich mit der Funktion des großbetrieblichen Kapitals nach einer manchmal anzutreffenden Unterscheidung mehr „Arbeitseigentum“ als „rentierendes Eigentum“ (Preiser, Marbach)[80], infolgedessen tritt bei einer Analyse des Gewinnes die Bedeutung der Kapitalerträge hinter die der Arbeitserträge für den oder die tätigen Inhaber zurück.

Der Kleinst- oder *Minderbetrieb* ist eine verkümmerte Form des Kleinbetriebes mit nur teilweise ähnlichen Merkmalen. Da der Erfolg seiner Betriebsleistung nicht ausreicht, um dem Inhaber ein existenzsicherndes, ausreichendes Einkommen zu gewährleisten[81], zeigt er als „Nebenerwerbsbetrieb“[82] eine in Einzelheiten noch etwas anders geartete Merkmalsausprägung als der Kleinbetrieb. Wir sehen von der Frage ab, welche besondere Einstellung zum betrieblichen Ertrag und seiner Verteilung dieser Gruppe zuzuschreiben ist.

Der *Großbetrieb* wird von Schär mit den Merkmalen „ausreichendes Eigen- und Fremdkapital“, rationelle Arbeitsteilung und „zweckmäßige und rationelle Ausnutzung der Betriebsfaktoren“ gekennzeichnet. Der Großbetrieb „ist im Kapital verankert, das stets neue leitende Kräfte in seine Dienste ziehen kann, er wird daher durch Tod oder Ausscheiden eines Leiters in der Regel nicht erschüttert“. Der Betriebsertrag (Gewinn) besteht größtenteils aus Kapitalerträgen[83].

Diese Merkmale markieren einige für unsere Untersuchung wesentliche, teils noch zu konkretisierende, Eigenarten. Der Großbetrieb ist — vor allem in der Rechtsform der Aktiengesellschaft — zu einem grundlegenden Beispiel der „körperschaftlichen Entwicklung“[84] geworden. Diese Entwicklung äußert sich in einer „Verselbständigung“ der Betriebe, in einer Trennung von Kapitaleigentum und Betriebsführung und in einer „Entpersönlichung“ der Betriebsführung. Die weitgehende Arbeitsteilung und die bedeutende Kapitalakkumulation sowie die damit gekoppelten Anwendungsmöglichkeiten moderner technischer und ökonomischer Verfahren stempeln den Großbetrieb zu dem Muster „ka-

---

79 J. F. *Schär*, Handelsbetriebslehre, 139, S. 239.

80 Vgl. *E. Preiser*, Gestaltung der Wirtschaft, 121, S. 38, vgl. F. *Marbach*, Theorie des Mittelstandes, 93, S. 140.

81 Vgl. R. *Seyffert*, Wirtschaftslehre, 160, S. 349, 344 („Minderbetriebe“), vgl. A. *Burghardt*, Mittelstand, 201, S. 385 ff. („Kümmerbetriebe“).

82 K. J. Gantzel, Begriff der mittelständischen Unternehmung, 38, S. 269.

83 Der Absatz wurde wörtlich und sinngemäß übernommen aus: J. F. *Schär*, Handelsbetriebslehre, 139, S. 239.

84 Vgl. St. *Chase*, Die Wissenschaft, 23, S. 293.

pitalistischer" Betriebsformen[85]. Der Großbetrieb wird — das ist hervorzuheben — weit mehr vom „ökonomischen Rationalismus" beherrscht als der Kleinbetrieb.

Zwischen Großbetrieb und Kleinbetrieb schiebt sich der *Mittelbetrieb*, der manchmal als eigenständiger Typ negiert oder auch als Zwittergebilde gedeutet wird. Für den Mittelbetrieb scheint eine Ausprägung von Merkmalen typisch zu sein, die — hauptsächlich, was die Gebundenheit des Betriebes an die Inhaber und das betriebliche Verhalten angeht — eine Annäherung an die der kleinbetrieblichen Merkmale aufweist. Diese Verwandtschaft kommt zum Ausdruck durch die in vielen Untersuchungen geübte Zusammenfassung von Klein- und Mittelbetrieben zu einer hinsichtlich der qualitativen Merkmale weitgehend übereinstimmend aufgefaßten Gruppe, die dann geschlossen der Gruppe der Großbetriebe gegenübergestellt wird[86].

Auch die Einordnung der meisten Klein- und Mittelbetriebe in einen einheitlich gekennzeichneten „Mittelstand" könnte für eine gemeinsame Behandlung sprechen. Nach vorherrschender Abgrenzung umschließt der *Mittelstand* im Bereich der gewerblichen Wirtschaft alle Klein- und Mittelbetriebe[87]. Als Gruppe von Betriebsgrößen wird er im allgemeinen ungefähr so wie die der Kleinbetriebe kommentiert[88]. In den USA deckt sich denn auch der Begriff „Small Business" ungefähr mit dem Begriff Mittelstand[89]. Nicht zum Mittelstand gehören nach Gantzel jene Klein- und Mittelbetriebe, die sich — in Ausnahmefällen — nicht durch eine mittelständische Wirtschaftsgesinnung ausweisen[90]. Die Gesinnung der Inhaber mittelständischer Betriebe wird also zu einem gewissermaßen konstitutiven Merkmal der Begriffsbildung. In der Literatur über den Mittelstand wird diese Gesinnung bevorzugt untersucht, so daß die Angaben über den Mittelstand für die Ableitung des Wertschöpfungsdenkens besonders aufschlußreich werden. Dabei ist eine weitgehende Identifizierung des mittelständischen Denkens mit dem Denken in Kleinbetrieben erlaubt, weil die qualitativen Merkmale des gewerblichen Mittelstandes, in erster Linie seine Wirtschaftsgesinnung, immerzu als typisch für die Merkmale der

---

85 Vgl. W. *Sombart*, Kapitalismus, I 1, 163, S. 321 ff. vgl. E. *Preiser*, Gestaltung der Wirtschaft, 121, S. 40.

86 Vgl. A. *Gutersohn*, Klein- und Mittelbetriebe, 225, S. 11 ff., vgl. W. *Röpke*, Klein- und Mittelbetrieb, 297, S. 162 ff., vgl. R. *Aengenendt-Papesch*, Funktionen der Klein- und Mittelbetriebe, 2, S. 9 ff.

87 Vgl. E. *Wehrle*, Gewerbepolitik, 179, S. 78, vgl. K. *Rössle*, Der mittelständische Betrieb, 298, S. 943.

88 Vgl. A. *de Soras*, Probleme Mittelstand, 319, S. 107 ff., vgl. K. *Rössle*, Der mittelständische Betrieb, 298, S. 943 ff., vgl. R. *Seyffert*, Wirtschaftslehre, 160, S. 238, 341.

89 Vgl. G. D. *Frerichs*, Small Business Politik, 215, S. 444.

90 Vgl. K. J. *Gantzel*, Begriff der mittelständischen Unternehmung, 38, S. 173, 279 ff.

kleineren Betriebseinheiten (im Vergleich zu den Großbetrieben) hingestellt werden.

Die Untersuchung über das Wertschöpfungsdenken begnügt sich mit einer *Zweiteilung* in Kleinbetriebe und Großbetriebe. Diese Zweiteilung bedeutet keinesfalls eine Negierung der Mittelbetriebe als selbständige Betriebsgrößentypen für andere Untersuchungszwecke, denn manche kleinbetrieblichen Merkmale, zum Beispiel hinsichtlich der Bedeutung von Kapitaleinsatz und Unternehmertätigkeit, treffen im allgemeinen durchaus nicht auf Mittelbetriebe zu. Um das Weglassen der Gruppe Mittelbetriebe zu erklären, wollen wir bereits ein aufschlußreiches Ergebnis vorwegnehmen:

Kleinbetriebliches Wertschöpfungsdenken und großbetriebliches Wertschöpfungsdenken stehen in prononcierter Form einander gegenüber, denn sie beruhen auf zwei diametral voneinander abweichenden „Einstellungen", die, zueinander in Beziehung gesetzt, ein gedankliches Spannungsfeld ergeben, in dem das Denken in Mittelbetrieben keine eigenständige Position einnimmt. Die *Mittelbetriebe* sind nämlich bezüglich des Wertschöpfungsdenkens sowohl eine „gemischte Gruppe" als auch eine „Gruppe mit gemischten Merkmalen".

Als *gemischte Gruppe* umfassen sie einerseits Betriebe, die sich durch ein kleinbetriebliches Wertschöpfungsdenken auszeichnen, und die damit ihre innere Verbundenheit mit der mittelständischen Einstellung bezeugen. Aus diesen Betrieben wird sich wohl der größte Anteil der gemischten Gruppe rekrutieren. Solche Betriebe sind auf der Stufenleiter vom Kleinbetrieb zum Großbetrieb in mancher Beziehung (hier nur von der Einstellung her gesehen) als „gehemmt" aufzufassen. Der andere Teil der Betriebe dieser Gruppe denkt und handelt schon aus einer großbetrieblichen Einstellung heraus, er ist prädestiniert zu einem Anwachsen zum Großbetrieb und in dieser Hinsicht entwicklungsmäßig „aktiv"[91].

Zu der Gruppe mit *gemischten Merkmalen* gehören alle Betriebe, die insofern eine tatsächliche Mittelstellung einnehmen, als das Wertschöpfungsdenken ihrer Inhaber eine auf dem Weg von der kleinbetrieblichen zur großbetrieblichen Einstellung sich vollziehende Veränderung aufweist.

Sortieren wir nunmehr die von der Statistik mittels quantitativer Merkmale festgestellten Betriebsgrößenklassen, so werden wir für den

[91] Vgl. dazu die nächsten beiden Kapitel D 2 b und D 2 c. Drucker hält „das eigentliche Problem des Wachstums" für „ein Problem der inneren Einstellung". Vgl. P. F. *Drucker,* Praxis des Management, 27, S. 301 (302 ff.). Im Zusammenhang mit der im folgenden zu schildernden unterschiedlichen (wertschöpfungsbezogenen) Einstellung in den Betriebsgrößentypen läßt sich durchaus ein wachstumshemmender oder -fördernder Einfluß erkennen.

Zweck der folgenden Kapitel im Einzelhandel fast 90 vH (Umsatz bis 250 000 DM) und im Großhandel mehr als 50 vH (Umsatz bis 500 000 DM) aller Betriebe als Kleinbetriebe bezeichnen können, d. h. als Betriebstypen mit einer im Regelfall das kleinbetriebliche Denken kennzeichnenden — „personalen“ — Wirtschaftsweise und -gesinnung. Wie aus der unten wiedergegebenen und bereits im Hinblick auf diese Einteilung entworfenen Tabelle hervorgeht, sind auch die beiden folgenden Größenklassen der nicht so eindeutig einstufbaren „Mittelbetriebe“ noch so stark besetzt, daß im Handelsbereich die Großbetriebe, auch gemessen an ihrem Anteil am Gesamtumsatz aller Betriebe[92], praktisch bedeutungslos bleiben.

Anteil der Groß- und Einzelhandelsbetriebe nach Umsatzgrößenklassen (in DM) an der Gesamtzahl der Betriebe von 1960[a])

Umsatzgrößenklassen	Einzelhandel	Großhandel
bis 20 000	13,0	7,4
20 000 bis 250 000	75,6	48,2
250 000 bis 500 000	7,5	15,3
500 000 bis 1 000 000	2,4	12,3
1 000 000 bis 25 000 000	1,5	16,4
über 25 000 000	0,03	0,43

a) Vgl. R. Seyffert (Hrsg.), Betriebsgrößen 1960, 315, S. 1086—1087.
Die Angaben gelten für das Bundesgebiet einschließlich Westberlin ohne Saarland. Einzelhandelsbetriebe mit einem jährlichen Umsatz von unter 8500 DM und Großhandelsbetriebe mit einem jährlichen Umsatz von unter 8000 DM sind nicht erfaßt. Die Angaben wurden nach der Umsatzsteuerstatistik berechnet.

b) Das Wertschöpfungsdenken in Kleinbetrieben

Die Analyse des Wertschöpfungsdenkens in den beiden Betriebsgrößentypen „klein“ und „groß“ gründet sich auf die Auslegung der als „Wirtschaftsgesinnung“ oder „Werthaltung“ bekannten Einstellung der Subjekte in diesen Betriebsgrößen.

In den Kleinbetrieben drückt die Haltung des Inhabers oder der Inhaber dem betrieblichen Lebensablauf seinen Stempel auf. Das heißt, daß subjektive Bestimmungsgründe ein großes Gewicht für das Betriebsgeschehen haben[93]. Gutersohn unterstreicht diesen Befund mit dem beispielhaften Hinweis darauf, in welch großem Maße etwa ein Familienzerwürfnis das Leistensergebnis eines Kleinbetriebes beeinflussen kann[94]. Wegen dieser zentralen Stellung des Inhabers und der damit verknüpften weitreichenden Identifizierung des kleinbetrieb-

[92] Vgl. R. *Seyffert* (Hrsg.), Betriebsgrößen 1960, 315, S. 1086—1087.
[93] Vgl. J. E. *Humblet*, Industrie und Mittelstand, 245, S. 249 ff., vgl. A. *Gutersohn*, Das Gewerbe, 46, S. 93, 204 ff., 215 ff.
[94] Vgl. A. *Gutersohn*, Das Gewerbe, 46, S. 217.

lichen Verhaltens mit dem Verhalten des Inhabers ist es vertretbar, die Aussagen bezüglich des kleinbetrieblichen Wertschöpfungsdenkens nur auf die Inhaber abzustellen[95].

Es ist nun wesentlich festzustellen, daß im Vergleich zum Großbetrieb im Wirkungskreis der kleinbetrieblichen, meist durch Familienbindungen untermauerten, Gruppe der versachlichende und rationalisierende Einfluß der großbetrieblichen Kooperation entfällt[96], und daß dadurch die Funktionalität der betrieblichen Gebildeglieder viel weniger betont wird.

Beachtlich ist weiterhin die mehr oder weniger bewußte Zwecksetzung, der Betrieb solle hauptsächlich ein *ausreichendes* Einkommen — „einen standesgemäßen Lebensunterhalt" — hervorbringen und die betriebliche Leistungskraft sei speziell nur für diesen Zweck zu sichern[97]. Soweit nicht andere Motive wie eine Art „Berufssport" oder „Anerkennungshunger" des Inhabers[98] zu einer Expansion treiben, wird man annehmen dürfen, daß der Schwerpunkt des kleinbetrieblichen Wirkens im allgemeinen auf die Erhaltung und nicht auf die Erweiterung des Betriebes abzielt[99].

Diese kleinbetrieblichen Verhaltensweisen erklären im Zusammenhang mit der Bedeutung des überwiegend als „Arbeitseigentum" fungierenden Kapitals die Anschauung der kleinbetrieblichen Unternehmer zum Reinertrag ihres Betriebes.

„Der Gewinn", der dem Unternehmer am Jahresende verbleibt, „wird als *persönliches Einkommen* aufgefaßt"[100]. Es wird nicht differenziert nach der Entstehung dieses Gewinnes aus Kapitaleinsatz oder aus Arbeitseinsatz; der ganze, nach Abzug der Aufwendungen vom Bruttoertrag verbleibende Überschuß gilt als ein einheitliches Einkommen und wird solange als ausreichende Sollerfüllung erachtet, wie der Betrieb erhalten bleibt und die — meist sehr elastischen — Ansprüche der Inhaber befriedigt (Rößle: einkommenswirtschaftliches Prinzip[101]). Die Gewinnvorstellungen sind demnach bereits durch die „rechtlich so-

---

[95] Vgl. dazu: K. J. *Gantzel*, Begriff der mittelständischen Unternehmung, 38, S. 262, 281, („personale Wirtschaftsweise").

[96] Vgl. hierzu D. *Riesmann*, Die einsame Masse, 127, S. 138 (Beschneidung der „emotionellen Ellenbogenfreiheit" im Großbetrieb) und F. H. *Mueller*, Soziale Theorie, 106, S. 158 („Richtmaß" des Sozialverhaltens als Ausdruck der „Versachlichungstendenz der größeren Gruppenverhältnisse").

[97] E. *Preiser*, Gestaltung der Wirtschaft, 121, S. 40, vgl. F. *Marbach*, Theorie des Mittelstandes, 93, S. 102.

[98] Die Abhängigkeit des Kleinbetriebes vom Inhaber verhilft dessen persönlicher Motivation zu betriebsgestaltendem Einfluß. Vgl. dazu A. *Lauterbach*, Mensch, Motive, Geld, 81, S. 26 ff.

[99] Vgl. K. J. *Gantzel*, Begriff der mittelständischen Unternehmung, 38, S. 264, vgl. F. *Marbach*, Theorie des Mittelstandes, 93, S. 141.

[100] E. *Hoppmann*, Binnenhandel, 61, S. 98.

[101] Vgl. K. *Rössle*, Betriebswirtschaftslehre, 130, S. 43.

ziologische Struktur" des „kleinbetrieblichen Familienbetriebes" ganz anders geartet als in einer großbetrieblichen Aktiengesellschaft[102].

In diesem Zusammenhang ist auch auf die Rolle der wirtschaftlichen *Rationalität* hinzuweisen, die Schumpeter als ein entscheidendes Kriterium für die „kapitalistische" Gesellschaftsordnung ansieht[103], sie wirkt auf das Verhalten der in Kleinbetrieben Wirtschaftenden *nicht* so nachdrücklich ein wie in Großbetrieben. Das ist zugleich symptomatisch erfaßbar in der mangelhaften Ausbildung der „Kosten- und Gewinnrechnung", die nach Schumpeter ein Produkt der Entwicklung der wirtschaftlichen Rationalität ist[104]. Gerade dieser Sachverhalt, über den im Rahmen mittelständischer Förderungsprogramme dauernd Klage geführt wird, verdient als eine der Ursachen für die Ausformung des kleinbetrieblichen Wertschöpfungsdenkens besondere Aufmerksamkeit.

Wenn wir jetzt zur Diagnose der kleinbetrieblichen Einstellung zum „Betriebsertrag" (im begrifflichem Umfang der Wertschöpfung)[105] übergehen, soll an den Anfang die Annahme gestellt werden, daß es für den Inhaber eines Kleinbetriebes das *Bewußtsein* eines gemeinsamen *Gesamtertrages* für den Kapitaleigner (Inhaber), für den Staat und für alle Arbeitenden einschließlich der familienfremden sowie das Bewußtsein der Verteilungsproblematik dieses Ertrages nicht oder nur kaum gibt.

Zuerst betrachten wir die Einstellung zu dem Wertschöpfungsanteil, der sich aus Arbeitserträgen und Kapitalerträgen für den Inhaber zusammensetzt. Die kleinbetriebliche Personalunion der Träger des Kapitaleigentums und der Träger der für den Betrieb wertvollsten Arbeitskraft vereint die Arbeitserträge für den Inhaber und die Kapitalerträge zu einem gemischten und jeweils denselben Personen zufließenden Einkommen. Bereits dadurch wird einer gedanklichen Trennung dieses Einkommens in Einkommensteile aus Kapitalerträgen und solche aus Arbeitserträgen (hier: Unternehmerlohn) entgegengewirkt.

Hinzu kommt die Vorstellung des kleinbetrieblichen Unternehmers, das Ergebnis des Betriebsprozesses, das sich für ihn im Reinertrag konkretisiert, sei in erster Linie von der Entfaltung seiner persönlichen Wirkungskraft abhängig und ursächlich auf diese zu beziehen, oder — noch schärfer formuliert — das ganze Betriebsergebnis sei mit dem Erfolg seiner *eigenen* Arbeitsleistung zu identifizieren. Die Wurzeln dieser Auffassung sind zu suchen in der beträchtlichen Bedeutung, die

---

[102] Vgl. E. *Schäfer*, Die Unternehmung III, 138, S. 299.
[103] Vgl. A. *Schumpeter*, Kapitalismus, 154, S. 205 ff.
[104] Vgl. ebenda, S. 202.
[105] Das Wort Wertschöpfung braucht ja dem Denkenden nicht bekannt zu sein.

dem quantitativen und qualitativen Arbeitseinsatz des Inhabers für das gesamte Betriebsgeschehen im Kleinbetrieb zukommt[106]. Durchweg gibt es außer dem Inhaber und den Mitgliedern seiner Familie — die Aussage bezieht sich dann auf die Familienleistungen als Bezugsgrundlage — nur wenige fremde Arbeitskräfte, die an wichtigeren Dispositionen beteiligt werden. Gerade die Ausschließlichkeit, mit der z. B. der Inhaber eines kleinen Handelsbetriebes alle wesentlichen, marktorientierten Dispositionen im Einkauf und im Verkauf trifft, gibt ihm dann das Gefühl, der „händlerische" Betriebsgewinn werde durch ihn geschaffen. In der Regel mag dieses Gefühl noch dadurch gefördert werden, daß die zur Erhaltung des Vertriebspotentials notwendige Pflege der persönlichen Präferenzen sich ganz auf den Inhaber konzentriert[107]. Diese Haltung wird noch exemplifiziert durch die Tatsache, daß der selbständige Betriebsinhaber eine ganz besondere Eigenverantwortlichkeit für das Ergebnis *aller* betrieblichen Leistensvorgänge bezeugt[108] und „von gesteigerten Anstrengungen (seiner Person — Anm. des Verfassers) einen gesteigerten Ertrag" erwartet! „Unter Umständen ist es erst die letzte Bemühung, welche zur vollen Kostendeckung und darüber hinaus zu beträchtlichen Einnahmenüberschüssen verhilft[109]."

Die Ansprüche, die durch ein so geartetes Gewicht der persönlichen Inhaberleistungen fundiert sind, werden vielleicht noch gekoppelt mit dem mehr unterbewußten patriarchalischen Anspruch des „pater familiae" einer kleinbetrieblichen Arbeitsgruppe, den dieser auf eine gewisse Zurechnung des Gruppenerfolges erhebt. Ein solcher Standpunkt ist verbunden mit der Kleinheit der Arbeitsgruppe, die sich als selbständiger und zugleich überschaubarer Leistungsbereich präsentiert[110]. Das Anrecht einer solchen Gruppe auf ihr Einkommen läßt sich gedanklich noch *unmittelbar* aus dem in seiner Gesamtheit erkennbaren betrieblichen Leistenserfolg ableiten, im Gegensatz zum Großbetrieb, wo das einzelne Einkommen zwangsläufig nur als „Funktion des Kollektivs"[111] empfunden werden kann, weil es dort aus der Zusammenarbeit einer unübersehbaren Schar von Leistensbeteiligten entsteht und keinerlei unmittelbar anschauliche Beziehung mehr zum Leistensergebnis (Output) des Betriebes hat.

---

[106] Vgl. K. J. *Gantzel*, Begriff der mittelständischen Unternehmung, 38, S. 198.

[107] Vgl. dazu A. *Gutersohn*, Das Gewerbe, 46, S. 93 und R. *Goetz-Girey* und H. *Krier*, Le Commerce Intérieur, 220, S. 11.

[108] Vgl. E. H. *Sieber*, Führungsprobleme mittlerer Betriebe, 316, S. 78.

[109] A. *Gutersohn*, Das Gewerbe, 46, S. 206.

[110] Überschaubarkeit und Selbständigkeit der Betriebe sowie Selbstverantwortlichkeit der Inhaber gelten als wichtige Merkmale des „Mittelstandes". Vgl. J. F. *Groner*, Diskussionsbeiträge Mittelstandskongreß, 222, S. 498.

[111] Vgl. H. *Achinger*, Sozialpolitik, 1, S. 35.

Der kleinbetriebliche Unternehmer personifiziert aus all diesen Gründen den Betrieb mit seinem „Ich". Diese *Ichbezogenheit* resultiert außerdem noch aus dem stark ausgebildeten Eigentumsgedanken, durch den das persönliche Eigentum am Betrieb herausgestrichen wird und der den Betrieb lediglich „als Mittel zu privaten Zwecken" begreift[112].

Da dem Inhaber als Ausdruck des Betriebserfolges ausschließlich das in Form des Gewinnes verbleibende „persönliche Einkommen" vor Augen steht, erhalten die familienfremden Arbeiter und Angestellten die Bedeutung von *„fremden"* Leistensbeteiligten, deren Tätigkeit und Anteil am Betriebsertrag mit dem Lohn in jeder Hinsicht abgegolten ist[113]. Für den Inhaber selbst erscheinen Lohnzahlungen als eine Verminderung des betrieblichen und damit „seines" Ertrages und seines eigenen Leistensergebnisses. Auch alle übrigen im Betrieb noch erzeugten und in die Wertschöpfung eingeschlossenen Einkommen (Fremdkapitalzinsen, Steuern) werden nicht als erfolgszugehörig, sondern als Vergütungen für Fremdleistungen betrachtet.

Das Wort *Fremdleistungen* erhält hier eine begriffliche Deutung, die das Wesentliche des Unterschiedes zwischen kleinbetrieblichem und großbetrieblichem Wertschöpfungsdenken heraushebt. Die kleinbetriebliche Einstellung ortet den Ertrag des Betriebes von der Person des Inhabers aus. Gehälter, Löhne, Fremdkapitalzinsen und Steuern werden also ausgeschlossen. In der großbetrieblichen Vorstellung wird dagegen die Identität mit dem in der Wertschöpfungsrechnung eingeführten Begriff des Gesamtertrages wiederhergestellt. Der Ertrag wird nämlich im Großbetrieb — tendenziell (wie sich später herausstellen wird) — auf den verselbständigt gedachten Betrieb bezogen, auf ein „Wir", das alle personalen Träger der Leistensfaktoren Arbeit und Kapital und, zumindest bis zu einem gewissen Grad, den Staat umfaßt.

Verständlicherweise fehlt demzufolge dem kleinbetrieblichen Denken eine dem Wertschöpfungsdenken gemäße rationale Anschauung der Funktionalität der drei zusammenwirkenden Leistensfaktoren, denen die dreigegliederte Wertschöpfung als funktionales Einkommen gegenübersteht.

Welche *Folgen* hat nun diese Einstellung für das kleinbetriebliche Verhalten? Als erste Folge sei angeführt die oftmals zu beobachtende Unterbewertung der in Kleinbetrieben eingesetzten Arbeit oder/und

---

[112] Von Gantzel werden „der Eigentumsgedanke" — „der Vererbungswille" und „die Unternehmung als Mittel zu privaten Zwecken" als weitere wesentliche Merkmale des mittelständischen Unternehmertums dargestellt. Vgl. K. J. *Gantzel*, Begriff der mittelständischen Unternehmung, 38, S. 142 ff.

[113] Für diese Auffassung ist ein Artikel von H. Fülster bezeichnend, der in der Zeitschrift der Arbeitsgemeinschaft selbständiger Unternehmer („Die Aussprache") erschienen ist. Vgl. H. *Fülster*, Rechtfertigt die Arbeitsleistung ... 216, S. 244 ff.

der Kapitalgüter[114]. Der Inhaber ist mit dem Betriebsertrag (hier im Sinne des Reingewinnes) zufrieden, wenn dieses „Einkommen" seinen persönlichen Ansprüchen genügt, auch wenn für das Kapital gar kein Ertrag und für die unternehmerische Arbeit oder für die Arbeit von Familienangehörigen nur ein im Vergleich zur Verwendung der Arbeit in anderen Betrieben geringerer Ertrag erzielt werden konnte[115].

Diese Haltung ist ohne weiteres aus der kleinbetrieblichen Einstellung zum Gewinn (= Gesamteinkommen des Unternehmers) und aus dem mangelnden „funktionalen" Denken erklärbar. Im Kontrast dazu würde das Betriebsergebnis im großbetrieblichen Denkbereich einer rationaleren Analyse durch eine vergleichende Gegenüberstellung des Einsatzes von Arbeit und Kapital mit den entsprechenden Erträgen unterworfen werden. Die Kritik der betrieblichen Ertragsfähigkeit würde dort auf der Einsicht in das funktionale Zusammenwirken aller betrieblichen Faktoren und ihrer — auch rechenmäßig erfaßbaren — Bedeutung für den Betrieb aufbauen. Die Beurteilung des Gewinnes würde gleichzeitig *ergänzt* durch eine Berücksichtigung der Interdependenz des Gewinnes von den anderen Bestandteilen des betrieblichen Gesamtertrages. Mithin würde auch dem aus dem Großbetrieb stammenden Analytiker die *Ertragsfähigkeit* des betrieblichen Wirkens in noch ungünstigerem Licht erscheinen, wenn die den anderen Leistensbeteiligten zufließenden Einkommen eine relativ geringe Höhe haben, gemessen an deren vergleichbaren Einkommen in anderen Betrieben, Orten oder Branchen. Im umgekehrten Falle (der relativen Höhe und einer besonderen Gewichtigkeit dieser Einkommen) könnte er die Ertragsfähigkeit als vorteilhafter und eventuell sogar als zufriedenstellend beurteilen, selbst wenn die Eigenkapitalerträge — ihr Ausreichen für die Sicherung der Betriebsentwicklung vorausgesetzt — zugunsten anderer Ertragsposten stark beschnitten werden. (Vgl. dazu die Einzelheiten zum großbetrieblichen Wertschöpfungsdenken: die Verpflichtung der Eigenkapitaleigner gegenüber den anderen Ertragsbeteiligten findet dort eine betontere Berücksichtigung als in Kleinbetrieben)[116].

Für die Darstellung möglicher Unterschiede der kleinbetrieblichen und großbetrieblichen Vorstellungen ist noch bedeutsam die positivere Einstellung des Großbetriebes zu Expansionen. Das kleinbetriebliche Verhalten ist demgegenüber in „typischen" Fällen *expansionsfeindlich,*

---

[114] Vgl. E. *Hoppmann,* Binnenhandel, 61, S. 97 ff. („Unterbewertung der Kostengüter in kleinen Unternehmungen").

[115] Vgl. ebenda, S. 98 und J. *Tiburtius,* Lage und Leistungen, 172, S. 300.

[116] Diese großbetriebliche Anschauung wird im wesentlichen durch die rationalisierenden und funktionalisierenden Komponenten des Wertschöpfungsdenkens bestimmt. Es braucht nicht zu stören, daß sich Einstellung und Verhalten auch anders begründen lassen, ihr Zurückführen auf das Wertschöpfungsdenken bedeutet lediglich eine bestimmte *Sinnbezogenheit.*

wenn die Expansion über einen, die Selbstfinanzierung übersteigenden Mitteleinsatz hinausführt[117]. Interessante Untersuchungen einer RKW-Gruppe über die Situation des „Small Business“ in den USA haben gezeigt, daß die Expansion mancher Kleinbetriebe vor selbstgesetzten Schranken haltmacht. Diese Betriebe weigern sich, fremdes Kapital oder solches von neuen Teilhabern aufzunehmen, auch wenn die betrieblichen Ertragsaussichten den Einsatz weiterer Kapitalgüter rechtfertigen oder sogar fordern[118]. Auch ein solches Verhalten wird von einer Einstellung gesteuert, nach der die nicht an die Person des Inhabers gebundenen Leistensfaktoren als Fremdbeteiligte angesehen werden. In Konsequenz dieser Idee wird die funktionelle Einsatz- und Ertragsfähigkeit von neuen, „fremden“ Kapitalgütern nicht gewürdigt.

Ein einzelnes Beispiel dazu schildert uns Lauterbach: Der Inhaber eines Familienbetriebes begründete seine Ablehnung gegenüber einer betrieblichen Expansion durch Aufnahme neuen Kapitals mit den Worten: „Wir folgen dem Prinzip der Selbstzurückhaltung ... Diese Firma ist Familieneigentum ... deshalb war das Geschäft für die Eigentümer befriedigend, sie haben nicht versucht, sich auszudehnen“[119].

Die gerügte „Abwesenheit des ökonomischen Denkens“[120] in den kleinen Betrieben und die kritisierte „rentabilitätsfremde Wirtschaftsgesinnung“[121] sind keine *Ursachen* für die Eigenarten des kleinbetrieblichen Leistensprozesses, sondern *Symptome* ihres so verstandenen Wertschöpfungsdenkens. Vorschläge, das Rechnungswesen der Kleinbetriebe zu verbessern, neue Buchhaltungssysteme einzuführen, Kreditangebote mit erleichterten Bedingungen zu offerieren und andere Förderungsmaßnahmen für den Mittelstand[122] bleiben so lange als symptommanipulierende Heilungsversuche wirkungslos, wie sich die kleinbetriebliche Einstellung nicht ändert[123].

Die *Betriebsgröße* ist nicht nur „ebensosehr eine Folge als eine Ursache von Unterschieden der Leistungen“[124], sondern auch, wenn man das

---

[117] Vgl. K. J. *Gantzel*, Begriff der mittelständischen Unternehmung, 38, S. 265 („mangelnder Expansionstrieb“) — vgl. auch ebenda, S. 235: „möglichst möchte er (der kleinbetriebliche Unternehmer) überhaupt kein fremdes Geld in seiner Unternehmung arbeiten lassen.“

[118] Vgl. *Lübeck-Weyermann* (RKW), Handikaps für Finanzierung, 269, S. 44; vgl. auch: R. F. *Austin—J. A. E. Howard*, Probleme, 188, S. 75.

[119] A. *Lauterbach*, Mensch, Motive, Geld, 81, S. 292.

[120] K. W. *Boetticher*, Aussichten Mittelstand, 195, S. 40.

[121] K. *Oberparleiter*, Vorwort zur „Betriebslehre des Einzelhandels“ von D. Kalussis, 285, S. 1.

[122] Vgl. G. M. J. *Veldkamp*, Mittelstandspolitik, 322, S. 202 ff.

[123] Solche Maßnahmen können zwar eine „Rationalisierung“ des Verhaltens fördern, oft scheitern sie aber — das wird nicht genügend beachtet — an der kleinbetrieblichen Einstellung.

[124] J. *Tiburtius*, Lage und Leistungen, 172, S. 294.

Leistensverhalten auf seine Antriebe zurückführt, auch eine Folge und Ursache der psychologischen „*Einstellung*" der Wirtschaftssubjekte.

Es ist deshalb fragwürdig, die Betriebsgrößen als eine kontinuierliche Entwicklungsreihe vom Kleinbetrieb zum Großbetrieb aufzufassen und im Kleinbetrieb ganz allgemein eine Keimzelle für den Großbetrieb zu sehen. Daraus wird manchmal geschlossen, der Kleinbetrieb sei gleichsam eine Vorstufe, „auf der der Unternehmer die Probe abzulegen hat, ob er zu höheren wirtschaftlichen Aufgaben befähigt ist oder nicht"[125]. Gerade von jenen Autoren, die es sich zum Ziel gesetzt haben, die Bedeutung der Klein- und Mittelbetriebe möglichst positiv aufzuzeigen, wird selten versäumt, auf die Wichtigkeit dieser Betriebe als „Schule des Unternehmers" hinzuweisen[126].

Diese mögliche Aufgabe der Kleinbetriebe wird man allerdings immer mehr wegen der Verschiedenheit des Denkens in den Betriebsgrößentypen in Frage stellen und die Nachwuchsschulung jeweils auf eine Ausbildung für die gleichen Betriebsgrößentypen einschränken müssen. Untersuchungen über den Werdegang und die Ausbildung von kleinbetrieblichen Unternehmern und von großbetrieblichen Unternehmern (Managern) bestätigen in etwa eine solche Abgrenzung von Ausbildungsbereichen, die den jeweiligen Betriebsgrößentypen adäquat sind[127]. Gerade für den großbetrieblichen Unternehmer (vor allem Angestellten) dürfte ein Verhalten, das durch ein kleinbetriebliches Wertschöpfungsdenken bestimmt wird, geradezu handlungsstörend und fehlleitend sein. Der Wechsel vom Klein- oder Mittelbetrieb zum Großbetrieb ist ein „Sprung", der die „Übernahme neuer Leitziele" bedingt[128].

Nachzuholen ist jetzt noch ein Hinweis auf das *Verhältnis* des Kleinbetriebes zum *Staat*. Der Gedanke einer Einbeziehung des Staates als Ertragsbeteiligten und -berechtigten ist der kleinbetrieblichen Vorstellungswelt fremd. Die Steuern sind für ihn eher „eine Form der Plünderung" durch den Staat[129] als ein Anteil des Staates auf Grund seines produktiven Beitrages zum Betriebsergebnis. Diese Einstellung ergibt sich auch aus dem „mangelnden Gemeinschaftsbewußtsein", das

---

[125] H. *Roeper*, Dezentralisierte Produktion, o. J., S. 542, zitiert in: W. *Edelmann*, Die Betriebsgröße, 28, S. 107, vgl. auch: J. F. *Schär*, Handelsbetriebslehre, 139, S. 240.

[126] Vgl. W. *Edelmann*, Die Betriebsgröße, 28, S. 107.

[127] Vgl. A. *Gutersohn*, Das Gewerbe, 46, S. 242 ff., vgl. R. *Dahrendorf*, Ausbildung, 205, S. 19.

[128] M. *Lohmann*, Situation des Mittelbetriebes, 268, S. 38.

[129] H. *Achinger*, Sozialpolitik, 1, S. 36, vgl. auch: G. *Schmölders*, Das Irrationale, 145, S. 77, 86, 88 ff. (hier sind die Antworten einer Befragung der „Selbständigen" auf die Frage nach der Einstellung zum Staat aufschlußreich).

den kleinbetrieblichen Unternehmer auszeichnet[130], und das aus dem starken Gefühl der Selbstverantwortung dieser Betriebsinhaber (vgl. S. 145) sowie aus der Indifferenz gegenüber den aus den allgemeinen Beziehungen der Betriebe untereinander und mit der Gesellschaft sich ergebenden Verbindlichkeiten erwächst.

In der Einstellung zum Staat offenbart sich allerdings ein Bruch zwischen der ursprünglichen Ablehnung staatlicher Auflagen und der neuerdings auftauchenden Wohlfahrtsmentalität auch oder gerade der kleinbetrieblichen Unternehmer[131]. Sind es doch vor allem diese Unternehmer, die bewußt und fordernd die Mitwirkung des Staates an ihrer persönlichen oder betrieblichen Einkommensgestaltung auch in Form direkter Aufbesserungen ihrer Einkommen in Anspruch nehmen.

Hier scheint sich bereits eine *Wandlung* des kleinbetrieblichen Wertschöpfungsdenkens zu einer positiven Anerkennung des staatlichen Leistens und staatlicher Ansprüche anzubahnen; sie deutet sich an durch eine rationalisiertere Haltung der entsprechenden Jugend, die „ein reales pragmatisches Verhältnis zu den sozialen Organisationen oder staatlichen Behörden“[132] an den Tag legt, und sie wird sich fortsetzen durch die zunehmende Verbreitung des „außen-geleiteten“ Unternehmertyps[133]. Für diesen Typ ist die Vorstellung des allseitigen, kooperativen Wirkens in der Wirtschaftsgesellschaft und die Anpassung an die ihm gegenübertretenden Mitwirkenden und an die Gruppennormen bezeichnend. Sein Anpassungsstreben vermag so weit zu gehen, daß sich seine Motive und Einstellungen langsam nach der öffentlichen Meinung auszurichten vermögen: der Geschäftsmann „muß auf die anderen horchen, um zu erfahren, wie ihrer und der öffentlichen Meinung nach ein richtiger Unternehmer aussehen soll“[134].

Wenn — wie wir annehmen — das sich in den Großbetrieben entfaltende Wertschöpfungsdenken allmählich in das Denken der Öffentlichkeit eindringt, so wird eben diese „psychologische“ Außenleitung der Wirtschaftssubjekte auch die Entwicklung dieses Denkens in den Kleinbetrieben beschleunigen.

Schließlich dürfen die *Einflüsse* nicht übersehen werden, die auf das kleinbetriebliche Wertschöpfungsdenken einwirken durch den Zusammenschluß der freiwilligen Ketten im Handel. Diese fördern eine Rationalisierung des kleinbetrieblichen Verhaltens und rücken dem kleinbetrieblichen Unternehmer die Verflochtenheit des eigenen betrieb-

---

[130] Vgl. K. J. *Gantzel*, Begriff der mittelständischen Unternehmung, 38, S. 162 ff.

[131] Vgl. G. *Schmölders, Das Irrationale, 145, S. 61 ff., 68.*

[132] H. *Schelsky*, Die skeptische Generation, 140, S. 462 vgl. dort auch S. 88: „die angepaßte Jugend“ und S. 274 ff.

[133] Vgl. D. *Riesmann*, Die einsame Masse, 127, S. 137 ff.

[134] D. *Riesmann*, Die einsame Masse, 127, S. 145 ff.

lichen Leistensgefüges mit anderen und die rechenhafte Erfassung der Wirkungsfaktoren stärker vor Augen[135]. Eine ebenfalls beziehungsreiche Änderung der Wertmaßstäbe des gesamten Mittelstandes stellt Crosland in den „New Fabian Essays" 1952 fest, und zwar eine Akzentverschiebung von den Begriffen „Eigentumsrechte, Privatinitiative, Konkurrenz und Gewinnmotivierung" auf „die Pflichten des Staates, die soziale und wirtschaftliche Sicherheit und die Vorzüge genossenschaftlicher Arbeit"[136].

c) Das Wertschöpfungsdenken in Großbetrieben

Zur Begründung des vorweggenommenen Hinweises, das Wertschöpfungsdenken nehme seinen Anfang in den Großbetrieben und zeige die Tendenz zunehmender Einwirkung auf das allgemeine Denken, seien zuerst einige *Beispiele* von wertschöpfungsbezogenen Darstellungen aus dem großbetrieblichen Bereich genannt.

Der Reichsverband der deutschen Industrie hat bereits im Jahre 1927 in einer Veröffentlichung die Wertschöpfung etwa im Umfang und in der Untergliederung der in dieser Arbeit angegebenen Wertschöpfung als Ertrag des industriellen Wirtschaftszweiges ausgewiesen und dabei auch die Steuern als „Anteil der öffentlichen Hand" deklariert[137]. In einzelwirtschaftlichen Erfolgsausweisen von Großbetrieben wird erst in letzter Zeit ab und zu neben dem Gewinn auch die Wertschöpfung und ihre Verteilung als Ausdruck des betrieblichen Erfolges dargestellt, vor allem in den Geschäftsberichten von Aktiengesellschaften:

Pohmer bezieht sich beispielsweise auf einen *Geschäftsbericht* der Continental-Gummiwerke AG, um die Bedeutung einer Wertschöpfungsrechnung „im sozialen Spannungsfeld der Unternehmungen" aufzuzeigen[138]. In diesem Bericht[139] wird die *Verteilung* des ungefähr mit der Wertschöpfung übereinstimmenden Gesamtertrages an die Belegschaft, an den Staat und an die Kapitalgeber wiedergegeben. Die aufgeführten Gesamtertragszahlen enthalten allerdings nicht die Zinsaufwendungen für die Inanspruchnahme von Fremdkapital, so daß man von einem gedanklichen Ausschluß der Fremdkapitalgeber aus dem Kreis der an der betrieblichen Eigenleistung Beteiligten sprechen könnte[140].

---

[135] Vgl. dazu: R. *Nieschlag*, Strukturwandlungen, 111, S. 12 ff., 56 ff., 63 ff.

[136] C. A. R. *Crosland*, Übergang Kapitalismus, 204, S. 68.

[137] Vgl. Reichsverband der deutschen Industrie (Hrsg.), „Besteuerung, Ertrag und Arbeitslohn industrieller Unternehmungen im Jahre 1927", zitiert in: H. *Nicklisch*, Die Betriebswirtschaft, 110, S. 560—561.

[138] Vgl. D. *Pohmer*, Betriebliche Wertschöpfung, 289, S. 152.

[139] Vgl. Continental Gummiwerke AG, „Bericht an unsere Belegschaft über das Geschäftsjahr 1956".

[140] Vgl. weiterhin das Schema zur Verteilung der Bruttoerträge im Geschäftsbericht der Continental Gummiwerke AG, Hannover, für 1961, S. 25:

Zu einer präzisen Analyse der betrieblichen Wertschöpfung sind derartige — bilanzpolitisch manipulierte — Angaben kaum geeignet, immerhin vermitteln sie interessante Einsichten in die Relationen der in den Betrieben erzielten und verteilten Einkommen. Eine erste genaue Übersicht über die Entwicklung der Wertschöpfung eines Betriebes von den Gründerjahren (die meisten Zahlenvergleiche beginnen mit dem Jahre 1872) bis heute hat die Ilseder Hütte über H. W. Köhler[141] der Öffentlichkeit zugänglich gemacht[142]. Die Zahlen wurden sorgfältig, wenngleich in Einzelheiten anders als in der hier entwickelten Wertschöpfungsrechnung, berechnet[143] und durch Preisindices von den Geldwertschwankungen der Vergleichsperioden bereinigt. Eine Zusammenfassung der Ergebnisse zeigt, wie sich die Wertschöpfung der Ilseder Hütte (Wertschöpfung des Konzerns als wirtschaftlicher Einheit) von 1872 bis 1957 auch im Vergleich zum Volkseinkommen entwickelt hat[144] und wie folgenreich in diesem Zeitraum die Umverteilung des Ertrages war: Der Anteil des Staates — berechnet aus den „indirekten" Steuern und aus allen Abgaben sowie aus einem Teil der direkten Steuern[145] — hat sich allein in den letzten 50 Jahren fast verzehnfacht (in Prozenten von der Wertschöpfung). Der Anteil der Arbeitserträge ist ebenfalls, und zwar um etwa 20 vH gestiegen, dagegen sind die Kapitalerträge anteilmäßig gesunken, am stärksten die Dividenden der Aktionäre von 20 bis 30 vH in der Zeit bis zum ersten Weltkrieg auf gegenwärtig etwa 4 vH[146]. „Am Ende der Entwicklung steht... die Tatsache, daß 90 vH der Wertschöpfung an die Belegschaft und an den Staat fließen und lediglich der Rest dem Unternehmen und den Kapitalgebern verbleibt[147]."

Es ist kein Zufall, daß sich derartige Wertschöpfungsberechnungen im Bereich *industrieller* Großbetriebe entwickelt haben[148], ist doch der Wertzuwachs von Erzeugnissen in einer neuerzeugnisschaffenden Pro-

---

Dort werden die Fremdleistungen als ein geschlossener Posten und dann im einzelnen die Ertragsarten der Wertschöpfung aufgezeigt.

141 Vgl. H. W. *Köhler*, Einkommensverteilung im Unternehmen, 70, S. 3 ff.

142 Vgl. dazu die Besprechung dieser Veröffentlichung von R. *Scheid*, 301, S. 1469 ff. („Zum ersten Mal wird... der Versuch gemacht, es [das Verteilungsproblem] vom Unternehmen her aufzugreifen").

143 Vgl. H. W. *Köhler*, Einkommensverteilung, 70, vor allem S. 12, 15 (Additionsmethode), S. 16 (Berechnung nur der Zinsmehraufwendungen, d. h. in die Wertschöpfung werden die Zinsaufwendungen gekürzt um die Zinserträge aufgenommen) und S. 17, 43 ff. (als Abschreibungen werden lediglich verbrauchsbedingte Normalabschreibungen eingesetzt).

144 Von 1,7 Millionen DM auf 104,3 Millionen DM in konstanten Preisen von 1938; vgl. ebenda, S. 26/27.

145 Vgl. ebenda, S. 106, 117.

146 Vgl. H. W. *Köhler*, Einkommensverteilung, 70, S. 118—119, Übersicht 61.

147 H. W. *Köhler*, Einkommensverteilung, 70, S. 118.

148 Vgl. M. R. *Lehmann*, Wertschöpfungsrechnung, 84, S. 17 ff., und die dort auf den S. 24 ff., 87 ff. angegebenen Anwendungsmöglichkeiten von Wertschöpfungszahlen im industriellen Bereich.

duktion und in tiefer gegliederten Betrieben schon allein im Hinblick auf die substantielle Äußerlichkeit der Güter und in seiner Zusammensetzung aus „echten“ Produktionskosten leichter begreifbar als der Wertzuwachs im Handel[149]; zudem wurden und werden in den machtvollen industriellen Großbetrieben die Probleme der Verteilung der Wertschöpfung stärker als in den Betrieben des Handelsbereiches in den Mittelpunkt wirtschaftspolitischer Auseinandersetzungen gerückt und damit dem öffentlichen Bewußtsein nähergebracht.

Das ausgeprägtere Bewußtsein der Verteilungsproblematik hat ganz wesentlich zu dem gegenwärtig zu beobachtenden *„Gestaltwandel“*[150] der Unternehmungen beigetragen, der sich allmählich mit der „sozialen“ Ausrichtung unserer Wirtschaftsordnung vollzieht. Dieser Gestaltwandel wurzelt hauptsächlich in der Trennung von Kapitaleigentum und Betriebsführung; er wird schwerpunktmäßig unterstützt durch die zunehmende Verselbständigung und „Versachlichung“ der Betriebsführung[151] und hat vorzugsweise in Großbetrieben die Bedingungen geschaffen, unter denen sich eine neue Form der betrieblichen Willensbildung herausbilden konnte. Durch diese Umformung der Willensbildung wird der in mancher Beziehung vorher allein betriebsbeherrschende Einfluß der Unternehmenseigner abgeschwächt, und es wird den Arbeitern als „Mitarbeitern“ sowie der Öffentlichkeit mehr oder weniger freiwillig eine beachtliche Einwirkung auf die Gestaltung des betrieblichen Lebens eingeräumt[152]. Auf diese Weise scheint — zum mindesten in Ansätzen und in der konjunktiven Form von Normen für die Betriebsführung[153] — die „reine“ Rentabilitätsgesinnung, die ex definitione nur vom Kapitaleigner ausgehen kann und in erster Linie dessen eigene Zielsetzung widerspiegelt, beschnitten und in ihrer Ausstrahlung eingeengt zu werden zugunsten einer betont pluralistisch orientierten und beeinflußten Ertragsbildung und -verteilung[154]. Wie stark diese Umgestaltung tatsächlich ist und inwieweit sie das Wertschöpfungsdenken voraussetzt oder fördert, läßt sich am besten im einzelnen aus der gegenwärtigen *Rollenauffassung* der sogenannten Sozialpartner in Großbetrieben herauslesen:

---

149 Vgl. R. *Henzler*, Handelsspanne, 239, S. 133.

150 Vgl. dazu: „Gestaltwandel der Unternehmung“, Sammelband 4 der Nürnberger Abhandlungen, hrsg. von H. Proesler, Berlin 1954; einzelne Beiträge daraus werden im folgenden zitiert. Vgl. noch E. *Salin*, Der Gestaltwandel des europäischen Unternehmers, 299, S. 328 ff.

151 Dabei sind auch die Ausstrahlungen der „wissenschaftlichen Betriebsführung“ zu berücksichtigen; vgl. dazu: W. H. *Whyte*, Opfer der Organisation, 180, S. 29 ff. („Scientismus“), *Junckerstorff-Gast*, Management, 63, S. 18.

152 Vgl. H. *Proesler*, Entwicklungstendenzen, 292, S. 147 ff.

153 Vgl. dazu S. 135.

154 Vgl. K. *Pöhner*, Der moderne Unternehmer, 290, S. 89 ff., vgl. D. E. *Lilienthal*, Big Business, 89, S. 40/41.

Die Rollenauffassung der *Kapitaleigner* ist einer besonders beziehungsvollen Entwicklung unterworfen, sie bewegte sich von der extremen Auffassung, das Kapital stehe dem Kapitaleigner instrumental völlig frei zur Verfügung und das Eigentum berechtige zu selbstverständlichen Ansprüchen auf alle betrieblichen Gewinne, zu einer anderen Auffassung, in der die „Sozialbindung des Eigentums" — wie sie in Artikel 14 des Grundgesetzes in allgemeinster Aussage kodifiziert ist[155] — zur Geltung gebracht wird.

Viele Formen der Gewinnbeteiligung, die wir in größeren Betrieben treffen, sind ein Zeichen dafür, daß das Eigentum an den betrieblichen Mitteln nicht mehr „als alleiniger Zurechnungsgrund"[156] betrachtet wird. Die Kapitaleigentümer müssen sich bei der Gewinnverwendung eine, unter Umständen von ihnen nicht einmal gewollte, Beeinträchtigung im Interesse der Erhaltung des Betriebes als einer verselbständigten Einheit und, im Zusammenhang mit ihrer Abhängigkeit von den anderen Leistenspartnern, im Interesse von deren Ansprüchen gefallen lassen[157]. Der bereits vorgetragene Werdegang des Großbetriebes zu einer „öffentlichen Institution" wird von Habermas zurückgeführt auf eine dementsprechende, „materielle Entprivatisierung einer formell aufrechterhaltenen Autonomie der Produktionsmitteleigentümer"[158].

Das unternehmerische *Risiko* erhält dadurch konsequenterweise eine ganz andere Fassung. Das allgemeine Risiko, das einerseits in den Großbetrieben nicht von den betriebsführenden Managern — die kein Eigentum am Unternehmen haben — selbst getragen wird, erlegt diesen Managern andererseits besondere Verpflichtungen auf, da es sich über das Risiko eines möglichen Verlustes des persönlichen Eigentums der Kapitaleigner ausweitet zu dem Risiko eines Verlustes von betriebsnotwendigen Produktionsmitteln, an denen die Betriebsangehörigen und die Öffentlichkeit sozusagen partizipieren[159]. Eine Folge dieser veränderten Risikoauffassung ist die „Sozialisierung der Verluste"[160], zu der sich der Staat als Vertreter der Allgemeinheit versteht, um den Betrieb als Ganzheit zu stützen und damit die *Funktion* des Kapitals

---

[155] Vgl. Artikel 14 Abs. 2 des Grundgesetzes für die Bundesrepublik Deutschland: „Eigentum verpflichtet. Sein Gebrauch soll zugleich dem Wohle der Allgemeinheit dienen." Vgl. auch Art. 60 (Eigentum und Gemeinwohl) und Art. 63 (Grundbesitz und Gemeinwohl) der Verfassung von Rheinland-Pfalz.

[156] K. *Ballerstedt*, Grundrechte des Unternehmers, 189, S. 85, vgl. dazu auch K. *Rössle*, Betriebswirtschaftslehre, 130, S. 248.

[157] Vgl. K. *Ballerstedt*, Grundrechte des Unternehmers, 189, S. 84 ff. und K. *Hax*, Wandlungen der Gewinnvorstellungen, 230, S. 208 ff.

[158] J. *Habermas*, Strukturwandel, 48, S. 170.

[159] Vgl. V. *Jungfer*, Wandlungen, 251, S. 125 (das Eigentum wird von Kollektivinteressen abhängig); vgl. K. *Pöhner*, Der moderne Unternehmer, 290, S. 91 („Auffassung ... von der Unternehmung als Teilstück des öffentlichen Lebens").

[160] E. *Salin*, Der Gestaltwandel, 229, S. 337.

für den einkommenerzeugenden und gesellschaftlich wichtigen Betrieb zu erhalten[161].

Hinsichtlich der Rolle der *Arbeitenden* ist zu unterscheiden die der Betriebsführung und die der übrigen Arbeitenden.

Der große Abstand der persönlichen Arbeitsleistung der Arbeitenden von der Endleistung des (Groß-)Betriebes[162] und das den Arbeitenden nicht — wie in Kleinbetrieben — in Form von persönlich gebundenem Kapital, sondern in anonymer Form gegenüberstehende Kapital führen den Arbeitenden die sachlich zu begreifende Funktionalität aller Leistensfaktoren ganz prononciert vor Augen und betonen zugleich die absolute Abhängigkeit der einzelnen von der gesamten betrieblichen Kooperation. Die Arbeitenden neigen deswegen im Großbetrieb eher dazu, Kapitalerträge und Steuern als funktionell verständliche Einkommen von Kapital und Staat zu betrachten, wobei natürlich im Rahmen des allgemeinen Interessengegensatzes die Höhe dieser Einkommen angreifbar bleibt[163].

Eine direkte Verbundenheit (identification) des Arbeitenden mit dem ganzen Betrieb, die Kink im Zusammenhang mit dem Wertschöpfungsdenken und dem Ruckerplan in USA annimmt („die Dienstnehmer [denken] in der Regel heute auf ähnlicher Stufe wie die Manager“[164]), wird man jedoch nur in weit geringerem Maße als bei der Betriebsführung annehmen dürfen, denn allein die Betriebsführung ist auf Grund ihres Überblickes zu einer ganzheitlichen Betrachtung des Betriebsgeschehens fähig[165]. Die Mitglieder der *Betriebsführung* und in gewissem Grad der Betriebsleitung lenken daher als Schlüsselfiguren des Wertschöpfungsdenkens den Blick auf sich: Diesen „funktionellen Unternehmern“ ist die Kenntnis der Verflochtenheit der sich zur betrieblichen Leistensganzheit verbindenden „Betriebsfaktoren“ gegenwärtig, sie haben sich vom Standpunkt der ichbezogenen Eigentümerunternehmer gelöst und stehen der Interessenvielfalt der personalen Träger dieser Betriebsfaktoren aufgeschlossen und einen Ausgleich anstrebend gegenüber.

---

161 Vgl. D. *Pohmer*, Betriebliche Wertschöpfung, 289, S. 153.

162 Vgl. R. *Henzler*, Das Unternehmen, 240, S. 97.

163 Vgl. dazu H. *Achinger*, Sozialpolitik, 1, S. 36. — Interessant ist außerdem, daß die Arbeitenden von den Unternehmern des eigenen Betriebes und von deren Einkommensansprüchen einen positiven, dagegen von den Unternehmern schlechthin einen negativen Eindruck haben („Profitgier“) — das wird von Prösler als Ausfluß der alten Klassenkampfideologie und als Muster eines „cultural lag“ hingestellt. Vgl. H. *Prösler*, Entwicklungstendenzen, 292, S. 148 und F. *Greiss*, Unternehmertum, 221, S. 533.

164 K. *Kink*, Wertschöpfungsprozeß, 68, S. 197, Fußn. 82. — Die bewußte oder mitbewußte Anschauung der ganzheitlichen Ertragsbildung im Betrieb ist zu unterscheiden von einer lediglich gefühlsbedingten Verbundenheit der Arbeitenden mit ihren Betrieben, dabei kann sich dann ein Großbetrieb wie eine „gewaltige prägenitale Mutter“ darbieten. Vgl. A. *Lauterbach*, Mensch, Motive, Geld, 81, S. 18.

165 Vgl. P. F. *Drucker*, Management, 27, S. 202, 223, 231.

Der *Manager* findet seine Aufgabe oder sollte sie finden in Verbindung mit einer für das Wertschöpfungsdenken geradezu typischen und bereits am Anfang dieses Hauptkapitels aufgezeigten Einstellung, den Betrieb zuvörderst als eine selbständige Einheit und die Kapitaleigner und Arbeitenden als Glieder einer „Partnerschaft" aufzufassen und deren unterschiedliche Interessen genauso zu vertreten wie — bis zu einem gewissen Grade — die des Staates im weitesten Sinne der Öffentlichkeit[166].

Daß diese Aufgabenstellung zugleich psychologisch gesichert ist, wird durch das sozialpsychologische Bild des zeitgenössischen Managers veranschaulicht. Der großbetriebliche Manager ist der Prototyp des besonders in den USA ausgeprägten und geschilderten „organisation man" (Whyte)[167], dieser versucht, das angestrebte und von Konflikten zwischen Gruppen und zwischen Individuen bedrohte Gleichgewicht der Organisationseinheiten mit wissenschaftlicher Methodik, also „sine ira et studio", zu erreichen („Scientismus")[168]. Der „organisation man" ist um eine Anpassung seiner selbst und der von ihm vertretenen Interessen an die gesellschaftlichen Anforderungen bemüht und identifiziert, da er sich ganz betont und untrennbar in die Gesellschaft eingefügt sieht, die gesellschaftlichen Ziele weitgehend mit seinen eigenen Zielen („soziale Ethik")[169].

Ein solcher Persönlichkeitstyp der Betriebsführung ist im Gegensatz zum kleinbetrieblichen Unternehmer geeignet, eine betriebliche Politik zu fördern, die der Feststellung entsprechen würde, daß in „unserer Zeit... entweder ein echtes soziales Verantwortungsgefühl des Geschäftes oder zumindest der Anschein unerläßlich ist"[170]. Ein diesen Gesichtspunkten genügender Geschäftsbericht sollte, um allen Interessen gerecht zu werden, nach Gray[171] die Umsatzerlöse in einer Aufteilung ausweisen, die — dem Wertschöpfungsdenken gemäß — folgende Posten enthält: Zuerst die Vorleistungen und Abschreibungen, dann die Arbeitserträge (cost of human energy), Gemeinerträge (taxes) und Kapitalerträge (cost of using the „tools").

---

166 Vgl. dazu *Junckerstorff-Gast*, Management, 63, S. 53; vgl. weiterhin: D. K. *David*, Strategie einer Unternehmung, 206, S. 13; E. W. *Burgess*, Allgemeine Betriebsführung, 200, S. 13; D. E. *Lilienthal*, Big Business, 89, S. 39 ff.; zur „Partnerschaft" vgl. R. S. *Hartman*, Die Partnerschaft, 49, S. 3 ff. („Die Theorie der Partnerschaft von Kapital und Arbeit").

167 W. H. *Whyte*, Opfer der Organisation (the organisation man), 180, S. 9. „Der Mann, der für die Großfirma arbeitet, ist das auffälligste Beispiel."

168 W. H. *Whyte*, Opfer der Organisation (the organisation man), 180, S. 13, 29 ff.

169 Vgl. ebenda, S. 13 ff., 23, 55, 252 ff.

170 A. *Lauterbach*, Mensch, Motive, Geld, 81, S. 99 vgl. noch A. *Lauterbach*, Psychologie, 82, S. 31 und D. *Riesmann*, Die einsame Masse, 127, S. 147.

171 Vgl. J. S. *Gray*, Common Sense, 44, S. 12.

Die Beschreibung der Rolle des *Staates* (im einzelnen vgl. dazu Kapitel B 3) wird nach dem oben Vorgetragenen zu einer sich von selbst ergebenden Ergänzung. Wird der Staat ganz allgemein als „Öffentlichkeit" ausgelegt, so ist in erster Linie die Verantwortlichkeit zu betonen, die von den Großbetrieben, ihrer Bedeutung für die Öffentlichkeit zufolge, der Öffentlichkeit gegenüber entgegenzubringen ist[172]. „Der Präsident einer großen Gesellschaft ist heute praktisch jedem einzelnen Bürger verantwortlich[173]."

Begreift man den Staat als Institution, so fällt auf, wie wenig trotz des auffallenden Vordringens der staatlichen Ordnungs- und Gestaltungsfunktionen die „neue Rolle der Regierung" als „Faktor in Wirtschaftsfragen" begriffen wird[174].

Der Staat hat von seiten der Wirtschaft häufig mit gefühlsbedingtem und aus der „halbreligiösen Bedeutung" des Schlagwortes „freie Wirtschaft" (free enterprise) sich erzeugendem Widerstand zu rechnen[175]. Immerhin hat die von der Einstellung des „organisation man" geförderte Versachlichung der Betriebsführung in Großbetrieben zur Folge, daß von hier aus dem Staat gegenüber eine wohlwollendere und neutralere Haltung eingenommen wird. Die aus den staatlichen Ansprüchen sich herleitenden Steuern werden zwar von den Betrieben nicht gerade zuvorkommend oder gar großzügig gezahlt, aber sie werden als berechtigt anerkannt und *sachlich* im Rahmen verständlicher Interessengegensätze beurteilt. In Kleinbetrieben ist dagegen noch das Credo verbreitet, „daß Steuern immer vom Übel sind"[176]. Dieses Credo wird im Hinblick auf die Rolle des Staates von Chase in eine Liste von Glaubenssätzen der Geschäftswelt aufgenommen, die von den wirklichen Gegebenheiten überholt sind und als veraltet gelten müssen. Wenn dieses Credo (in Kleinbetrieben) mit Nachdruck verteidigt werde, so stehe es in einem Widerspruch zu diesen Gegebenheiten und zu dem Verhalten der Wirtschaftssubjekte[177].

Der Gesinnungswandel gegenüber dem Staat, der sich bereits im allgemeinen Denken anbahnt, tritt z. B. klar zutage in der inzwischen vorherrschenden Ansicht, der Staat sei als Leistenspartner für das betrieb-

---

172 Vgl. V. *Jungfer*, Wandlungen, 251, S. 125, vgl. P. F. *Drucker*, Management, 27, S. 83.

173 D. E. *Lilienthal*, Big Business, 89, S. 41.

174 Ebenda, S. 25. Vgl. dazu auch C. A. R. *Crosland*, Kapitalismus, 204, S. 70. Crosland nennt die stärkere Einflußnahme des Staates auf das betriebliche Geschehen in England, vor allem unter der Labourregierung, „Staatismus"; auch hier wird die veränderte Rolle des Eigentums hervorgehoben und von einer „pluralistischen Gesellschaftsform" gesprochen.

175 Vgl. A. *Lauterbach*, Mensch, Motive, Geld, 81, S. 84.

176 St. *Chase*, Die Wissenschaft, 23, S. 188.

177 Vgl. ebenda („Gesellschaftsschizophrenie"); vgl. auch J. K. *Galbraith*, Kapitalismus, 37, S. 42—43.

liche Geschehen mitverantwortlich: 1955 waren „vierfünftel der Bevölkerung Baden-Württembergs der Ansicht, der Staat sei für das Verhältnis zwischen Arbeitern und Unternehmern zuständig!“[178].

Das Interesse des Staates an den Großbetrieben und seine Rolle als Beteiligter am Wertschöpfungsprozeß läßt es folgerichtig erscheinen, wenn sich nicht nur eine *Mitbestimmung* und Mitkontrolle der Arbeitenden in Großbetrieben, sondern auch eine stärkere Mitbestimmung und Mitkontrolle des Staates durchsetzen wird. Diese Einschaltung des Staates wäre nicht im Sinne einer direkten Einflußnahme und Reglementierung des betrieblichen Geschehens (wie in Zentralverwaltungswirtschaften), sondern im Sinne einer die Interessen der Öffentlichkeit wahrenden Aufsicht zu verstehen, wie sie formal als Vorbild in der Verfassung von Rheinland-Pfalz vorgeschrieben ist[179] und bereits aus analog interpretierbaren Gründen bei der Bankenaufsicht oder bei der Monopolkontrolle funktioniert bzw. angestrebt wird. Diese „unliebsame“ Möglichkeit findet durch Schäfer eine treffende Formulierung: „Es ist möglich, daß wir einem ‚anderen Wirtschaftsstil‘ zustreben. Die Unternehmung wird von einer reinen Privatangelegenheit immer mehr zu einer öffentlichen Einrichtung ..., die der öffentlichen Überwachung in einem bisher höchstens andeutungsweise bekannten Umfang zu unterwerfen wäre[180].“

Die hier angedeutete Entwicklung sollte deutlich machen, daß das Wertschöpfungsdenken im wesentlichen entstand als Frucht der *„funktionalen Rationalität“*[181] in den Großbetrieben. Zur weiteren Verifizierung dieses Trends ist die Wiedergabe von zwei Bestrebungen aufschlußreich. Ihr Ursprung ist der Gedanke, als Ausgangsgröße für die Verteilung des im Betrieb erzeugten Einkommens Wertschöpfungsgrößen zu wählen, einmal, um eine „gerechtere“ *Beteiligung* der *Arbeitnehmer* am betrieblichen Erfolg zu erreichen, und zum anderen, um die Besteuerung auf einer Grundlage aufzubauen, die sich der Leistungsfähigkeit und Ertragsfähigkeit der Betriebe anpaßt.

Die Frage nach der „gerechteren“ — nicht schlechthin „gerechten“ — Beteiligung der Arbeitenden wird immer dann zu einer verschärften Streitfrage, wenn es sich um die Verteilung eines einigermaßen eindeutig feststellbaren Zuwachses der Wertschöpfung auf Grund gestiegener „Produktivität“ handelt.

Im kleinbetrieblichen Denkbereich werden wir — der geschilderten Einstellung gemäß — auf eine grundsätzliche Ablehnung aller Ertrags-

---

178 G. *Schmölders*, Das Irrationale, 145, S. 58.

179 Vgl. Artikel 51 Absatz 2 der Verfassung von Rheinland-Pfalz: „Der Staat hat die Aufgabe ... die Wirtschaft zu beaufsichtigen.“

180 E. *Schäfer*, Die Unternehmung III, 138, S. 302.

181 E. *Müller*, Wirklichkeit im heutigen Wirtschaftsleben, 275, S. 47.

beteiligungen der Arbeitnehmer stoßen, auch von solchen Beteiligungen, die mit Produktivitätssteigerungen begründbar sind[182]. In der großbetrieblichen Anschauung findet demgegenüber die Interpretation von Löhnen und Gehältern als ausgezahlte, aber eventuell der Höhe nach noch bestimmungsbedürftige Ertragsbestandteile eher Verständnis; erst dadurch kann das Streben nach einer „Wechselentsprechung von Leistungsbeitrag und Arbeitsertrag aus dem *Ganzen* heraus“[183] zu einem erklärten Ziel der betrieblichen Sozialpolitik werden. Dieses Ziel ist zu unterscheiden von dem fast gegenpoligen Ziel, die Effizienz der Arbeit durch eine direkte Wechselentsprechung der Arbeitsleistung mit dem Arbeitslohn zu steigern, wie es beispielsweise mit Prämiensystemen in der Industrie oder mit Umsatzprovisionen im Handel versucht wird.

Der Terminus „Wechselentsprechung aus dem Ganzen heraus“ läßt sich nur so deuten, daß die Arbeitserträge aller an der betrieblichen Eigenleistung Mitwirkenden in Abhängigkeit von der Entwicklung des ganzheitlichen Einkommens (der Wertschöpfung) ermittelt werden sollen. Aus dieser Überlegung heraus wird die Wertschöpfung tatsächlich öfters als Grundlage betrieblicher Ertragsbeteiligungen gewählt; man versucht dabei — in der Praxis[184] — die ursprüngliche Problematik der Verteilung dadurch zu umgehen, daß man die „Entsprechung“ der Leistungen nicht in einer Neuverteilung der betrieblichen Wertschöpfung sucht, sondern lediglich in einem Zurechnungsmodus für die Veränderungen der Wertschöpfung, das heißt, daß die Beteiligung der Arbeitenden in bestimmter Weise an die jährlichen Veränderungen der Wertschöpfung gekoppelt wird.

Der bekannteste in diese Richtung gehende Plan ist der in den USA verbreitete *Ruckerplan,* der in vielen Betrieben praktiziert wird und inzwischen auch in Deutschland eingedrungen ist (Gründung der Ruckerplangesellschaft)[185]. Der Ruckerplan bindet die Ertragsbeteiligung an den jährlichen Produktivitätszuwachs der Betriebe. Die Produktivität wird hierfür durch das Verhältnis der mit der Wertschöpfung gemessenen Ausbringung zu dem mit dem Arbeitsaufwand gemessenen Einsatz berechnet (Arbeitsproduktivität)[186].

---

182 Ein Beispiel dazu finden wir in: K. *Pöhner,* Der moderne Unternehmer, 290, S. 101; vgl. auch H. *Fülster,* Arbeitsleistung, 216, S. 244—245.

183 W. *Ziegenfuß,* Sozialer Betriebsvergleich, 330, S. 68.

184 In der Theorie werden immer wieder Versuche zu einer annähernden Lösung der Zurechnung unternommen, vgl. dazu die neueren Diskussionsbeiträge von: F. J. P. *Leitz,* Messung der Produktivität, 266, S. 216 ff., A. *Vesting,* Zurechnungsproblematik, 323, S. 627, D. *Karsten,* H. O. *Riehm,* H. G. *Stalp,* Das unlösbare Zurechnungsproblem, 254, S. 628 ff.

185 Vgl. A. W. *Rucker,* Steigende Produktivität, 132, S. 9.

186 Vgl. ebenda, S. 35, 39; vgl. dazu auch Kap. C 4 b (Messung der Arbeitsproduktivität mit Hilfe von Wertschöpfungszahlen).

Steigt die Wertschöpfung (hier: als Nettoproduktionswert = „value added to raw materials by manufacturing operations“[187]), so werden die Arbeitenden mit einem stets gleichen Anteil an dem Mehr des betrieblichen Gesamteinkommens beteiligt[188]. Dieser Anteil und seine Aufgliederung auf die Mitarbeiter wird durch ein „Wirtschaftsgutachten“ festgelegt. Die daraufhin bei ungefähr gleichbleibender betrieblicher Struktur stets anzunehmende Konstanz des Beteiligungssatzes für die kommenden Jahre entspricht nach Rucker einem aus empirischen Untersuchungen gewonnenen „Gesetz“[189]: In den USA ist der Anteil der Arbeitserträge am „Produktionswert in konstanten Dollars“ im Verlauf langer Zeiträume mit rund 39,4 vH relativ stabil geblieben[190].

Die Bildung eines die Ausführung des Beteiligungsplanes überwachenden und aus Arbeitenden aller Rangstufen zusammengesetzten Ausschusses sowie die geschickte Propagierung der den Arbeitenden zugesicherten, festen Beteiligung an einem Gesamtertrag, der durch ihre gemeinsamen Anstrengungen gesteigert werden kann, soll das Klima einer „Betriebsgemeinschaft“ und die Aktivierung ihrer „Leistungsreserven“ fördern[191].

Entscheidend für unsere Arbeit ist die Tatsache, daß es überhaupt als *Zeichen* des *Wertschöpfungsdenkens* einen solchen, für größere Betriebe gedachten, Plan gibt; bezüglich seiner Durchführung und Kritik darf auf die Literatur verwiesen werden[192]. Weitere, praktisch wohl noch kaum erprobte Pläne zur Wertschöpfungsbeteiligung der Arbeitnehmer wurden in Deutschland von Lehmann[193] und von Stöbe[194] entworfen. Von Stöbe wird eine noch genauere Aufteilung der Wertschöpfung vorgesehen durch eine getrennte Fixierung der „Arbeitserträge der Belegschaft, der Arbeitserträge der Leitung und der Kapitalerträge“[195]; die Gemeinerträge werden vorher „als unabänderlich hinzunehmende“ Größen aus der Wertschöpfung ausgegliedert: Die dann „netto errechnete Wertschöpfung bildet 100 vH der an die Produktionspartner verteilbaren Erträge“[196]. Zu erwähnen ist noch das Schema einer Ertragsbeteiligung, das von der Firma Filterwerk Mann & Hum-

---

187 A. W. *Rucker*, Steigende Produktivität, 132, S. 35.

188 Vgl. ebenda, S. 54, 60 ff.

189 Vgl. ebenda, S. 49, 53.

190 Vgl. ebenda, S. 44 ff.

191 Vgl. A. F. *Flender*, Grundgedanke des Ruckerplanes, 213, S. 66 ff.

192 Außer den bereits genannten Quellen (Rucker, Flender) vgl. noch: F. *Stöbe*, Ergebnisbeteiligung, 168, S. 92 ff., (99), A. *Mann*, Ertragsbeteiligung, 92, S. 20.

193 Vgl. M. R. *Lehmann*, Wertschöpfungsrechnung, 84, S. 90 ff.

194 Vgl. F. *Stöbe*, Ergebnisbeteiligung, 168, S. 82 ff.

195 ebenda, S. 120 ff.; vgl. auch die Tafeln I—III im Anhang.

196 ebenda, S. 120.

mel GmbH, Ludwigsburg, entworfen wurde und eine beachtliche Übereinstimmung mit diesen Vorschlägen zeigt[197].

Die Idee der Beteiligung der Arbeitenden an der Wertschöpfung wird allerdings mißverstanden, wenn *Kritiker* darauf hinweisen, daß bei diesen Beteiligungen die Arbeitenden auch an Marktgewinnen beteiligt werden, die nicht aus einer Leistungssteigerung der Arbeitskräfte resultieren[198] oder wenn der mangelnde unmittelbare Zusammenhang zwischen den Einzelleistungen der Arbeitenden und deren Beteiligung am gesamtbetrieblichen Erfolg gerügt wird[199]. Gerade die Beteiligung an der Wertschöpfung soll ganz bewußt auf der Konzeption fußen, daß alle Leistensbeteiligten im Betriebe zusammen einen gemeinsamen Gesamtertrag — die Wertschöpfung — erwirtschaften. Die Wertschöpfung als Ausgangsgröße bezieht dann selbstverständlich auch das Ergebnis marktlicher Einflüsse[200] und demgemäß auch Konjunkturgewinne oder -verluste ein[201], ohne daß zu fragen wäre, wem denn diese Wertschöpfungsbestandteile zuzurechnen seien.

Wird die Wertschöpfung solchermaßen zur Basis der betrieblichen Einkommensverteilung zwischen Kapitaleignern und Arbeitenden, so führt das Wertschöpfungsdenken auch noch dazu, die Wertschöpfung als Bemessungsgrundlage für die *Anteile* des *Staates* am betrieblichen Einkommen in Betracht zu ziehen. Pohmer sieht in diesem Weg eine geradezu ideale Lösung: „Die herkömmliche Ansicht, der Gewinn repräsentiere die steuerliche Leistungsfähigkeit der Unternehmung am besten, ist ein Ausfluß der auf den Vorstellungen des Marktwirtschaftsmodells beruhenden Personifizierung der Unternehmung durch den Unternehmer." (Diese Ansicht entspricht den typisch kleinbetrieblichen Vorstellungen.) „Will der Staat die Unternehmung als Objekt belasten, wird er an die Einkommenserzeugung anknüpfen müssen. Die ideale Bemessungsgrundlage für eine Unternehmungssteuer ist also die betriebliche Wertschöpfung[202]."

Ein Vorläufer für diese von Pohmer vorgeschlagene *Wertschöpfungssteuer* könnte in der Gewerbesteuer gesehen werden (s. u.), auch die Nettoumsatzsteuer kommt der Wertschöpfungssteuer nahe. Die zur Reformierung der Umsatzsteuer entworfene Nettoumsatzsteuer deckt sich allerdings mit der oben genannten Wertschöpfungssteuer nicht

---

[197] Vgl. A. *Mann,* Ertragsbeteiligung, 92, S. 28 ff., 100 (S. 100: Ertragsverteilung an „Finanzamt, Belegschaft, Unternehmenswagnis und Kapital").

[198] Vgl. F. *Goossens,* Erfolgsbeteiligung, 42, S. 27 und 28.

[199] Vgl. F. *Jakobi,* Leistungsvergütung und Partnerschaft, 248, S. 104, vgl. L. *Mayer,* Betriebswirtschaftslehre, 96, S. 43 (hier bezüglich der Gewinnbeteiligungen).

[200] Vgl. F. *Stöbe,* Ergebnisbeteiligung, 168, S. 88 ff.

[201] Vgl. F. *Ottel,* Idee des gerechten Lohnes, 288, S. 717 (Kapitel: „Wertschöpfung und Konjunkturgewinn").

[202] D. *Pohmer,* Betriebliche Wertschöpfung, 289, S. 153.

ganz, denn der zum Nettoumsatz reduzierte Umsatz und die zur Wertschöpfung reduzierte Ausbringung eines Betriebes werden in etwa nur beim Handel, nicht aber im Erzeugungsbereich übereinstimmen: Abweichungen werden dort vor allem dann zu verzeichnen sein, wenn sich erhebliche und in der Wertschöpfungsrechnung bewertbare Bestandsveränderungen an Fertigfabrikaten auf die Berechnung der Wertschöpfungsgrößen auswirken[203]. Die Besteuerungsgrundlagen von Wertschöpfungssteuer und Nettoumsatzsteuer divergieren zudem noch stärker, wenn aus praktischen Gründen statt des Nettoumsatzes der Nettoproduktionswert eingesetzt wird.

Die *Gewerbesteuer* knüpft insofern an das Wertschöpfungsdenken an, als die Betriebe als selbständige Objekte ohne Rücksicht darauf besteuert werden sollen, „wem die Erträge aus diesen Objekten zufließen oder wer Eigentümer der Objekte ist"[204]. Die Besteuerungsgrundlagen sind nach § 6 des Gewerbesteuergesetzes das Gewerbekapital und der Gewerbeertrag, wahlweise können die Gemeinden auch die Lohnsumme dafür vorsehen. Man geht also von einem dem Inhalt der Wertschöpfung angenäherten Ertragsbegriff aus und wählt bezüglich des Gewerbeertrages (der den Kapitalerträgen entsprechen soll) die wertschöpfungsgemäße Berechnung, auch die Zinsen für Fremdkapital (Zinsen für „Dauerschulden") dem Gewinn hinzuzuzählen. Das Verfahren ist vom Standpunkt des Wertschöpfungsdenkens aus nicht ganz konsequent, solange nicht auch die Arbeitserträge grundsätzlich in den Gewerbeertrag einbezogen werden[205]. Zur Einführung einer solchen konsequenten Wertschöpfungssteuer hatte die japanische Regierung 1953 einen später nicht realisierten Plan vorgelegt; der zu besteuernde Gewerbeertrag sollte nach der Additionsmethode die Summe der Gewinne und der Aufwendungen für Löhne, Zinsen, Renten und Mieten umfassen[206].

Dieses letzte Beispiel ist zwar nicht speziell auf Großbetriebe ausgerichtet, aber die Wertschöpfungssteuer wird gerade bei diesen Betrieben auf den geringsten Widerstand stoßen; hat doch dieses letzte Kapitel erkennen lassen, mit welcher ziemlich klar erkennbaren Tendenz sich die Grundlinien des Denkens in Großbetrieben mit den Vorstellungen des dieser Besteuerung zugrunde liegenden Wertschöpfungs*denkens* vereinen.

---

[203] Vgl. dazu Kap. C 2 a.

[204] G. *Wöhe*, Betriebswirtschaftliche Steuerlehre, 182, S. 84.

[205] G. *Wöhe*, Betriebswirtschaftliche Steuerlehre, 182, S. 130.

[206] Vgl. Drucksache Bundestag Nr. 730 zur Umsatzbesteuerung, 18, S. 27, vgl. auch Hanya *Ito*, Nettoumsatzsteuer, 250, S. 461.

E. Schluß

Kurze Zusammenfassung

Die Arbeit geht von der begründeten Voraussetzung aus, daß der Wert der Güter in einer Marktwirtschaft durch den Preis bestimmt wird. Die Werte (Endpreise) der Güter lassen sich in einzelne Komponenten aufspalten, die als Wertschöpfung den Leistungsbeitrag der an der Erzeugung dieser Güter beteiligten Betriebe anzeigen.

Für wirtschaftliche Betriebe wird die Wertschöpfung berechnet als Differenz der mit Verkaufspreisen bewerteten Ausbringung (Bruttoerträge) und der mit Einkaufspreisen bewerteten Aufwendungen für alle Leistungen, die der Betrieb von „außen" bezogen hat (Fremdleistungen). Diese Differenzgröße umfaßt dann den Anteil der Preise, der dem Betrieb für seine *Eigenleistung* verblieben ist und der den an der betrieblichen Leistung beteiligten Wirkungskräften als gemeinsames Einkommen zufließt.

Als funktionelle Wirkungskräfte sind die Arbeit, einschließlich der des Unternehmers, das gesamte Kapital und der Staat anzusehen. Der Staat wird als Inbegriff der gesellschaftlichen Umwelt gedeutet; er wird durch öffentliche Institutionen wie Verwaltungen, Gerichte oder Handelskammern vertreten.

Die Grenzen der Aussagefähigkeit der Wertschöpfung werden durch ihre Eigenschaft als quantitative Größe abgesteckt. Ihre Verwurzelung in der Wert-Preis-Gleichung bedingt in dem Maße ein Hemmnis für die von ihr erwarteten Aufschlüsse über die betriebliche Leistung, in dem der Preis seine Funktion als Wertmesser verliert. Wenn auch die Wertschöpfung nichts über die soziale Qualität einer Leistung oder über ihre volkswirtschaftliche Nützlichkeit — im normativen Sinne — aussagen kann, so gewinnt sie doch als Beitrag der Betriebe zum Sozialprodukt für die soziale Wohlfahrt besondere Bedeutung.

Im Handel ist zu unterscheiden zwischen der institutionellen Wertschöpfung der Handelsbetriebe und der funktionellen Wertschöpfung des Distributionsbereiches. Letztere umfaßt neben den Wertschöpfungen der Handelsbetriebe auch noch die Vertriebswertschöpfungen der Erzeugungsbetriebe und die Wertschöpfungen der für die Handelsbetriebe tätigen Vorleistungsbetriebe.

Diese Beziehungen sind in einem Schaubild auf Seite 50 dargestellt, aus dem gleichzeitig der Zusammenhang von Handelsspanne und Wertschöpfung zu ersehen ist.

Auf den Umfang der handelsbetrieblichen Wertschöpfung wirken sich nicht nur alle Einflüsse der marktlichen Sphäre aus, sondern auch die der finanzwirtschaftlichen Beziehungen zwischen Lieferanten und Kunden. Um eine solche, von anderen Verfahren abweichende, Berechnung durchführen zu können, ist bezüglich des Kapitaleinsatzes im Markt davon auszugehen, daß ein Betrieb Kapitalgüter (Geldforderungen, Leergut u. ä.) im Markt nicht primär einsetzt, um gesondert einzukalkulierende Kapitalerträge zu erzielen, sondern um möglichst günstige Preiskonditionen zu erreichen und um seine Absatzmöglichkeiten — etwa durch eine besondere Kreditgewährung an Stammkunden — zu sichern.

Im Rahmen der *rechnerischen* Ermittlung der Wertschöpfung wurden jeweils verschiedene Berechnungsmethoden überprüft und dabei insbesondere die Verfahren der volkswirtschaftlichen Gesamtrechnung beachtet. Besondere Probleme ergeben sich bei der Berechnung der Bruttoerträge durch die Frage, ob und mit welchen Werten die noch nicht im Markt abgesetzten Güter, d. h. die Bestände an Halb- und Fertigfabrikaten, in die Ausbringung des Betriebes einbezogen werden sollen.

Die Abgrenzung der Vorleistungen verlangte einführend eine Gegenüberstellung der Begriffe Vorleistungen, Aufwand und Kosten. Die Vorleistungen wurden nicht in Analogie zur Kostenberechnung ermittelt (Lehmann), denn ein Aufnehmen der Vorleistungsposten mit „kalkulatorischen Werten“ in die Wertschöpfungsrechnung verstößt gegen die für die Definition der Wertschöpfung vorausgesetzten Annahmen; sie sind vielmehr als Aufwand mit Einkaufspreisen anzusetzen. Die nunmehr nach der Differenzmethode errechnete Wertschöpfung setzt sich aus den Erträgen (Einkommen) für die Arbeitenden (Arbeitserträge), für die Eigentümer des Kapitals (Kapitalerträge) und für den Staat (Gemeinerträge) zusammen. Um einen Einblick in die Größenverhältnisse dieser dreigeteilten Struktur der Wertschöpfung zu ermöglichen, wurden für die einzelnen Ertragsarten im Handel statistische Angaben zusammengestellt.

Das Ausweisen sämtlicher Steuern, der „direkten“ und der „indirekten“, als Wertschöpfungsanteile des Staates bringt vielseitige Schwierigkeiten. Es sei hier nur auf die Auswirkungen der Steuerüberwälzungen hingewiesen: ein hoher und überwälzter Anteil indirekter Steuern kann nämlich zu einer künstlichen Aufblähung der Wertschöpfung führen.

In der Literatur sind vielfältige *Anwendungsmöglichkeiten* von Wertschöpfungszahlen zu finden, sie fußen im allgemeinen auf der Überlegung, andere betriebliche Erfolgsgrößen wie den Umsatz oder den Gewinn in geeigneten Fällen durch die Wertschöpfung zu ersetzen. Am bekanntesten ist die Verwendung der Wertschöpfung als Besteuerungsgrundlage — für eine Nettoumsatzsteuer und für eine Gesamtertragssteuer — sowie ihre Auswertung für Kennzahlen der betrieblichen Leistungsmessung. In den USA wird außerdem der „value added by distribution" durch Beckman propagiert, um den produktiven Charakter der Handelstätigkeit herausstreichen und größenmäßig sichtbar und vergleichbar zu machen.

Als Einzelbeispiel der Anwendung wurde die bisher vernachlässigte Möglichkeit vorgeführt, Wertschöpfungszahlen als quantitative Merkmale der Betriebsgrößen zu bestimmen. Die bisher zur Betriebsgrößenmessung in der Hauptsache genutzten Umsatzzahlen implizieren in mehrfacher Hinsicht Fehlschlüsse, in erster Linie dadurch, daß die unterschiedliche Erzeugungstiefe der Betriebe durch Umsatzgrößen nicht zum Ausdruck gebracht wird.

Die Wertschöpfungsrechnung steuert auch einen interessanten Aspekt zur Produktivitätsmessung bei. Sie legt es nahe, die Ansicht zu kritisieren, die Rentabilität (Eigenkapitalrentabilität) könne die „marktwirtschaftliche" oder „betriebswirtschaftliche" Produktivität wiedergeben. Hierbei wird die Interdependenz der Ertragsbestandteile der Wertschöpfung übersehen: Der Gewinn als Residualgröße wird durch den von Betrieb zu Betrieb unterschiedlichen Verteilungsmodus beeinflußt, und die jeweilige Verteilung hängt von der Finanzstruktur, vom Standort, von der Branche und von anderen Gegebenheiten ab. Ein auf Grund höherer Fremdkapitalzinsen oder höherer Löhne sich bei sonst gleichgebliebenen Daten verringernder Gewinn ist im Einzelfall keineswegs als Maßstab für den gesamtbetrieblichen Erfolg geeignet.

Die Wertschöpfung erfaßt demgegenüber das von der Verteilung unabhängige Ergebnis des betrieblichen Leistens in einer einheitlichen Größe. Sie kann als solche in den Zähler (Ausbringung) der die wirtschaftliche Produktivität aufzeigenden Verhältniszahl aufgenommen werden. Im Nenner ist dann eine Größe einzusetzen, die als Einsatz entweder die Summe der leistensbewirkenden Faktoren (für die Vollproduktivität) oder nur einzelne Faktoren (für die sog. Einfaktorproduktivität) repräsentiert.

Im letzten Hauptabschnitt über das *Wertschöpfungsdenken* wird der Versuch unternommen, den Denkinhalt der Wirtschaftssubjekte daraufhin zu untersuchen, ob und inwieweit in ihm der Begriff des betrieblichen Gesamtertrages (unabhängig von seiner Benennung als Wertschöpfung) einen Platz findet. Das Bewußtsein eines ganzheitlichen Betriebsertrages kann sich nur bilden, wenn die wirtschaftlichen Betriebe als verselbständigte Gebilde aufgefaßt werden. Hatte der Kapitalismus in dieser Hinsicht die Voraussetzung geschaffen und die „körperschaftliche Entwicklung“ der Betriebe unterstützt, so ermöglichte doch erst die gegenwärtig zu beobachtende „soziale“ Ausrichtung der Betriebe das Entstehen eines mit der Verteilungsproblematik verknüpften Wertschöpfungsdenkens.

Die festzustellende Einstellung zur Wertschöpfung ist in Großbetrieben und in Kleinbetrieben fast gegenpolig ausgeprägt. In Kleinbetrieben begründet die zentrale Stellung des Inhabers, der zugleich Kapitaleigner und Geschäftsführer ist, eine „personale Wirtschaftsweise“. Die daraus resultierende ichbezogene Anschauung aller betrieblichen Vorgänge durch den Inhaber verhindert, daß auch „fremde“ Leistungsentgelte, etwa für die Arbeiter oder für den Staat, gedanklich in das Betriebsergebnis eingeschlossen werden. Die Folgen dieser Wirtschaftsgesinnung wurden im einzelnen beschrieben, sie wirken sich u. a. oft in der mangelnden Expansionsbereitschaft der Kleinbetriebe aus.

Die rationalisierenden Einwirkungen im großbetrieblichen Bereich fördern dagegen dort die Tendenz, die Funktionalität aller Leistensfaktoren klar zu erkennen und rechenhaft zu erfassen und dabei auch die Wertschöpfung als wichtige Erfolgsgröße des Betriebes anzuerkennen. In gewisser Weise wird das verifiziert durch die Darstellung der Wertschöpfung in einzelnen Geschäftsberichten oder durch Erfolgsbeteiligungspläne, die als Ausgangsgröße der Beteiligung die Wertschöpfung wählen. Es wird weiterhin bestätigt durch eine Durchleuchtung der Rollen, die heute die Kapitaleigner, die Arbeitenden und der Staat im betrieblichen Geschehen spielen.

Literaturverzeichnis

I. Selbständige Schriften

Abkürzungen

rde = „rowohlts deutsche enzyklopädie", hrsg. von E. Grassi, Verlag Rowohlt, Hamburg.

WiWi = „Die Wirtschaftswissenschaften", hrsg. von E. Gutenberg, Verlag Gabler, Wiesbaden.

(1) H. *Achinger*, Sozialpolitik als Gesellschaftspolitik, rde Band 47, Hamburg 1958.

(2) R. *Aengenendt-Papesch*, Die Funktionen der Klein- und Mittelbetriebe in der wettbewerblichen Marktwirtschaft, Bd. 2 der Abhandlungen zur Mittelstandsforschung, hrsg. vom Institut für Mittelstandsforschung, Köln und Opladen 1962.

(3) Akademie der Wissenschaften der UdSSR (Hrsg.), Politische Ökonomie, übersetzt aus dem Russischen, Berlin (Ost) 1961.

(4) A. *Ammon*, Nationalökonomie und Philosophie, Bd. 7 der Schriftenreihe: Erfahrung und Denken, Berlin 1961.

(5) M. *Apel*, Philosophisches Wörterbuch, Sammlung Göschen, Bd. 1031, Berlin 1950.

(6) H. *Bachmann*, Die jüngere Entwicklung im Einzelhandel, Winterthur 1959.

(7) E. *Batzer*, Der Großhandel in der westdeutschen Wirtschaft, Bd. 47 der Schriftenreihe des IFO-Instituts für Wirtschaftsforschung, Berlin/München 1962.

(8) E. *Batzer* und H. *Laumer*, Der Großhandel in Gegenwart und Vergangenheit, Bd. 35 der Schriftenreihe des IFO-Instituts für Wirtschaftsforschung, Berlin/München 1958.

(9) H. *Becker*, Soziologie als Wissenschaft vom sozialen Handeln, bearbeitet und hrsg. von B. Holzner, Würzburg o. J.

(10) Th. N. *Beckman*, Principles of Marketing, 6. Auflage, New York 1961.

(11) R. F. *Behrendt*, Der Mensch im Licht der Soziologie, Urban Bücher, Bd. 60, Stuttgart 1962.

(12) F. *Benham*, Economics, London 1955.

(13) E. *Böhler*, Nationalökonomie, Grundlagen und Grundlehren, 3. Aufl., Zürich 1957.

(14) J. A. C. *Brown*, Psychologie der industriellen Leistung, rde Bd. 30, Hamburg 1956.

(15) H. *Buddeberg*, Über die Vergleichbarkeit der Handelsbetriebe, Bd. 5 der Schriften zur Handelsforschung, hrsg. von R. Seyffert, Köln und Opladen 1955.

(16) H. *Buddeberg*, Handelsbetriebslehre, Heft 5 des Sozialwissenschaftlichen Akademiestudiums (Betriebswirtschaft), hrsg. von H. Besters, Essen 1957.

(17) H. *Buddeberg*, Betriebslehre des Binnenhandels, WiWi Reihe A, Bd. 18, Wiesbaden 1959.
(18) Bundestag (Hrsg.), Denkschrift über die Möglichkeiten einer Verbesserung der Umsatzbesteuerung, Drucksache Nr. 730 des Deutschen Bundestages, III. Wahlperiode, Bonn 1958.
(19) J. *Burri*, Die Unternehmung, 5. Aufl., Zürich 1945.
(20) A. *Cairncross*, Introduction to Economics, London 1944.
(21) G. L. *Campion*, Traité des Entreprises Privées, II, 3e Edition, Paris 1958.
(22) E. *Carell*, Unternehmungsgewinn und Arbeitslohn, München 1950.
(23) St. *Chase*, Die Wissenschaft vom Menschen (The Proper Study of Mankind), Sammlung „Die Universität", Bd. 18, Wien/Stuttgart 1951.
(24) J. M. *Clark*, Sicherheit in Freiheit (Alternative to Serfdom), Sammlung „Die Universität", Bd. 46, Frankfurt/Wien 1954.
(25) K. F. *Diedrich*, Entwicklung und Stand der sozialen Betriebsgestaltung, 7. Beiheft zu „Mensch und Arbeit", München/Düsseldorf 1951.
(26) K. *Diehl*, Theoretische Nationalökonomie, Bd. IV: Die Lehre von der Distribution, Jena 1933.
(27) P. F. *Drucker*, Praxis des Management (The Practice of Management), Düsseldorf 1956.
(28) W. *Edelmann*, Die Betriebsgröße, Entwicklung und Stand der Forschung, Diss. Nürnberg 1955.
(29) F. *Engels*, Anti-Dühring, Berlin (Ost) 1952.
(30) *Esenwein-Rothe*, Wirtschaftsstatistik, WiWi Reihe B, Bd. 19, Wiesbaden 1962.
(31) W. *Eucken*, Grundsätze der Wirtschaftspolitik, rde Band 81, Hamburg 1959.
(32) EWG (Hrsg.), Memorandum der Kommission über das Aktionsprogramm der Gemeinschaft für die zweite Stufe, Brüssel 1962.
(33) G. *Fischer*, Allgemeine Betriebswirtschaftslehre, Bd. 1, Die Betriebsführung, Hamburg 1961.
(34) H. *Ford*, Mein Leben und Werk, Leipzig 1924.
(35) H. *Ford*, Das große Heute — das größere Morgen, Leipzig o. J. (1926).
(36) R. *Fricke*, Die Grundlagen der Produktivitätstheorie, Bd. 1 der Schriftenreihe zur Produktivitätsforschung des volkswirtschaftlichen Instituts der Technischen Hochschule Karlsruhe, Frankfurt/Main 1961.
(37) J. K. *Galbraith*, Der amerikanische Kapitalismus im Gleichgewicht der Wirtschaftskräfte (American Capitalism — the concept of countervailing power), Stuttgart/Wien/Zürich 1956.
(38) K. J. *Gantzel*, Wesen und Begriff der mittelständischen Unternehmung, Bd. 4 der Abhandlungen zur Mittelstandsforschung, hrsg. vom Institut für Mittelstandsforschung, Köln und Opladen 1962.
(39) G. A. *Georgieff*, Grundlagen und Ausbau der Lehmannschen Ergiebigkeitsrechnung, Diss. Nürnberg 1938.
(40) H. *Giersch*, Allgemeine Wirtschaftspolitik, Teil I, WiWi Reihe B, Bd. 9, Wiesbaden 1960.
(41) R. O. *Gockel*, Der Aufbau einer gesamtbetrieblichen und teilbetrieblichen Wertschöpfungsrechnung und ihre Bedeutung für die Betriebsführung, Diss. Nürnberg 1953.
(42) F. *Goossens*, Erfolgsbeteiligung und Vermögensbildung, München 1961.

(43) A. *Graeve*, Die Wertschöpfungsrechnung im Dienste des Betriebsvergleichs und des Kostenstellenvergleichs der Brauerei und Mälzerei, Diss. München T. H. 1959.

(44) I. S. *Gray*, Common Sense in Business, New York/Toronto/London 1956.

(45) E. *Gutenberg*, Grundlagen der Betriebswirtschaftslehre, Bd. 1: Die Produktion, 7. Aufl., Berlin/Göttingen/Heidelberg 1962.

(46) A. *Gutersohn*, Das Gewerbe in der freien Marktwirtschaft, Bd. 1 der Schriftenreihe des Schweizerischen Instituts für gewerbliche Wirtschaft an der Handelshochschule St. Gallen, Zürich und St. Gallen 1954.

(47) V. *Guttmann*, Gewerbe- und Industriepolitik, Bd. 6 der Grundrisse der Sozialwissenschaften, hrsg. von A. Tautscher, Wien 1950.

(48) J. *Habermas*, Strukturwandel der Öffentlichkeit, Sammlung „Politica", hrsg. von W. Hennis und R. Schnur, Neuwied 1962.

(49) R. S. *Hartman*, Die Partnerschaft von Kapital und Arbeit, Köln und Opladen 1958.

(50) B. *Hartmann*, Das Kapital in der Betriebswirtschaft, Bd. 7 der Schriften zur Wirtschaftswissenschaftlichen Forschung, Meisenheim am Glan 1957.

(51) B. *Hartmann*, Angewandte Betriebsanalyse, Freiburg 1959.

(52) N. *Hartmann*, Grundzüge einer Metaphysik der Erkenntnis, Berlin 1949.

(53) F. A. *Hayek*, Der Weg zur Knechtschaft (The Road to Serfdom), Erlenbach/Zürich 1952, 3. Aufl.

(54) A. *Hesse*, Lehrbuch der Nationalökonomie, Allgemeine Volkswirtschaftslehre, Bd. II, 4. Aufl., Offenburg 1950.

(55) E. *Hickmann*, Produktivität durch Management, hrsg. vom Bremer Ausschuß für Wirtschaftsforschung, Bremen 1955.

(56) E. *Hirsch*, Die französischen Planungsmethoden und ihre Ausdehnung auf den gemeinsamen Markt, Heft 30 der Sonderschriften des IFO-Instituts für Wirtschaftsforschung, Berlin 1962.

(57) J. *Hirsch*, Der moderne Handel, 2. Aufl., Tübingen 1925.

(58) J. *Hoffmeister* (Hrsg.), Wörterbuch der philosophischen Begriffe, 2. Aufl., Hamburg 1955.

(59) W. *Hofmann*, Die volkswirtschaftliche Gesamtrechnung, Heft 11 der Volkswirtschaftlichen Schriften, Berlin 1954.

(60) P. R. *Hofstätter*, Einführung in die Sozialpsychologie, Sammlung „Die Universität", Bd. 40, Stuttgart 1954.

(61) E. *Hoppmann*, Binnenhandel und Binnenhandelspolitik (Vahlens Handbücher der Wirtschafts- und Sozialwissenschaften, hrsg. v. G. Kade), Berlin/Frankfurt 1959.

(62) L. L. *Illetschko*, Betriebswirtschaftliche Grundfragen, Bd. 3 der Veröffentlichungen des Instituts für Organisation und Revisionswesen an der Hochschule für Welthandel, Wien, hrsg. von L. L. Illetschko, Wien 1953.

(63) *Junckerstorff-Gast*, Grundzüge des Management, Wiesbaden 1960.

(64) W. *Kaeslin*, Ziele und Möglichkeiten des Rechnungswesens im Großhandel, Bern 1949.

(65) D. *Kalussis*, Der Betriebsvergleich im Handel, Heft 1 der Betriebswirtschaftlichen Forschungen des Wirtschaftsverkehrs, hrsg. von K. Oberparleiter, Wien 1949.

(66) D. *Kalussis*, Betriebslehre des Einzelhandels, Köln und Opladen 1960.

(67) K. *Kautsky*, Karl Marx's Ökonomische Lehren, 17. und 18. Aufl., Stuttgart 1919.

(68) K. *Kink*, Wertschöpfungsprozeß und Verrechnungslehre, Bd. 22 der Staatswissenschaftlichen Studien, hrsg. von L. V. Furlan u. a., Zürich 1955.

(69) F. *Kluge*, Etymologisches Wörterbuch, 18. Aufl., Berlin 1960.

(70) H. W. *Köhler*, Einkommensverteilung im Unternehmen, Düsseldorf 1961.

(71) A. *Kolb*, Die Gestaltung von Betriebsgröße, Betriebsform und Kosten im Einzelhandel, Berlin 1936.

(72) W. *Kraus*, Volkswirtschaftliche Gesamtrechnung, WiWi, Reihe B, Bd. 21, Wiesbaden 1961.

(73) W. *Krelle*, Volkswirtschaftliche Gesamtrechnung, Berlin 1959.

(74) W. *Krelle*, Verteilungstheorie, WiWi, Reihe B, Bd. 8, Wiesbaden 1962.

(75) H. *Krieghoff*, Technischer Fortschritt und Produktivitätssteigerung, Heft 4 der Frankfurter Wirtschafts- und Sozialwissenschaftlichen Studien, Berlin 1958.

(76) C. *Krömke*, Der Betriebsvergleich in der sozialistischen Industrie als Methode zur Aufdeckung und Ausnutzung von Reserven in der Produktion, Berlin (Ost) 1958.

(77) A. *Kruse*, Geschichte der volkswirtschaftlichen Theorien, 3. Aufl., München 1953.

(78) M. *Kühnau*, Der Formalaufbau der volkswirtschaftlichen Buchhaltung, Berlin 1961.

(79) H. H. *Kunze*, Betriebsleistungen im Wirtschaftskreislauf, Sonderdruck der REFA-Nachrichten, hrsg. vom Verband für Arbeitsstudien, Berlin/Köln/Frankfurt 1958.

(80) A. *Lampe*, Umrisse einer Theorie des Handels, aus dem Nachlaß hrsg. von R. Rohling, Berlin 1958.

(81) A. *Lauterbach*, Mensch, Motive, Geld (Man, Motives and Money) (Internationale Sozialwissenschaftliche Bibliothek), Stuttgart und Düsseldorf 1957.

(82) A. *Lauterbach*, Psychologie des Wirtschaftslebens, rde Bd. 143, Hamburg 1962.

(83) M. R. *Lehmann*, Planvolles Rechnen in Betrieb und Gruppe, ein Beitrag zur Wertschöpfungs- und Wirtschaftlichkeitsrechnung, Berlin 1937.

(84) M. R. *Lehmann*, Leistungsmessung durch Wertschöpfungsrechnung, Betriebswirtschaftliche Bibliothek, hrsg. von W. Hasenack (A/VII), Essen 1954.

(85) M. R. *Lehmann*, Allgemeine Betriebswirtschaftslehre, 3. Aufl., Wiesbaden 1956.

(86) M. R. *Lehmann*, Industrielle Betriebsvergleiche, Wiesbaden 1958.

(87) D. *Leitner*, Zur Problematik der Berücksichtigung von Einflüssen konjunktureller Schwankungen der Volkswirtschaft bei der betrieblichen Wertschöpfungsrechnung, Diss. Nürnberg 1954.

(88) K. *Liefmann*, Grundsätze der Volkswirtschaftslehre, Bd. II, Stuttgart/Berlin 1917.

(89) E. *Lilienthal*, Big Business, Berlin 1954.

(90) A. *Lisowsky*, Zur Theorie und Systematik der Handelsfunktionen, Heft 7 der Sonderreihe der Betriebswirtschaftlichen Blätter, hrsg. von K. Meithner u. a., Berlin/Wien/Zürich 1937.

(91) M. *Lohmann*, Einführung in die Betriebswirtschaftslehre, 2. Aufl., Tübingen 1955.

(92) A. *Mann*, Aus der Praxis einer Ertragsbeteiligung, Heft 20 der Aktuellen Betriebsfragen, Bonn/Frankfurt 1954.

(93) F. *Marbach*, Theorie des Mittelstandes, Bern 1942.

(94) H. *Marré*, Funktionen und Leistungen des Handelsbetriebes, Bd. 16 der Schriften zur Handelsforschung, hrsg. von R. Seyffert, Köln und Opladen 1960.

(95) J. *Mathieu*, M. *Gnielinsky*, Die industrielle Produktivität in neuerer Sicht, Bd. 641 der Forschungsberichte des Wirtschafts- und Verkehrsministeriums Nordrhein-Westfalens, Köln und Opladen 1958.

(96) L. *Mayer*, Grundriß der Allgemeinen Betriebswirtschaftslehre, Wiesbaden 1955.

(97) R. *Mayntz*, Soziologie der Organisation, rde Bd. 166, Hamburg 1963.

(98) K. *Mellerowicz*, Wert und Wertung im Betrieb, Betriebswirtschaftliche Bibliothek, hrsg. von W. Hasenack (A/III), Essen 1952.

(99) K. *Mellerowicz*, Allgemeine Betriebswirtschaftslehre, Bd. 1, Sammlung Göschen, Nr. 1008/1008a, 10. Aufl., Berlin 1958.

(100) F. *Merkle*, Produktivität und Rentabilität, 2. Aufl., Stuttgart 1951.

(101) H. *Mesenberg*, Die saarländische Umsatzbesteuerung nach dem Mehrwert in wirtschaftspolitischer Sicht, Heft 48 der Schriftenreihe des Instituts Finanzen und Steuern, Bonn 1957.

(102) W. *Mette*, Das Problem der Nettoumsatzsteuer im Handwerk, Heft 11 der Finanzwissenschaftlichen Forschungsarbeiten, hrsg. von G. Schmölders, Berlin 1956.

(103) C. W. *Meyer*, Die Koordination von Unternehmung und Markt, Bd. 3 der Vertriebswirtschaftlichen Abhandlungen des Instituts für industrielle Verbrauchsforschung und Vertriebsmethoden der Technischen Universität Berlin, hrsg. von O. R. Schnutenhaus, Berlin 1959.

(104) Ministère des Finances, Taxes sur le chiffre d'affaires (Vordruck zur Steuerberechnung Nr. C. A. 3/802), Paris 1957.

(105) B. *Moll*, Gerechtigkeit in der Wirtschaft?, 2. Aufl., Bonn 1961.

(106) F. H. *Mueller*, Soziale Theorie des Betriebes, Berlin 1952.

(107) K. *Muhs*, Allgemeine Volkswirtschaftslehre, Wiesbaden (1948).

(108) E. E. *Nawroth*, Die Sozial- und Wirtschaftsphilosophie des Neoliberalismus, Bd. 14 der Sammlung Politica, hrsg. von A. F. Utz, Heidelberg und Löwen 1961.

(109) H. *Nicklisch*, Grundfragen für die Betriebswirtschaft, Bd. 9 der Schriftenreihe „Organisation", hrsg. von H. Nicklisch, Stuttgart 1928.

(110) H. *Nicklisch*, Die Betriebswirtschaft, 7. Aufl. der Wirtschaftlichen Betriebslehre, Stuttgart 1932.

(111) R. *Nieschlag*, Strukturwandlungen im Großhandel, Heft 42 der Schriftenreihe des Deutschen Industrie- und Handelstages, o. J.

(112) R. *Nieschlag*, Binnenhandel und Binnenhandelspolitik, Berlin 1959.

(113) K. *Oberparleiter*, Funktionen und Risiken des Warenhandels, 2. Aufl., Wien 1955.

(114) OEEC (Hrsg.), Ein Standard-System volkswirtschaftlicher Gesamtrechnungen (A Standardised System of National Accounts), Paris 1952, deutsch Bonn 1952.

(115) OEEC (Hrsg.), Productivity in the Wholesale Trade — by the European Productivity Agency — Project Nr. 153, Paris 1956.

(116) A. *Paulsen*, Neue Wirtschaftslehre — Einführung in die Wirtschaftstheorie von J. M. Keynes, 3. Aufl., Berlin und Frankfurt 1954.

(117) A. *Paulsen*, Allgemeine Volkswirtschaftslehre, Bd. I, Sammlung Göschen Nr. 1169, Berlin 1956.

(118) E. *Pausenberger*, Wert und Bewertung, Sammlung Pöschel, Bd. 13, Stuttgart 1962.

(119) F. *Perroux*, Le Revenu national — „Pragma“ Publications de l'institut de science économique appliquée, Paris 1947.

(120) D. *Pohmer*, Grundlagen der betriebswirtschaftlichen Steuerlehre, Heft 12 der Wirtschaftswissenschaftlichen Abhandlungen, hrsg. von E. Kosiol und A. Paulsen, Berlin 1958.

(121) E. *Preiser*, Gestalt und Gestaltung der Wirtschaft, Tübingen 1934.

(122) E. *Preiser*, Bildung und Verteilung des Volkseinkommens, Göttingen 1957.

(123) W. *Rathenau*, Der neue Staat, Berlin 1922.

(124) H. *Rentsch*, Betriebliche Wertschöpfung und Firmenwert, Diss. Nürnberg 1954.

(125) G. E. *Reuss*, Produktivitätsanalyse, Reihe B der Studien zur Ökonomik der Gegenwart, hrsg. von E. v. Beckerath und E. Salin, Basel 1960.

(126) W. *Rieger*, Einführung in die Privatwirtschaftslehre, 2. Aufl., Erlangen 1959.

(127) D. *Riesmann*, Die einsame Masse (The Lonely Crowd), rde Bd. 72/73, Hamburg 1958.

(128) H. *Roeper*, Dezentralisierte Produktion, Heft 4 der Veröffentlichungen zur Betriebswirtschaft, hrsg. von Aufermann, Auler u. a., Wolfenbüttel 1951.

(129) H. *Rohracher*, Einführung in die Psychologie, 6. Aufl., Wien/Innsbruck 1958.

(130) K. *Rößle*, Allgemeine Betriebswirtschaftslehre, 5. Aufl., Stuttgart 1956.

(131) C. *Ruberg*, Der Einzelhandelsbetrieb, Reihe B der Betriebswirtschaftlichen Bibliothek, hrsg. von W. Hasenack, Essen 1951.

(132) A. W. *Rucker*, Steigende Produktivität — Steigende Leistung — Steigender Lohn (Progress in Productivity and Pay), Düsseldorf 1954.

(133) W. *Ruf*, Die Grundlagen eines betriebswirtschaftlichen Wertbegriffs, Bd. 50 der Schriftenreihe Unternehmung und Betrieb, hrsg. von A. Walther, Bern 1955.

(134) R. *Ruggles*, Volkseinkommen und volkswirtschaftliche Gesamtrechnungen (An Introduction to National Income and Income Analysis), Stuttgart 1952.

(135) S. *Sagoroff*, Begriff und Berechnung des Volkseinkommens, Bern 1948.

(136) P. A. *Samuelson*, Volkswirtschaftslehre, (Economics) 2. Aufl., Köln-Deutz 1958.

(137) E. *Schäfer*, Die Aufgabe der Absatzwirtschaft, Köln und Opladen 1950.

(138) E. *Schäfer*, Die Unternehmung, Bd. I, 2. Aufl., Köln und Opladen 1954, Bd. II, 2. Aufl., 1955, Bd. III, 1956.

(139) J. *Schär*, Allgemeine Handelsbetriebslehre, Teil I, 3. Aufl., Leipzig 1918.

(140) H. *Schelsky*, Die skeptische Generation — Eine Soziologie der deutschen Jugend, 2. Aufl., Düsseldorf/Köln 1958.

(141) H. *Schlicker*, Probleme der Einführung der Nettoumsatzsteuer, Diss. Köln 1955.

(142) E. *Schmalenbach*, Dynamische Bilanz, 4. Aufl., Leipzig 1926.

(143) E. *Schmalenbach*, Kapital, Kredit und Zins, 4. Aufl., Köln und Opladen 1961.

(144) F. *Schmidt*, Allgemeine Betriebswirtschaftslehre, Wiesbaden 1948.

(145) G. *Schmölders*, Das Irrationale in der öffentlichen Finanzwirtschaft, rde Bd. 100, Hamburg 1960.

(146) E. *Schneider*, Einführung in die Wirtschaftstheorie, Teil I, 8. Aufl., Tübingen 1960.

(147) A. *Schnettler*, Betriebsanalyse, Stuttgart 1958.

(148) A. *Schnettler*, Der Betriebsvergleich, 3. Aufl., Stuttgart 1961.
(149) O. R. *Schnutenhaus*, Neue Grundlagen der „Feste"-Kostenrechnung — die Betriebsstrukturkostenrechnung, Berlin 1948.
(150) O. R. *Schnutenhaus*, Absatzpolitik und Unternehmungsführung, Freiburg 1961.
(151) O. R. *Schnutenhaus*, Schwachpunkte der Vertriebsorganisation, Heft 3 der Schriftenreihe der Rationalisierungs-Gemeinschaft „industrieller Vertrieb und Einkauf", Hamburg/Berlin/Düsseldorf 1961.
(152) F. *Schönpflug*, Betriebswirtschaftslehre — Methoden und Hauptströmungen, 2. Aufl., Stuttgart 1954.
(153) O. *Schulz-Mehrin*, Betriebswirtschaftliche Kennzahlen als Mittel zur Betriebskontrolle und Betriebsführung, Berlin 1954.
(154) A. *Schumpeter*, Kapitalismus, Sozialismus und Demokratie (Capitalism, Socialism and Democracy), 2. Aufl., München 1950.
(155) H. *Seischab*, Betriebswirtschaftliche Grundbegriffe, Sammlung Poeschel (I, Bd. 4), Stuttgart 1961.
(156) R. *Sellien*, Allgemeine Betriebswirtschaftslehre, Wiesbaden 1937.
(157) R. *Seyffert* (Hrsg.), Beschaffung, Lagerung, Absatz und Kosten des Einzelhandels in den Jahren 1952, 1953 und 1954, Bd. 7 der Schriften zur Handelsforschung, Köln und Opladen 1956.
(158) R. *Seyffert*, Über Begriff, Aufgaben und Entwicklung der Betriebswirtschaftslehre, 4. Aufl., Stuttgart 1957.
(159) R. *Seyffert* (Hrsg.), Beschaffung, Lagerung, Absatz und Kosten des Einzelhandels in den Jahren 1955, 1956, 1957, Bd. 11 der Schriften zur Handelsforschung, Köln und Opladen 1959.
(160) R. *Seyffert*, Wirtschaftslehre des Handels, 4. Aufl., Köln und Opladen 1961.
(161) E. H. *Sieber*, Objekt und Betrachtungsweise der Betriebswirtschaftslehre, Leipzig 1931.
(162) W. J. *Smirnow*, Betriebsanalyse im Handel, übersetzt aus dem Russischen, Berlin (Ost) 1954.
(163) W. *Sombart*, Der moderne Kapitalismus, Bd. I 1 und Bd. II 1, beide 6. Aufl., München und Leipzig 1924.
(164) O. *Spann*, Fundament der Volkswirtschaftslehre, Jena 1923.
(165) H. *v. Stackelberg*, Volkswirtschaftslehre, Grundlagen der theoretischen Volkswirtschaftslehre, Tübingen/Zürich 1951.
(166) Statistisches Bundesamt (Hrsg.), Statistisches Jahrbuch für die Bundesrepublik Deutschland 1961, Stuttgart und Mainz 1961.
(167) Statistisches Bundesamt (Hrsg.), Statistisches Jahrbuch für die Bundesrepublik Deutschland 1962, Stuttgart und Mainz 1962.
(168) F. *Stöbe*, Ergebnisbeteiligung der Produktionspartner auf der Grundlage der betrieblichen Wertschöpfung, Diss. Nürnberg 1953.
(169) R. *Stolzmann*, Wesen und Ziele der Wirtschaftsphilosophie, Jena 1923.
(170) E. *Sundhoff*, Die Handelsspanne, Bd. 2 der Schriften zur Handelsforschung, hrsg. von R. Seyffert, Köln und Opladen 1953.
(171) W. *Theimer*, Der Marxismus, Dalp-Taschenbücher, Bd. 328, 3. Aufl., Bern und München 1960.
(172) J. *Tiburtius*, Lage und Leistungen des deutschen Handels in ihrer Bedeutung für die Gegenwart, Berlin/München 1949.
(173) F. *Tönnies*, Gemeinschaft und Gesellschaft, 5. Aufl., Berlin 1922.
(174) W. *Treitz*, Nach welchen Grundsätzen sind die Preise der industriellen und der landwirtschaftlichen Erzeugnisse bei der Ermittlung der Wertschöpfung anzusetzen? Diss. Giessen 1952.

(175) H. *Troeger* (Hrsg.), Diskussionsbeiträge des Arbeitsausschusses für die Große Steuerreform, ein Bericht an den Finanzausschuß des Bundesrats, Stuttgart 1954.

(176) G. *Völker*, Heinrich Nicklisch, Grundzüge seiner Lehre, Sammlung Poeschel (VII/1), Stuttgart 1961.

(177) E. *Walter*, Die Betriebsstatistik in der volkseigenen Industrie, Berlin (Ost) 1959.

(178) A. *Weber*, Kurzgefaßte Volkswirtschaftslehre, 7. Aufl., Berlin 1956.

(179) E. *Wehrle*, Gewerbepolitik (Fachbücher für die Wirtschaft), Wiesbaden 1952.

(180) W. *Whyte*, Herr und Opfer der Organisation (The Organisation Man), Düsseldorf 1958.

(181) W. *Wittmann*, Der Wertbegriff in der Betriebswirtschaftslehre, Bd. 2 der Beiträge zur betriebswirtschaftlichen Forschung, hrsg. von E. Gutenberg u. a., Köln und Opladen 1956.

(182) G. *Wöhe*, Betriebswirtschaftliche Steuerlehre, Bd. 1 (Vahlens Handbücher der Wirtschafts- und Sozialwissenschaften), Berlin und Frankfurt 1962.

(183) F. *Wunderlich*, Produktivität, Jena 1926.

II. Beiträge aus Zeitschriften und Sammelwerken

Abkürzungen

AM = Akten des internationalen Mittelstandskongresses von Madrid 1958, hrsg. von A. F. Utz: „Der Mittelstand in der Wirtschaftsordnung heute", Bd. 12 der Sammlung Politeia, hrsg. von A. F. Utz, Heidelberg/Löwen 1959.

BFuP = Betriebswirtschaftliche Forschung und Praxis, hrsg. von W. Hasenack (Herne/Berlin).

HdB = Handwörterbuch der Betriebswirtschaft, 2. Aufl., hrsg. von H. Nicklisch, Bd. 1, Stuttgart 1938, Bd. 2, Stuttgart 1939. 3. Aufl., hrsg. von H. Seischab und K. Schwantag, Bd. 1, Stuttgart 1956, Bd. 2, 1958, Bd. 3, 1960, Bd. 4, 1962.

HdSW = Handwörterbuch der Sozialwissenschaften, zugleich Neuauflage des Handwörterbuchs der Staatswissenschaften, hrsg. von E. von Beckerath u. a. (Stuttgart/Tübingen/Göttingen).

NA = Nürnberger Abhandlungen zu den Wirtschafts- und Sozialwissenschaften, hrsg. von H. Proesler: Heft 1: Mensch und Betrieb, Berlin 1952; Heft 4: Gestaltwandel der Unternehmung, Berlin 1954; Heft 10: Betriebsgröße und Unternehmungskonzentration, Berlin 1959.

ZfB = Zeitschrift für Betriebswirtschaft, begründet von F. Schmidt und fortgeführt von W. Kalveram (Wiesbaden).

ZfhF = Zeitschrift für handelswissenschaftliche Forschung, begründet von E. Schmalenbach, hrsg. von K. Hax im Auftrage der Schmalenbachgesellschaft (Köln und Opladen).

(185) *Ammon*, A., „Arbeit und Wirtschaft", in: Schmollers Jahrbuch für Gesetzgebung, Verwaltung und Volkswirtschaft, hrsg. von G. Jahn, 78. Jg., 1958, I. Halbband, S. 315 ff.

(186) *Aufermann*, E., „Die Nettoproduktionssteuer und das französische Umsatzsteuersystem", in: ZfB 1952, S. 639 ff.

(187) *Auler*, W., „Wertschöpfungsrechnung", in: Lexikon des kaufmännischen Rechnungswesens, hrsg. von K. Boll, 2. Bd., Ravensburg 1941, S. 2793 ff.

(188) *Austin*, R. F., *Howard*, J. A. E., „Probleme des mittelständischen Unternehmertums", in: AM, S. 71 ff.

(189) *Ballerstedt*, K., „Grundrechte und Grundpflichten des Unternehmers", in: NA, Heft 4, S. 65 ff.

(190) *Bartels*, H., „Zur Methode der Sozialproduktsberechnung 1950", in: Wirtschaft und Statistik, hrsg. vom Statistischen Bundesamt, Stuttgart, N. F., 3. Jg. 1951, S. 143 ff.

(191) *Beckman*, Th. N., „The Value Added Concept as Applied to Marketing and its Implications", in: St. H. Rewoldt (Ed.) Frontiers in Marketing Thought, Indiana University 1955, p. 83—99.

(192) *Beckman*, Th. N., „The Value Added by Distribution", in: Proceedings of the Twenty-Eighth Boston Conference on Distribution, Boston 1956 (Retail Trade Board of the Boston Chamber of Commerce), p. 43—47.

(193) *Beckman*, Th. N., „The Value Added Concept as a Measurement of Output", in: Advanced Management (Ed.: Society for the Advancement of Management), New York, April 1957, p. 6—9.

(194) *Bischoff*, H. H., „Die Arbeitsproduktivität im westdeutschen Steinkohlenbergbau", in: Beiträge zur Wirtschaftsforschung, Festgabe für W. Däbritz, hrsg. vom Rheinisch-Westfälischen Institut für Wirtschaftsforschung, Essen 1951, S. 124 ff.

(195) *Boetticher*, K. W., „Die Aussichten des Mittelstandes in einer industriellen Gesellschaft", in: AM, S. 27.

(196) *Bombach*, G., „Staatshaushalt und Volkswirtschaftliche Gesamtrechnung", in: Finanzarchiv, Bd. 17, Tübingen 1956/57, S. 344 ff.

(197) *Bouffier*, W., „Betriebswirtschaftslehre als Funktionen- und Leistungslehre", in: Funktionen- und Leistungsdenken in der Betriebswirtschaft, hrsg. von W. Bouffier, Wien 1956, S. 22 ff.

(198) *Brech*, E. F. L., „Management in Principle", in: E. F. L. Brech (Ed.), The principles and practise of Management, London/New York/Toronto 1956, S. 3 ff.

(199) *Bredt*, O., „Die Verdienstspanne und ihre Bemessung" in: Technik und Wirtschaft, hrsg. von O. Bredt und G. Freitag, 34. Jg., Berlin 1941, S. 29 ff.

(200) *Burgess*, E. W., „Allgemeine Betriebsführung", in: Betriebsführung auf neuen Wegen, Baden-Badener Gespräche, München 1952, S. 11 ff.

(201) *Burghardt*, A., „Der unternehmerische Mittelstand in Österreich", in: AM, S. 384 ff.

(202) *Carell*, E., „Arbeit", in: HdSW, I. Bd., S. 229 ff.

(203) *Crayencour*, J. P. de, „Der Mittelstand und die soziale Entwicklung", in: AM, S. 120 ff.

(204) *Crosland*, C. A. R., „Übergang vom Kapitalismus zum Sozialismus", in: Neue Beiträge sozialistischer Autoren, hrsg. von R. H. S. Crossmann (New Fabian Essays), Frankfurt/Main 1953, S. 57 ff.

(205) *Dahrendorf*, R., „Ausbildung einer Elite", in: Der Monat, hrsg. von F. R. Allemann und H. Jaesrich, Berlin 1962, 14. Jg., Heft 166, S. 15 ff.

(206) *David*, D. K., „Planung der zukünftigen Strategie einer Unternehmung", in: Unternehmerstrategie, hrsg. von Bursk-Fenn, Essen 1956, S. 11 ff.

(207) *Eigner*, M., „Höherer Unternehmungserfolg durch Wirtschaftlichkeitssteigerung", in: Erfolgreich Wirtschaften, hrsg. von K. Skowronnek, Wien 1952, S. 251 ff.

(208) *Eulenburg,* F., „Die Preisbildung in der modernen Wirtschaft", in: Grundriß der Sozialökonomik, bearbeitet von S. Albrecht u. a., 4. Abt., 1. Teil, Tübingen 1925, S. 258 ff.

(209) *Fettel,* J., „Die Betriebsgröße", in: NA, Heft 10, Berlin 1960, S. 61.

(210) *Fettel,* J., „Der Faktor Arbeit in der unternehmerischen Rechnung", in: ZfB, 31. Jg., 1961, S. 612 ff.

(211) *Flecken,* K. H., „Probleme der Indexgewichtung", in: Beiträge zur Wirtschaftsforschung, Festgabe für W. Däbritz, hrsg. vom Rheinisch-Westfälischen Institut für Wirtschaftsforschung, Essen 1951, S. 78 ff.

(212) *Fleege-Althoff,* F., „Die Erfolgsrechnung der Großhandelsbetriebe", in: Die Erfolgsrechnung der Handels- und Verkehrsbetriebe, Festgabe zum 65. Geburtstag von J. Hellauer, hrsg. von C. Leier und R. Henzler, Frankfurt 1936, S. 38 ff.

(213) *Flender,* A. F., „Der Grundgedanke des Rucker-Plans als Beispiele für die Ertragsbeteiligung", in: Zusammenarbeit im Betrieb, hrsg. von der Arbeitsgemeinschaft selbständiger Unternehmer, Offenbach (Main) o. J. (1951), S. 61 ff.

(214) *Freckner,* T. P., „Einkommensteuer als kalkulatorische Kosten?", in: Die Unternehmung, Schweizerische Zeitschrift für Betriebswirtschaft, Organisation und modernes Förderwesen, Bern 1957, 11. Jg., S. 87 ff.

(215) *Frerichs,* G. D., „Small Business-Politik in den USA", in: AM, S. 444 ff.

(216) *Fülster,* H., „Rechtfertigt die Arbeitsleistung eine Umverteilung des Volkseinkommens?", in: Die Aussprache, hrsg. von der Arbeitsgemeinschaft selbständiger Unternehmer (ASU), Bonn 1957, S. 244 ff.

(217) *Fürst,* G., „Probleme der industriellen Produktionsstatistik", in: Wirtschaft und Statistik, hrsg. vom Statistischen Bundesamt, NF., 6. Jg., 1954, S. 311 ff.

(218) *Fürst,* G., „Die Methoden der Produktivitätsmessung", in: Produktivität und Lohn, hrsg. von Fürst-Gabriel, Bd. 15 der Schriftenreihe „Lebendige Wirtschaft", Darmstadt 1956, S. 7 ff.

(219) *Geertmann,* J. A., „Der Einfluß volkswirtschaftlicher Faktoren auf das Unternehmerverhalten", in: Probleme der Betriebsführung, Festschrift zum 65. Geburtstage von O. R. Schnutenhaus, hrsg. von C. W. Meyer, Berlin 1959, S. 113 ff.

(220) *Goetz-Girey,* R., et *Krier,* H., „Le Commerce Intérieur", in: Traité d'Economie Politique, publié sous la direction de Louis Baudin, II, Paris 1953, S. 1 ff.

(221) *Greiss,* F., „Unternehmertum in letzter Bindung an höhere Werte", in: Wirtschaft, Gesellschaft und Kultur, Festgabe für A. Mueller-Armack, hrsg. von F. Greiss und F. W. Meyer, Berlin 1961, S. 533 ff.

(222) *Groner,* J. F., „Systematische Zusammenfassung sämtlicher Berichte und Diskussionsbeiträge des (internationalen) Mittelstandskongresses in Madrid", in: AM, S. 495 ff.

(223) *Guinot,* J. P., „Valeur Ajoutée", in: Dictionnaire des Sciences Economiques, publié sous la direction de J. Romeuf, Paris 1958 .

(224) *Gutenberg,* E., „Betriebsgröße", in: HdB, III. Aufl., Bd. 1, Sp. 800 ff.

(225) *Gutersohn,* A., „Stellung und Bedeutung der Klein- und Mittelbetriebe in Handwerk und Einzelhandel", in: NA, Heft 10, S. 11 ff.

(226) *Haller,* H., „Kapital, Kapitalbildung und Kapitalertrag im System der gesamtwirtschaftlichen Rechnung", in: Die Unternehmung im Markt, Festschrift zum 75. Geburtstag von W. Rieger, Stuttgart und Köln 1953, S. 66 ff.

(227) *Hartmann*, B., „Der betriebswirtschaftliche und volkswirtschaftliche Kapitalbegriff", in: BFuP, 1955, S. 131 ff.
(228) *Hartmann*, B., „Die Steuern im betrieblichen Rechnungswesen", in: Neue Betriebswirtschaft, hrsg. von C. Sandig, 10. Jg., 1957, Heft 8, S. 151 ff.
(229) *Hax*, K., „Betriebswirtschaftlicher Erfolg und Wirtschaftlichkeitsmessung", in: Die Wirtschaftsprüfung, Zeitschrift für Betriebs- und Finanzwirtschaft, hrsg. vom Institut der Wirtschaftsprüfer, Stuttgart 1948, 1. Jg., S. 4 ff.
(230) *Hax*, K., „Wandlungen der Gewinnvorstellungen", in: NA, Heft 4, S. 207 ff.
(231) *Heinrich*, W., „Die Schlüssel zum Wirtschaftserfolg", in: Erfolgreich Wirtschaften, hrsg. von K. Skowronnek, Wien 1952, S. 17 ff.
(232) *Heinrich*, W., „Die einzelwirtschaftlichen Funktionen in gesamtwirtschaftlicher Sicht", in: Funktionen- und Leistungsdenken in der Betriebswirtschaft, hrsg. von W. Bouffier, Wien 1956, S. 1 ff.
(233) *Heinrich*, W., „Die einzelwirtschaftlichen Funktionen in gesamtwirtschaftlicher Sicht", in: Funktionen- und Leistungsdenken in der Betriebswirtschaft, hrsg. von W. Bouffier, Wien 1956, S. 1 ff.
(234) *Hellwig*, A., „Die Beteiligung am Betriebsergebnis", in: ZfB, 29. Jg., 1959, S. 29 ff.
(235) *Hellwig*, A., „Lohngestaltung, Produktivität und Eigentumsbildung", in: Die Aussprache, hrsg. von der Arbeitsgemeinschaft selbständiger Unternehmer (ASU), Bonn 1957, S. 6 ff.
(236) *Henzel*, F., „Produktivität und ihre Messung", in: ZfB, 27. Jg., 1957, S. 257 ff.
(237) *Henzel*, F., „Produktivität", in: HdB, 3. Aufl., 3. Bd., Sp. 4477 ff.
(238) *Henzler*, R., „Leistung und Lohn", in: Leistungswirtschaft, Festschrift zum 60. Geburtstag von F. Schmidt, hrsg. von F. R. Henzel, Berlin/Wien 1942, S. 99 ff.
(239) *Henzler*, R., „Zur Kritik an der Handelsspanne", in: ZfB, 20. Jg., 1950, S. 133 ff.
(240) *Henzler*, R., „Das Unternehmen in der modernen Wettbewerbswirtschaft", in: Gegenwartsfragen der Unternehmung, Festschrift zum 70. Geburtstag von F. Henzel, hrsg. von B. Bellinger, Wiesbaden 1961, S. 87 ff.
(241) *Herrmann*, W., „Gerechtigkeitsromantik — kein Element des sozialen Spannungsausgleiches im Betriebe", in: ZfhF, 1951, S. 29 ff.
(242) *Herrmann*, W., „Betriebsgröße und Unternehmungskonzentration in der Industrie", in: NA, Heft 10, S. 91 ff.
(243) *Holzner*, B., Einleitung zur „Soziologie als Wissenschaft vom sozialen Handeln", von H. Becker, Würzburg o. J., S. 1 ff.
(244) *Hoppmann*, E., „Zum Problem der statistischen Bestimmung der optimalen Betriebsgröße im Einzelhandel", in: ZfhF, 9. Jg., 1957, S. 169 ff.
(245) *Humblet*, J. E., „Industrie und Mittelstand", in: AM, S. 247 ff.
(246) *Hünermann*, J., „Freiheit und sittliche Bindung im Wirtschaftsleben", in: Wirtschaftsethik, hrsg. von W. Röpke u. a., Hamburg 1956, S. 28 ff.
(247) *Huppert*, W., „Volkswirtschaftliche Produktivität — Begriff und Messung", in: IFO-Studien, hrsg. vom IFO-Institut für Wirtschaftsforschung, 1. Jg., Berlin 1955, S. 84 ff.
(248) *Jacobi*, F., „Leistungsvergütung und Partnerschaft", in: NA, Heft 1, S. 99 ff.
(249) *Jostock*, P., „Volkseinkommenstatistik", in: HdSW, Bd. 11, S. 368 ff.

(250) *Jto*, Hanya, „Theorie und Technik der Nettoumsatzsteuer in Japan“, in: Finanzarchiv, Bd. 15, 1954/55, S. 447 ff.

(251) *Jungfer*, V., „Wandlungen des Unternehmerbegriffs im 20. Jahrhundert“, in: NA, Heft 4, S. 109.

(252) *Käfer*, K., „Erfolgsanalyse, in: HdB, III. Aufl., Bd. 1, Sp. 1650 ff.

(253) *Kalussis*, D., „Die Qualitätsfunktion im Handel“, in: Funktionen- und Leistungsdenken in der Betriebswirtschaft, hrsg. von W. Bouffler, Wien 1956, S. 67 ff.

(254) *Karsten*, D., *Riehm*, H. O. und *Stalp*, H. G. „Das unlösbare Zurechnungsproblem“, in: ZfB, 28. Jg., 1958, S. 628 ff.

(255) *Koch*, H., „Betriebsgröße“, in: HdSW, 2. Bd., S. 82 ff.

(256) *Kosiol*, E., „Aufwand“, in: HdB, III. Aufl., Bd. 1, Sp. 280 ff.

(257) *Kühnau*, M., „Zur Systematik der Erfolgsbegriffe in den Periodenerfolgsrechnungen der Unternehmung“, in: ZfB, 29. Jg., 1959, S. 77 ff.

(258) *Lampe*, A., „Binnenhandel und Binnenhandelspolitik“, in: Handels- und Verkehrspolitik, hrsg. von A. Weber, München und Leipzig 1933, Bd. 2, S. 1 ff.

(259) *Lehmann*, M. R., „Wertschöpfung und Ertragswert“, in: Der Witrschaftstreuhänder, Zeitschrift für Deutsches Prüfungs- und Treuhandwesen, hrsg. von O. Mönckmeier, Berlin 1937, 6. Jg., S. 309 ff.

(260) *Lehmann*, M. R., „Der Leistungsgedanke in der Marktordnung“, in: ZfhF 1939, S. 57 ff.

(261) *Lehmann*, M. R., „Umsatz oder Wertschöpfung als Maßgröße der Preisbildung“, in: Der Praktische Betriebswirt, hrsg. von H. Lorenz, 21. Jg., 1941, S. 693 ff.

(262) *Lehmann*, M. R., „Die betriebliche Leistung und ihre Beurteilung“, in: Leistungswirtschaft, Festschrift zum 60. Geburtstag von F. Schmidt, hrsg. von F. Henzel, Berlin/Wien 1942, S. 7 ff.

(263) *Lehmann*, M. R., „Die Produktivität der Arbeit und deren Messung als betriebswirtschaftliches, wirtschaftliches und sozialpolitisches Problemgebiet“, in: ZfB 1957, S. 321 ff.

(264) *Lehmann*, M. R., „Wirschaftlichkeit, Produktivität und Rentabilität“, in: ZfB, 28. Jg., 1958, S. 537 ff.

(265) *Lehmann*, M. R., „Betriebswirtschaftslehre als Sozialwissenschaft“, in: NA, Heft 1, S. 33 ff.

(266) *Leitz*, J. P., „Messung der Produktivität“, in: ZfB 1958, S. 216 ff.

(267) *Lendle*, O., „Zur Meßbarkeit des Arbeitswerts“, in: Wirtschaftswissenschaft, Berlin (Ost) 1961, 9. Jg., Heft 10, S. 1528 ff.

(268) *Lohmann*, M., „Zur gegenwärtigen Situation des industriellen Mittelbetriebes“, in: NA, Heft 10, S. 27 ff.

(269) *Lübeck*, A., und *Weyermann*, D., „Handikaps für Finanzierung und Wachstum des Small Business“, in: Small Business, Förderung von Klein- und Mittelbetrieben in USA, hrsg. vom RKW, Frankfurt (Main) 1960, S. 39 ff.

(270) *Maneval*, H., „Die Vorratsinvestitionen“, in: Volkswirtschaftliche Gesamtrechnung — Einzelberechnungen, hrsg. von W. Krelle, Berlin 1960, 6. Kap., S. 133 ff.

(271) *Markmann*, H., „Sozialstruktur im Allgemeinen“, in: Einführung in die Soziologie, hrsg. von A. Weber, München 1955, S. 237 ff.

(272) *Marx*, A., „Der Wert in der Betriebswirtschaft“, in: ZfB, 28. Jg., 1958, S. 65 ff.

(273) *Marx*, K., „Lohn, Preis und Profit“, in: Karl Marx und Friedrich Engels, Ausgewählte Schriften in zwei Bänden, Bd. 1, Berlin (Ost) 1961, S. 372 ff.

(274) *Müller-Armack*, A., „Soziale Marktwirtschaft", in: HdSW, Bd. 9, S. 390 ff.

(275) *Müller*, E., „Redlichkeit und Wirklichkeit im heutigen Wirtschaftsleben," in: Wirtschaftsethik heute, hrsg. von W. Röpke u. a., Hamburg 1956, S. 41 ff.

(276) *Müller*, H., „Der Begriff des gewerblichen Mittelstandes in der internationalen statistischen Praxis", in: AM, S. 68 ff.

(277) *Nicklisch*, H., „Betrieb", in: HdB, 2. Aufl., Bd. 1, Sp. 747 ff.

(278) *Nicklisch*, H., „Betriebswirtschaft", in: HdB, 2. Aufl., Bd. 1, Sp. 923 ff.

(279) *Nicklisch*, H., „Ertrag", in: HdB, 2. Aufl., Bd. 1, Sp. 1605 ff.

(280) *Nicklisch*, H., „Ertragsverteilungsprozeß", in: HdB, 2. Aufl., Bd. 1, Sp. 1611 ff.

(281) *Nicklisch*, H., „Leistung", in: HdB, 2. Aufl., Bd. 2, Sp. 867 ff.

(282) *Nicklisch*, H., „Wert", in: HdB, 2. Aufl., Bd. 2, Sp. 2241 ff.

(283) *Nieschlag*, R., „Zum Problem der Betriebsgröße", in: Beiträge zur Wirtschaftsforschung, Festgabe für W. Däbritz, hrsg. vom Rheinisch-Westfälischen Institut für Wirtschaftsforschung, Essen 1951, S. 311 ff.

(284) *Oberparleiter*, K., „Der Leistungsgedanke in der Betriebswirtschaftslehre", in: Die Ganzheit in Philosophie und Wissenschaft, hrsg. von W. Heinrich, Wien 1950, S. 140 ff.

(285) *Oberparleiter*, K., Vorwort zur Betriebslehre des Einzelhandels von D. Kalussis, Köln und Opladen 1960 (vgl. Nr. 66).

(286) *Ott*, A. E., „Untersuchungen über die Ertragslage im Einzelhandel", in: Wirtschaftsdienst, hrsg. vom Hamburgischen Welt-Wirtschafts-Archiv, 37. Jg., 1957, S. 621 ff.

(287) *Ottel*, F., „Verschiedene Produktivitäten", in: ZfB, 1957, S. 486 ff.

(288) *Ottel*, F., „Idee des gerechten Lohnes in betriebswirtschaftlicher Hinsicht", in: ZfB, 31. Jg., 1961, Heft 12, S. 705 ff.

(289) *Pohmer*, D., „Betriebswirtschaftliche Bedeutung und Ermittlung der betrieblichen Wertschöpfung", in: ZfB, 28. Jg., 1958, S. 148 ff.

(290) *Pöhner*, K., „Der moderne Unternehmer von der Praxis her gesehen" in: NA, Heft 4, S. 89 ff.

(291) *Preiser*, E., „Distribution", in: HdSW, Bd. II, S. 620 ff.

(292) *Proesler*, H., „Sozial- und wirtschaftsgeschichtliche Entwicklungstendenzen seit Beginn des Industrialismus", in: NA, Heft 4, S. 129.

(293) *Raabe*, K. H., „Der Zusammenhang zwischen dem betrieblichen Rechnungswesen und der Sozialproduktberechnung", in: Wirtschaft und Statistik, hrsg. vom Statistischen Bundesamt, NF., 5. Jg., Stuttgart 1953, S. 399 ff.

(294) *Rehlen*, W., „Der Staat in der volkswirtschaftlichen Gesamtrechnung", in: Volkswirtschaftliche Gesamtrechnung für die Bundesrepublik Deutschland, Bd. 2, Einzelberechnungen, hrsg. von W. Krelle, Berlin 1960, S. 217 ff.

(295) *Reitter*, P., „Die Groß- und Einzelhandelsspannen", in: Volkswirtschaftliche Gesamtrechnung — Einzelberechnungen, hrsg. von W. Krelle, Berlin 1960, 3. Kapitel, S. 23 ff.

(296) *Richter*, A., „Erfolgsrechnung", in: HdB, 2. Aufl., Bd. 1, Sp. 1585 ff.

(297) *Röpke*, W., „Klein- und Mittelbetriebe in der Volkswirtschaft", in: ORDO, Jahrbuch für die Ordnung von Wirtschaft und Gesellschaft, hrsg. von W. Eucken und F. Böhm, 1. Bd., 1948, S. 155 ff.

(298) *Rössle*, K., „Der mittelständische Betrieb", in: Handbuch des Deutschen Kaufmanns, hrsg. von Julius Greifzu, 6. Aufl., Hamburg 1938, S. 943 ff.

(299) *Salin,* E., „Der Gestaltwandel des europäischen Unternehmers", in: Offener Horizont, Festschrift für Karl Jaspers, München 1953, S. 328 ff.

(300) *Schäfer,* E., „Vom Mehrwert zur Wertschöpfung", in: ZfB, 21. Jg., 1951, S. 449 ff.

(301) *Scheid,* R., Besprechung des Buches „Einkommensverteilung im Unternehmen", von H. W. Köhler (vgl. Nr. 70), in: Stahl und Eisen, Zeitschrift für das Deutsche Eisenhüttenwesen, 82. Jg., 1962, Heft 22, S. 1469 ff.

(302) *Schilar,* H., „Die Meßbarkeit des Arbeitswertes als Problem der Lehre", in: Wirtschaftswissenschaft, Berlin (Ost) 1961, 9. Jg., Heft 10, S. 1517 ff.

(303) *Schmedtje,* J., „Sozialprodukt und Volkseinkommen, einige grundsätzliche Erläuterungen über Begriffe und Berechnungsmethoden", in: Wirtschaft und Statistik, hrsg. vom Statistischen Bundesamt, NF., Stuttgart 1952, 4. Jg., S. 479 ff.

(304) *Schmidt,* F., „Die Handelsspanne", in: Die Erfolgsrechnung der Handels- und Verkehrsbetriebe, Festgabe zum 65. Geburtstag von J. Hellauer, hrsg. von C. Luer und R. Henzler, Frankfurt 1936, S. 87 ff.

(305) *Schnutenhaus,* O. R., „Kapitalzinsen als Produktionskosten vom amerikanischen und deutschen Standpunkt", in: Zeitschrift für Handelswissenschaft und Handelspraxis, 20. Jg., 1927, Heft 7 und 8, S. 156 ff. und S. 184 ff.

(306) *Schnutenhaus,* O. R., „Zur Theorie der industriellen Absatzkosten", in: Betriebswirtschaftliche Rundschau, 5. Jg., 1928, S. 81 ff.

(307) *Schnutenhaus,* O. R., „Sind Steuern Kosten?", in: Der Praktische Betriebswirt, 24. Jg., 1944, Nr. 5, S. 81 ff.

(308) *Schnutenhaus,* O. R., „Das Schwächebild des Betriebsvergleichs", in: Aktuelle Betriebswirtschaft, Festschrift zum 60. Geburtstag von K. Mellerowicz, hrsg. von G. Abromeit u. a., Berlin 1952, S. 151 ff.

(309) *Schnutenhaus,* O. R., „Preisanpassung an die Kosten oder Kostenanpassung an die Preise?", in: Der Markenartikel, hrsg. von H. Lutz, 18. Jg., 1956, Heft 10, S. 534 ff.

(310) *Schnutenhaus,* O. R., „Die Trennung des rein Schöpferischen vor der organisatorischen Bindung in der Wirtschaft", in: Zeitschrift für Organisation, 31. Jg., 1962, Heft 3, S. 81 ff.

(311) *Schnutenhaus,* O. R., „Die Fixkostenrechnung als statisches Modell und im transitiven Zusatzbereich unter dem Gesichtspunkt der institutionellen Kostenrechnung", in: Die Wirtschaftsprüfung, hrsg. vom Institut der Wirtschaftsprüfer e. V., Düsseldorf, 16. Jg., 1963, Nr. 6, S. 137 ff.

(312) *Schokking,* J. J., „Führung in Politik und Wirtschaft", in: Wirtschaft, Gesellschaft und Kultur, Festgabe für A. Müller-Armack, hrsg. von F. Greiss und F. W. Meyer, Berlin 1961, S. 575.

(313) *Seyffert,* R. (Hrsg.), „Betriebshandelsspannen, Kosten und Betriebsergebnis des Einzelhandels in den Jahren 1950—1955", in: Mitteilungen des Instituts für Handelsforschung an der Universität Köln, hrsg. von R. Seyffert, Nr. 96, Dezember 1961, S. 1085 ff.

(314) *Seyffert,* R., „Der betriebswirtschaftliche Vergleich im europäischen Binnenhandel", in: Wirtschaft, Gesellschaft und Kultur, Festschrift zum 60. Geburtstag von A. Müller-Armack, hrsg. von F. Greiss und F. W. Meyer, Berlin 1961, S. 375 ff.

(315) *Seyffert,* R. (Hrsg.), „Die Betriebsgrößen der Groß- und Einzelhandlungen 1956—1960", in: Mitteilungen des Instituts für Handelsforschung an der Universität Köln, hrsg. von R. Seyffert, Nr. 96, Dezember 1961, S. 1085 ff.

(316) *Sieber*, E. H., „Führungsprobleme mittlerer Betriebe", in: NA, Heft 10, S. 74 ff.
(317) *Sloan*, H. S., und *Zurcher*, A. J., „Value Added", in: Dictionary of Economics, Fourth Edition, New York 1962, S. 347.
(318) *Sombart*, W., „Prinzipielle Eigenart des modernen Kapitalismus", in: Grundriß der Sozialökonomik, bearbeitet von G. Albrecht u. a., 4. Abteilg., I. Teil, Tübingen 1925, S. 1 ff.
(319) *Soras*, A. de, „Die Probleme des Mittelstandes in der modernen Wirtschaft", in: AM, S. 105 ff.
(320) *Theisen*, P., „Zum Problem der Betriebsgröße im Einzelhandel", in: Mitteilungsblatt des Handelsinstituts an der Universität des Saarlandes, hrsg. von H. Buddeberg, Saarbrücken 1960, Heft 14/15, S. 1 ff.
(321) *Tietz*, B., „Zur Anwendung der Rechnung mit Produktivitäten und Kostenzentren in Handelsbetrieben", in: ZfhF, 1960, S. 389 ff.
(322) *Veldkamp*, G. M. J., „Staatliche Mittelstandspolitik", in: AM, S. 183 ff.
(323) *Vesting*, A., „Produktivitätsmessung und Zurechnungsproblematik", in ZfB, 28. Jg., 1958, S. 625 ff.
(324) *Vimont*, C., „Revenu National", in: Dictionnaire des Sciences Economiques, publié sous la direction de J. Romeuf, Paris 1958, S. 982 ff.
(325) *Weber*, M., „Verhandlungen über die Produktivität der Volkswirtschaft", in: Gesammelte Aufsätze zur Soziologie und Sozialpolitik von M. Weber, Tübingen 1924, S. 416 ff.
(326) *Weber*, M., „Die Objektivität sozialwissenschaftlicher und sozialpolitischer Erkenntnis", in: Gesammelte Aufsätze zur Wissenschaftslehre von M. Weber, 2. Aufl., Tübingen 1951, S. 146 ff.
(327) *Wegner*, M., „Die Umsätze bzw. Bruttoproduktionswerte und die Abschreibungen", in: Volkswirtschaftliche Gesamtrechnung — Einzelrechnungen, hrsg. von W. Krelle, Berlin 1960, S. 12 ff.
(328) *Weinberger*, O., „Kapital", in: HdSW, Bd. IV, S. 480 ff.
(329) *Weisser*, G., „Wirtschaft", in: Handbuch der Soziologie, hrsg. von W. Ziegenfuss, Stuttgart 1956, S. 970 ff.
(330) *Ziegenfuss*, W., „Der soziale Betriebsvergleich", in: NA, Heft 1, S. 55 ff.
(331) *Zurawicki*, S., „Über die Wirtschaftsrechnung im Sozialismus und die Versuche zur Messung des Wertes", in: Wirtschaftswissenschaft, Berlin (Ost) 1961, 9. Jg., Heft 10, S. 1545 ff.

Namenverzeichnis

Sachverzeichnis

FSC
www.fsc.org
MIX
Papier | Fördert
gute Waldnutzung
FSC® C083411

Zeitfracht Medien GmbH
Ferdinand-Jühlke-Straße 7
99095 Erfurt, Deutschland
produktsicherheit@kolibri360.de

Druck:
CPI Druckdienstleistungen GmbH
im Auftrag der
Zeitfracht Medien GmbH
Ein Unternehmen der Zeitfracht - Gruppe
Ferdinand-Jühlke-Str. 7
99095 Erfurt